U0594899

# 大数据下的数学教学创新发展研究

高 丽 ◎ 著

吉林出版集团股份有限公司

全国百佳图书出版单位

**图书在版编目（CIP）数据**

大数据下的数学教学创新发展研究 / 高丽著. -- 长春: 吉林出版集团股份有限公司, 2022.10

ISBN 978-7-5731-2572-9

Ⅰ.①大… Ⅱ.①高… Ⅲ.①中学数学课—教学研究—高中 Ⅳ.①G633.602

中国版本图书馆CIP数据核字(2022)第200656号

# 大数据下的数学教学创新发展研究
DASHUJU XIA DE SHUXUE JIAOXUE CHUANGXIN FAZHAN YANJIU

著　者　高丽

出 版 人　吴强

责任编辑　张西琳

助理编辑　李响

装帧设计　北京万瑞铭图文化传媒有限公司

开　本　787mm×1092mm　1/16

印　张　15.25

字　数　256千字

版　次　2022年10月第1版

印　次　2023年8月第1次印刷

出　版　吉林出版集团股份有限公司

发　行　吉林音像出版社有限责任公司
　　　　（吉林省长春市南关区福祉大路5788号）

电　话　0431-81629667

印　刷　吉林省信诚印刷有限公司

ISBN 978-7-5731-2572-9　　定　价　68.00元

如发现印装质量问题，影响阅读，请与出版社联系调换。

# 前　言

　　大数据狭义地说就是指各行各业的数据的精准收集、统计、分析与整理。根据数据反馈的信息，为人类服务，为我们的决策、方案提供依据，或者说有利于我们做出及时的调整。比如，根据教育行业的学生成绩数据，我们能很好地发现学生的不足，教师能及时做出相关的教学改变，弥补学生的短板；根据商业中的销售数据，从数据中及时反馈客户的需求变化，甚至具体到个人的消费爱好，这样就能轻而易举地从中发现商业规律，扭转败局。

　　21世纪，人们的眼前每天都充斥着机遇与挑战，经常需要根据大量的、杂乱无章的数据做出合理的决定。这就要求人们具备某种程度的收集数据和分析数据的能力，当面对无组织的、复杂的信息时可以做出恰当的选择、判断和预测，并且能够进行有效的交流和表达。为了紧跟现代社会的发展和生活的需要，就要培养学生对数据具有收集、整理、分析和推测的能力，就一定要将统计的基本知识、方法和思想作为重要组成部分放进数学课程的基础教育阶段中。统计的学习也有助于学生感受到其他学科与数学、平日生活与数学的亲密联系。

　　很多行业都会有大数据需求，譬如电信行业、互联网行业等容易产生大量数据的行业，而且很多传统行业，如医药、教育、采矿、电力等，也会有大数据需求。随着业务的不断扩张和历史数据的不断增加，数据量的增长是持续的。随着互联网和移动的快速发展，大数据在各个领域不断增加应用，也越来越面向个人大数据应用。目前，大数据已经应用于高中数学教学之中。

# 目　录

# 第一章 大数据概述

## 第一节 大数据的产生

"大数据"一词越来越多地被人们提及与使用，人们用它来描述和定义信息爆炸时代产生的海量数据。21世纪是数据信息时代，移动互联、社交网络、电子商务大大拓展了互联网的疆界和应用领域，我们在享受便利的同时，也无偿贡献了自己的"行踪"。

我们不得不接受这个现实，即每个人从互联网进入大数据时代，都将是透明的存在。各种数据正在迅速膨胀并变大，决定着企业的未来发展。虽然现在企业可能并没有意识到数据爆炸性增长带来的机遇与挑战，但是随着时间的推移，人们将越来越多地意识到数据对企业的重要性。

大数据时代对人类的数据驾驭能力提出了新的挑战，也为人们获得更为深刻、全面的洞察能力提供了前所未有的空间与潜力。大数据时代已经降临，在商业、经济及其他领域中，各种决策将日益基于数据和分析而做出，并非基于经验和直觉。庞大的数据资源使得各个领域开始了量化进程，无论学术界、商界还是政府，所有领域都将开始这种进程。

### 一、大数据定义

大数据指无法在一定时间范围内用常规软件工具进行捕捉、管理和处理的数据集合，是需要新处理模式才能具有更强的决策力、洞察发现力和流程优化能力的海量、高增长率和多样化的信息资产。

大数据指不用随机分析法（抽样调查）这样的捷径，而采用所有数据进行分析处理。大数据的5V特点（IBM提出）：Volume（大量）、Velocity（高速）、Variety（多样）、Value（低价值密度）、Veracity（真实性）。

对于"大数据"，研究机构给出了这样的定义："大数据"是需要新处理模式才能具有更强的决策力、洞察发现力和流程优化能力的海量、高增长率和多样化的信息资产。是一种规模大到在获取、存储、管理、分析方面大大超出了传统数据库软件工具能力范围的数据集合，具有海量的数据规模、快速的数据流转、多样的数据类型和价值密度低四大特征。

大数据技术的战略意义不在于掌握庞大的数据信息，而在于对这些含有意义的数据进行专业化处理。换而言之，如果把大数据比作一种产业，那么这种产业实现盈利的关键，在于提高对数据的"加工能力"，通过"加工"实现数据的"增值"。

从技术上看，大数据与云计算的关系就像一枚硬币的正反面一样密不可分。大数据必然无法用单台的计算机进行处理，必须采用分布式架构。它的特色在于对海量数据进行分布式数据挖掘。但它必须依托云计算的分布式处理、分布式数据库和云存储、虚拟化技术。

随着云时代的来临，大数据也吸引了越来越多的关注。大数据通常用来形容一个公司创造的大量非结构化数据和半结构化数据，这些数据在下载到关系型数据库用于分析时会花费过多的时间和金钱。大数据分析常和云计算联系到一起，因为实时的大型数据集分析需要像 Map Reduce 一样的框架来向数十、数百甚至数千的计算机分配工作。

大数据需要特殊的技术，以有效地处理大量的容忍经过时间内的数据。适用于大数据的技术包括大规模并行处理数据库、数据挖掘、分布式文件系统、分布式数据库、云计算平台、互联网和可扩展的存储系统。

**二、大数据的四大特点**

海量性：存储 1 GB 数据将需要两万台配备 50 GB 硬盘的个人计算机。此外，各种意想不到的来源都能产生数据。

多样性：一个普遍观点认为，人们使用互联网搜索是形成数据多样性的主要原因，这一看法部分正确。然而，数据多样性的增加主要是由新型多结构数据，以及网络日志、社交媒体、互联网搜索、手机通话记录及传感器网络等数据类型造成的。其中，部分传感器安装在火车、汽车和飞机上，每个传感器都增加了数据的多样性。

高速性：高速描述的是数据被创建和移动的速度。在高速网络时代，通过基于实现软件性能优化的高速计算机处理器和服务器，创建实时数据流已成为流行趋势。企业不仅需要了解如何快速创建数据，还必须知道如何快速处理、分析并返回给用户，以满足他们的实时需求。

易变性：大数据具有多层结构，意味着大数据会呈现出多变的形式和类型。相较传统的业务数据，大数据存在不规则和模糊不清的特性，造成很难甚至无法使用传统的应用软件进行分析。传统业务数据随时间演变已拥有标准的格式，能够被标准的商务智能软件识别。目前，企业面临的挑战是处理并从各种形式呈现的复杂数据中挖掘价值。

### 三、大数据三大特征

第一个特征是数据类型繁多网络日志、音频、视频、图片、地理位置信息等多类型的数据对数据的处理能力提出了更高的要求。

第二个特征是数据价值密度相对较低。随着物联网的广泛应用，信息感知无处不在，信息海量，但价值密度较低。如何通过强大的机器算法更迅速地完成数据的价值"提纯"，是大数据时代亟待解决的难题。

第三个特征是处理速度快、时效性要求高。这是大数据区分于传统数据挖掘最显著的特征。

### 四、大数据主要分析技术

我们要想从急剧增长的数据资源中充分挖掘并分析出有价值的信息，就需要以先进的分析技术作为支撑。从宏观上看，大数据分析技术的发展所面临的问题均包含以下三个主要特征：①数据结构与种类多样化，并以非结构化和半结构化的数据为主；②数据量庞大并且正以惊人的速度持续增长；③必须具备及时、快速的分析能力，即实时分析。

这些特征使得传统的数据分析技术很难满足要求，更加先进和优化的数据分析平台才是大数据时代更好的选择。目前以及未来一段时期内，将主要通过分布式数据库或者分布式计算集群来对存储于其内的海量数据进行由浅入深的分析和分类汇总，以更加有效地应对大数据时代数据分析问题的三个主要特征以及满足大数据时代分析的基本要求。

### 五、传统的数学分析方法

柱状图法：柱状图会将所有数据展现在一个面上，各项目的具体数值可以直接在图上找到，使得在处理数据时既可以看到走势，又能找到具体值，从而更加方便。

直方图法：一种二维统计图表——两个坐标轴分别代表统计样本和该样本对应的某个属性的度量。正常情况下的直方图呈现中间高、两边低且近似对称的状态，而对于出现的异常状态，如孤岛形（中间有断点）、双峰形（出现两个峰）、陡壁形（像高山的陡壁向一边倾斜）、平顶形（没有突出的顶峰，呈平顶形）等，每种形态都反映了数据的不正常，继而反映事件的不正常，如陡壁形就说明了研究的产品的质量较差，这时我们就要对数据进行更深入的整理。

折线图法：它是数据走向的最直观的表示，线的曲折变化对于评估各阶段数据的发展有极大的优势。在折线图上，还可以将各个相关因素聚集起来，根据图形形状也能更好地比较各个因素之间的主次。

回归分析法：就是在拥有大量数据的基础上利用数学统计方法，建立起自变量与因变量之间的回归方程，由此来预测自变量与因变量之间的关系。前面的柱状图、折线图、直方图都只能展现数据发展趋势，而回归分析中得到的回归方程可以将这些相关性量化，从而使之具有实用价值。回归分析的假定、统计和回归诊断对于线性回归极具优势。另外，对于非线性关系，回归分析也能通过虚拟变量、交互作用、辅助回归、条件函数回归等方式找到隐藏的信息。

## 六、基于大数据的数学分析方法

基于大数据的高维问题，需要研究降维和分解的方法。探讨压缩大数据的方法；直接对压缩的数据核进行传输、运算和操作。除了常规的统计分析方法（包括高维矩阵、降维方法、变量选择）之外，还需要研究大数据的实时分析、数据流算法。不用保存数据仅扫描一遍数据的数据流算法，考虑计算机内存和外存的数据传送问题、分布数据和并行计算的方法。如何最大的无信息或无统计信息损失地分解大数据集，并行独立地在分布计算机环境进行推断，各个计算机的中间计算结果能相互联系和沟通，从而构造全局统计结果，研究多个数据资源融合的算法。研究和发现利用数据流寻找模型变化时间点的动态变化模型。针对多种不同的数据库环境，利用关系数据库技术，根据关键字（如身份证等）将很多小的数据库连接成一个大的数据库。

另外，能无信息损失地将大数据库拆分为若干个小数据库。组合多数据库的不同数据集合可以做出有创意的东西。

大数据环境下，很多数据集不再具有标识个体的关键字，传统的关系数据库的连接方法不再适用，探讨需要利用数据库之间的重叠项目来结合不同的数据库；利用变量间的条件独立性整合多个不同变量集的数据为一个完整变量集的大数据库的方法；探索不必经过整合的多数据库，来直接利用局部数据进行推断和各推断结果传播的方法；另一方面，利用统计方法无信息损失地分解和压缩大数据。在多源和多专题的数据库环境中，各个数据集的获取条件不同、项目不同又有所重叠。在这种情况下，一种分析方法是分别利用各个数据集得到各自的统计结论，然后整合来自这些数据集的统计结论（如荟萃分析方法）。

现在，大数据早已不是什么新鲜的词，我们要有敏锐的目光、不断学习的心态，了解和掌握最前沿的大数据信息和方法。

### 七、大数据的现实意义

现在的社会是一个高速发展的社会，科技发达，信息流通，人们之间的交流越来越密切，生活也越来越方便，大数据就是这个高科技时代的产物。

大数据的价值体现在以下几个方面：①对大量消费者提供产品或服务的企业可以利用大数据进行精准营销；②做小而美模式的中小微企业可以利用大数据做服务转型；③面临互联网压力之下必须转型的传统企业需要与时俱进充分利用大数据的价值。

不过，"大数据"在经济发展中的巨大意义并不代表其能取代一切对于社会问题的理性思考，科学发展的逻辑不能被湮没在海量数据中。实际上，在日常生活中有很多人忙碌于资料之无益累积，以致对问题之说明与解决，丧失了其对特殊的经济意义的了解。这种现象确实值得警惕。

在这个快速发展的智能硬件时代，困扰应用开发者的一个重要问题就是如何在功率、覆盖范围、传输速率和成本之间找到那个微妙的平衡点。企业组织利用相关数据和分析可以帮助它们降低成本、提高效率、开发新产品、做出更明智的业务决策等。例如，通过结合大数据和高性能的分析，下面这些对企业有益的情况都可能会发生：①及时解析故障、问题和缺陷的根源，每年可能为企业节省数十亿美元；②为成千上万的快递车辆规划实时交通路线，躲避拥堵；③分析所有SKU，以利润最大化为目标来定价和清理库存；④根据客户的购买习惯，为其推送他可能感兴趣的优惠信息；⑤从大量客户中快速识别出金牌客户；⑥使用点击流分析和数据挖掘来规避欺诈行为。

### 八、大数据的未来趋势

#### （一）数据的资源化

所谓资源化，是指大数据成为企业和社会关注的重要战略资源，并已成为大家争相抢夺的新焦点。因而，企业必须要提前制订大数据营销战略计划，抢占市场先机。

#### （二）与云计算的深度结合

大数据离不开云处理，云处理为大数据提供了弹性可拓展的基础设备，是产生大数据的平台之一。大数据技术已开始和云计算技术紧密结合，预计未来两者关系将更为密切。除此之外，物联网、移动互联网等新兴计算形态也将一齐助力大数据革命，让大数据营销发挥出更大的影响力。

#### （三）科学理论的突破

随着大数据的快速发展，就像计算机和互联网一样，大数据很有可能是新一轮的技术革命。随之兴起的数据挖掘、机器学习和人工智能等相关技术，可能会改变数据世界里的很多算法和基础理论，实现科学技术上的突破。

#### （四）数据科学和数据联盟的成立

未来，数据科学将成为一门专门的学科，被越来越多的人所认知。各大高校将设立专门的数据科学类专业，也会催生一批与之相关的新的就业岗位。与此同时，基于数据这个基础平台，也将建立起跨领域的数据共享平台。之后，数据共享将扩展到企业层面，并且成为未来产业的核心一环。

#### （五）数据泄露泛滥

企业需要从新的角度来确保自身以及客户数据，所有数据在创建之初便需要获得安全保障，而并非在数据保存的最后一个环节，仅仅加强后者的安全措施已被证明于事无补。

#### （六）数据管理成为核心竞争力

数据管理成为核心竞争力，直接影响财务表现。当"数据资产是企业核心资产"的概念深入人心之后，企业对于数据管理便有了更清晰的界定，将数据管理作为企业核心竞争力，持续发展，战略性规划与运用数据资产，成为企业数据管理的核心。数据资产管理效率与主营业务收入增长率、销售收入增长率显著正相关。此外，对于具有互联网思维的企业而言，数据资产的管理效果将直接影响企业的财务表现。

（七）数据质量是BI（商业智能）成功的关键

采用自助式商业智能工具进行大数据处理的企业将会脱颖而出。其中，要面临的一个挑战是，很多数据源会带来大量低质量数据。想要成功，企业需要理解原始数据与数据分析之间的差距，从而消除低质量数据，并通过BI获得更佳决策。

（八）数据生态系统复合化程度加强

大数据的世界不只是一个单一的、巨大的计算机网络，还是一个由大量活动构件与多元参与者元素所构成的生态系统一终端设备提供商、基础设施提供商、网络服务提供商、网络接入服务提供商、数据服务使能者、数据服务提供商、触点服务、数据服务零售商等一系列的参与者共同构建的生态系统。而今，这样一套数据生态系统的基本雏形已然形成，接下来的发展将趋向于系统内部角色的细分，也就是市场的细分；系统机制的调整，也就是商业模式的创新；系统结构的调整，也就是竞争环境的调整等，从而使得数据生态系统复合化程度逐渐增强。

# 第二节 大数据与高中数学的联系

## 一、从高中数学建模教育角度看人工智能与大数据

在终极的分析中，一切知识都是历史；

在抽象的意义下，一切科学都是数学；

在理性的世界里，所有判断都是统计。

一个数学家的目的是要了解数学。历史上数学的进展不外乎两种用途：增加对已知材料的了解和推广范围。

"人工智能"和"大数据"在这几年里曝光率极高。它们似乎无处不在：智能手机、智能电视、智能购物、智能投资，甚至是智能厨房。它们也似乎无孔不入：金融证券中的大数据、电子商务中的大数据、医疗制药中的大数据，甚至是文物保护中的大数据。人们在享受着智能科技带来的便捷的同时，

也面对着它所带来的社会问题，甚至是伦理和法律的问题。好在广泛的讨论正在各个专业领域及互联网上如火如荼地进行，发展中的问题正在通过发展的方式逐步解决。

在教育行业，"大数据"这个名词近些年来也被"反复引用"，评估学生学业、提供就业指导、生成练习题或试卷。甚至很多教育教学项目的申请书中没有"大数据"这几个字都不好意思拿出来立项。但与此同时，关于人工智能、大数据与高中学科课程的结合，却没有被讨论很多。这里悄然藏着一个"魔鬼"，它挥舞着三叉戟抛出这样一系列问题：

人工智能和大数据到底应不应该作为课程被引入高中阶段？

人工智能和大数据到底能不能作为课程被引入高中阶段？

人工智能、大数据和传统高中学科课程的关联在哪里？如何引入？怎么教？

初看这三个问题，可能觉得它们之间是层层递进的关系，或者觉得是整体和局部的关系，但是不然。很多人面对前两个问题给出了否定的答案，其原因就在于第三个问题还没有答案。一件事物的价值不能孤立地来评述，而是要看到没到该有的时候、能不能造得出来、造出来能不能用、用了会不会有正面的推动——是代价和收益共同决定了这件事物在当前阶段的价值。于是，上面的三个问题其实本质上就是人工智能和大数据引入高中数学课程中，对高中学科课程有无益处？代价是什么？

下面将从这三个方面展开：第一，从数学的角度揭开人工智能和大数据的面纱——都是几何的问题；第二，从高中数学建模教育的大概念去理解人工智能和大数据——视为难得的案例；第三，从学科交叉的角度认识人工智能和大数据——基于目标的推动。

（一）从几何角度认识人工智能和大数据

从狭义的角度提人工智能，其实指的就是"机器学习"。这个"机器"可以是计算机、单片机，也可以是其他形式的机械；这个"学习"可以在软件层面上实现，也可以在硬件层面上实现。那什么又是"机器学习"呢？这就要涉及一些概率和统计了。

统计是人类对自然现象和社会现象的数学表达，概率则是这种表达所反映出的规律。不同的人看同一张画会有美与丑的分辨，随机的人也会产生随机的评判。

机器学习就是要利用机器（最常见的是用计算机）上可以自动运行的算法，通过分析纷繁的样本，去寻找这些统计数据的分布规律，这个分布规律在数学上以函数的形式呈现，被称为概率密度函数，用它可以计算样本散落在某个区域里的可能性。

（二）人工智能和大数据是高中数学建模教育的优质案例

上面的讨论将机器学习看成了一个几何问题——虽然中间穿插着代数、分析甚至拓扑技巧的使用——这样做有一个好处，就是很容易和高中数学课程的内容产生联系。

几何是纷繁复杂的，事实上在数学里三维的几何都还没有被研究清楚。在近代数学中，几何研究不断地向其他分支，如微分方程、拓扑和代数，提出关键的问题，这些问题极大地推动了这些分支乃至整个数学的发展。在1936年至2014年间菲尔兹奖的57位获奖者中，有30位的成果与微分几何或代数几何直接相关，比例超过一半。这在分支如此庞杂的数学学科内实属难得，足见几何研究在数学研究中的核心地位。

在高中数学中也是如此。在新课标高考方案颁布之前，高考数学的6道解答题里，解三角形或三角函数、立体几何、导数、解析几何共4道大题，都是几何背景的题目。这样安排的原因之一是，具有几何背景的题目可以极大地关联高中数学的重要知识点，容易命制综合题目。如果这样看，不仅仅在应试中，在高中数学的教学中，将几何作为一条主线，也是大有裨益的。

不仅如此，新课标中提出了六个高中数学学科核心素养：直观想象、数学抽象、数学建模、逻辑推理、数据分析和数学运算。其中，数学建模是相较上一版课标新加入的一条，其作用是在学以致用的观点下，将其他5个核心素养关联到一起。所以，数学建模作为核心素养，与其说是一种技术，不如说是一种意识或观念。

既然提出了核心素养，想要落实就不能不提到"基于标准的学习"。"基于标准的学习"是时下热门的教育理念，但什么才是真正的标准呢？我们绝不希望学生止于记住几条公式，或者记住一堆技巧，而应是习得属于学科本质的、在未来的很多年之中可以留在思维里并在工作和生活中反复加以使用的那些原理。

针对高中数学建模的"大概念"：①数据中反映的信息能够被抽象成某些数学模式；②基本假设是模型的公理化体系，不同的基本假设代表不同的观点，基本假设需要根据模型效果反复修正，相似的模型可用于解决具有等价基本假设的问题；③数学模型的建立包括评价函数（或数学方程）的寻找，以及约束条件（或边界条件）的确定；④参数的灵敏性分析可以为先验设定提供依据，同时也能帮助寻找核心参数；⑤具有合理基本假设且用恰当数学方法求解的数学模型可以用来解释客观世界，并指导现实工作。

目前，高中学生在高一时学习集合、基本初等函数、三角函数、解三角形、向量、数列、不等式，在高二时学习解析几何、立体几何、一元函数微积分初步和概率统计。在常规课程里面并没有涉及线性代数，也没有涉及多元函数微积分。但是，线性代数以及多元函数微积分又在机器学习的理论中扮演了重要助手的角色。同时，高一的学生刚刚学习完基本初等函数之后，还没来得及见识丰富的函数的例子，对函数模型的经验储备也不足，使得机器学习的第一步无法有效进行。不仅如此，因为智能科技多以封装完善的产品被大众使用，而大众并不了解，也无须了解"智能"的数学来源，所以就使得学生在刚刚接触机器学习时，对"智能"这个名词会产生困惑。

（三）人工智能和大数据是 STEAM 教育的最佳推动

作为缩写，"STEAM"代表科学（Science）、技术（Technology）、工程（Engineering）、艺术（Art）、数学（Mathematics）。STEAM 教育就是集科学、技术、工程、艺术、数学多学科融合的综合教育。通常认为，STEAM 教育相较传统教育可以带来如下六个好处：①激发好奇的天性和主动探索能力；②培养孩子各方面技能和认识能力；③在动手实践过程中培养创新意识；④引导同伴之间的合作和强调解决问题的能力；⑤重视对艺术、文化软实力的培养；⑥创造机会让孩子去发展有趣的创意思维。

但是，好处归好处，好处可不是由简简单单一个称为"STEAM"名词带来的，而要靠将这个理念在课堂上基于学情和课标去科学地落实而获得。

人工智能和大数据本身就是一个需要多学科协作的庞大工程——数据样本采集各自领域，采集的方式要依靠各个学科的专门技术，以及相应的电子设备；数据的储存和传输依赖于半导体技术、材料科学和通信科学的发展；有了数据，算法的理论支撑来自数学，算法的实现则要靠计算机科学乃至电子科学，结果的应用又要依赖各个领域的专门人才。所以，很容易将人工智能和大数据放到"交叉学科"这个范畴中来。

交叉学科缘起于学科交叉，是两个或多个学科相互间的合作不断深化的产物。例如，近年来新兴的进化金融学就是生物学和金融学之间学科交叉的产物，演化证券学则是生物学和证券学之间学科交叉的产物。交叉学科激发了很多新兴的技术和职业，也是人类知识和社会财富增长的一个源泉。

这很容易让人产生一种幻觉：让学物理的人去做化学，让学数学的人去做生物，让学金融的人去做医疗，搭上了"学科交叉"的顺风车，就可以获得名利。之所以会产生这样一种幻觉，是因为只关注了成功者在多于一个学科内所取得的成就和他们将这些成就整合起来的影响。但是，却忽略了一个浅显的事实：这些人要么本身就同时在多个学科内有非常专业的功底，要么就是找到了擅长不同学科的人来合作。

所谓"学科交叉"，不是把问题在多个领域之间翻译来翻译去，而是多个学科相互合作，各自解决同一个大问题中自己擅长的那部分，最后将结果整合起来。

用学科的语言解决学科内的问题，在教育中，尤其在基础教育阶段，非常重要。以人工智能为例，它可以作为一门数学选修课，也可以开设成计算机选修课。学生如果想要学习数学理论的部分，就去上数学选修课；如果想要学习计算机实践的部分，就去上计算机选修课。最可怕和耽误时间的就是在数学课上讲计算机，而在计算机课上讲数学。当然，这不是对数学课上使用信息技术而在计算机课上使用数学的否定，只是针对课程目标来说——如果学生对两个方面都感兴趣，且有时间和精力，那就同时去上这两门选修课。甚至数学理论和计算机实现可以合并在同一门选修课中各自作为前后几个章节，但是绝不可以用计算机科学的语言去讲数学的理论，又用数学的语言去讲计算机科学的技术。一旦这样做了，学生将失去扎实的学科基础，将来也解决不了交叉学科的问题。就好像一个电工，本来可以背上一个分门别类的工具箱去工作，遇到什么情况就抽取什么类别的工具，清晰又迅速，而他却把所有工具一股脑儿放进一个大口袋里，遇到情况找来找去也找不清况。更可怕的是，如果这位电工是个新手，很容易因为认错工具而发生事故。

同样的方法也可以适用于人工智能和大数据在高中阶段的教育。基于目前高中师资水平及其工作量上的考虑，建议还是拆分成多个选修课，由不同的教师负责教授不同的部分。这些教师可以组成一个课题组，不定期研讨、协调各课程进度和设计，以期服务于学生的系统性学习。当然，根据不同地区和不同学校的学生学情，对内容的取材上要有所取舍，不可以让学生吃夹生饭，宁可减少课程容量，也应首要保证课程的系统性。

最后，作为本节的结尾，必须要谈一个沉重的话题，那就是新技术在带来新兴行业和更多知识、财富、便捷的同时，所带来的社会问题——劳动力析出，社会稳定性降低。每一次重大的技术革命都需要很长的时间来消除它所带来的负面影响。因为技术革命会使得很多产业消失，或者产业从业人口大量减少，释放出来的劳动力需要寻找出路。这个时间有多长呢？事实证明，至少要一代人以上。因为我们必须承认一个并不愿意承认的事实，那就是被淘汰的产业的从业人员能够进入新行业中的其实非常少。

这是一个历史进程中必然面对的问题，可能永远不会有十全十美的解决办法，但是至少一个可以尝试的办法是将人工智能和大数据引入旧行业。

## 二、基于大数据分析下的数学课堂教学策略

### （一）更新教学思想，构建数据分析观念

更新高中数学教学思想，以此构建数据分析的概念。很多的教师因为受传统的教学观念的影响，思维方式和教学方法都已经模式化了，并没有树立数据分析的教学观念。俗话说，物质决定意识，意识是物质的反映。如果教师的教学观念还没有及时更新的话，那么教学行为在这些思想的影响下也不会出现根本性的变化。为了解决这一难题，在国家新的课程改革中明确提出了"数据分析"这一概念。这一概念的提出标志着在大数据的时代背景下，我们的国家越来越重视数据分析在教学中的实际运用，各位教师应该牢牢把握住数据分析的观念，在实际教学中，帮助学生构建数据分析的知识框架。在高中数学教学中，教学方法、教学模式难免会受其自身教学观念的影响。因而数学教师必须先更新教学思想，构建数据分析观念。在新课标中提出了"数据分析观念"一词，这一词是由"统计观念"变更而来。由此可见，随着大数据时代的来临，数据分析也日益受到人们的关注与重视。因而，有必要在数学课堂教学构建相应的背景，构建数据分析观念，使学生树立数据分析的意识，并对其予以重视。

（二）勇于探索，在数学教学中尝试分层教学

我国要求教师根据每个学生不同的情况，对学生进行不同类型的教育。在高中数学课堂教学中，教师可以对学生尝试分层教学。一个班有众多的学生，学生与学生之间存在着个体、个性差异，对不同的学生进行不同类型的教学，能够促进有效教学。对于个性化差异和个体化差异比较明显的小学生，也可以尝试不同的教学方法，尝试全新的教学模式。对于不同基础和不同背景下的学生，要正视其存在的个体差异，对他们进行分层次的教学，这样有利于促进学生更好地学习数学，也有利于充分挖掘学生的数学潜能。

（三）学会运用大数据分析和获取数据中的有用信息

在高中数学教学中，教师应注意引导和帮助学生学会运用大数据分析和获取数据中的有用信息，充分调动学生学习数学的积极性和主动性。通过激发学生的学习兴趣，帮助学生提高他们的学习效率，这样既有助于促进学生全面发展，也有助于提升高中数学课堂教学的效率。举例来说，教师可以结合高中数学教材内容、大数据分析工具，制订教学计划。教师可以引导学生结合实际生活，充分发挥想象力，对空间向量进行思考；还可以引入与空间向量相关的内容，通过相关数据分析，帮助学生加深对知识的理解。同时，带动学生主动思考，积极参与课堂互动。此外，教师还应教学生学会获取数据中的有用信息。

利用大数据可以清晰地看出每道题，学生总体答题情况。通过对它的研究，可以了解总体学生的知识点的掌握情况，从而改进教学，培优补差。教师可以在具体教学过程中，引导学生利用大数据对相关数据进行分析，然后从中获取有用的信息，以帮助解题。

（四）引入数据挖掘算法，提升数学运算能力

数学教师除了按照教学大纲要求完成教学任务之外，还要注意在数学课堂中引入数据挖掘算法，注意提升学生的数学运算能力。一方面，数学教师要利用大数据分析工具密切关注学生对所学数学知识的掌握情况；另一方面，还要密切关注学生对于数学运算能力的掌握，引导和帮助学生学会收集数据和使用数据，利用大数据中的数据挖掘算法，培养数学解题能力。对于高中学生而言，数学运算能力是其必须掌握的，因为数学运算能力是学好数学的前提和基础。因而，数学运算能力非常重要。举例来说，在高中数学的

运算中，涉及函数、指数和向量等计算，而这些计算相对而言又比较复杂，如果在计算过程中出现失误，将导致整个运算结果错误。这就要求学生具备较强的运算能力，在运算过程中保持细心、认真和严谨的态度进行运算。在高中数学教学中，教师要教学生运用不同的数学方法进行解题，让学生学会举一反三。

（五）学会分类，重视数学知识的积累

高中数学学科是一门具有较强的抽象性和较强的逻辑性的学科，知识点还比较多，这就要求学会分类，对各类数学知识进行分门别类。这样，有助于加深对知识的理解，也有助于理清数学知识的脉络，促进学生更好地进行下一阶段的数学学习。此外，还应重视数学知识的积累。高中数学知识具有较强的连贯性和衔接性，学生在学习过程中如果出现知识点断层问题，很容易影响下一阶段的数学知识学习，致使前期所学的知识与后期将要学习的知识无法较好地衔接，影响学生的学习积极性，也会在一定程度上影响学生的整体成绩。因而，在高中数学教学过程中，教师要注意帮助学生做好相关知识点的复习和巩固，加深学生对前期所学知识的印象。例如，在初中的数学学习过程中，教师对十字相乘法已经不做要求了，同时对三次或三次以上多项式因式分解也不做要求了，但是到了高中教材中却多处要用到。另外，二次根式中对分子、分母有理化也是初中不做要求的内容，但是分子、分母有理化却是高中函数、不等式常用的解题技巧，特别是分子有理化应用更加广泛。所以，教师在教学过程中，应该多复习以前学生学过的知识，将其进行一定的积累，同时也能为其今后数学知识的学习奠定良好的基础。此外，还要养成良好的数学学习习惯和数学知识积累意识，在实际学习过程中，充分重视数学知识的积累，通过各种不同的方式促进对数学知识的理解，并且学会运用自己所学的数学方法来解决数学问题。通过这种方法，能够使学生不断地巩固所学的数学知识，提升数学解题能力，提升整体数学素质。

（六）感悟数字化的便利，学以致用，提升数学应用意识

大数据时代的来临，改变了人们以往的生活方式，改变了人们生活的方方面面，也在一定程度上改变了数学课堂教学。举例来说，大数据时代的来临改变了高中数学课堂教学的形式、方法等。教师可以通过大数据提供的数字化信息，运用多媒体设备进行备课以及给学生布置作业，还可以利用大

数据分析班里每位同学的学习情况。在数学学习过程中，学生在感悟数字化的便利的同时，还要学会将所学的数学知识融会贯通，学以致用。当然，有一点必须强调的是，无论哪一学科，都有其自身的特性及作用。以高中数学学科为例，数学是一门科学性与综合性较强的学科，其作用之一就是能够培养人的逻辑思维推算能力。并且，数学还是一门与我们生活息息相关的学科。因而，在学习数学这门课程时，教师要当好向导的角色，注意培养学生的数学学习意识，要让学生学以致用，注重提升他们的数学应用意识。

# 第二章 大数据下的高中数学概念教学

## 第一节 函数教学的背景产生

随着大数据的快速发展，无论是人们的生产、生活方式，还是作为人类生活的重要组成部分——教育，都带来了巨大的改变，不断走向教育信息化。大数据对教育发展具有革命性影响，必须予以高度重视。

### 一、函数教学的背景

（一）大数据与数学教育融合是数学教育发展的必然趋势

大数据的发展推动了社会各个方面的发展，信息素养成为未来公民的基本素养。推进大数据与教学融合，从而大数据以势不可当的趋势影响着数学教育，大数据融入数学的教学已达成广泛的共识。现代大数据的广泛应用正在对数学课程内容、数学教学、数学学习等方面产生深刻的影响。高中数学课程应提倡实现大数据与课程内容的有机整合（如把算法融入数学课程的各个相关部分），整合的基本原则是有利于学生认识数学的本质。高中数学课程应提倡利用大数据来呈现以往教学中难以呈现的课程内容，尽可能使用科学型计算器、各种数学教育技术平台，加强数学教学与大数据的结合，鼓励学生运用计算机、计算器等进行探索和发现。随着大数据的发展和数学教育本身的改革与发展，大数据融入数学教育，发挥在培养学生数学素养中的作用是必然的发展趋势。

（二）函数思想的教学是高中数学教学的重要内容

函数是高中数学教学的重要的核心概念之一，函数的概念起源于对运动变化的研究。函数思想是运动变化思想，是辩证思想，是学生问题解决的基本思想。函数的概念建立之后经历了漫长的发展阶段，在学校数学教学中，函数思想贯穿其中。小学开始渗透函数思想，初中给出函数的变量说定义，高中给出函数的对应说定义。高中数学以函数为主线，研究了函数的一般定义和性质，也研究了基本初等函数，然后将数列纳入函数之中，看成是特殊的函数。函数也成为各类检测和考试的重点内容。因而，高中函数研究和分析成为重要的内容。

函数思想是高中数学重要的思想方法。函数思想的形成依赖数学相关知识的教学，特别是函数的相关概念的教学。函数知识贯穿于高中知识的始终。在教师的启发引导下，据前期调查发现，教学中教师引导学生通过做大量的题型，学生可以运用函数思想解决一些题目，但绝大部分还没有形成函数思想的意识，在应用函数思想解决问题时显得力不从心。大量教学实践表明，函数思想有利于问题的解决，也是数学与实际联系模型思想的运用。

（三）大数据的运用对函数思想的教学具有重要的意义

函数思想是数学发展中的重要思想。函数是对变量关系的研究，也就是对变量之间的依赖关系进行分析，分析的重要途径是函数图形。大数据在绘制函数图像方面具有重要的优势。

另外，对于一些函数的分析，可以利用大数据做出部分点，依据已做出的点绘制草图，并结合草图提出猜想。这对于解决问题具有重要的意义，也是培养学生归纳总结、抽象概括的重要途径。

因此，关注大数据对函数思想的教学是教学改革重要的一步，是解决函数教学中难点问题的重要途径，也是函数思想形成的重要途径。由于函数思想内涵极为丰富，教学成为难点，相关的研究也成为数学教育的重要课题，本书希望在这方面进行一些探索。

**二、函数教学的意义**

随着大数据多样化的发展，网络学习、微课、翻转课堂、慕课、可汗学院等对我们数学教育的教学理念、教学模式和方式方法、学生的学习方式都带来了前所未有的改变和更新，让原本"枯燥的数学学习"充满新的活力。

虽然大数据的发展已经影响了社会的各个方面，但是对数学教育的影响还比较浅层次，教师对大数据运用于课堂的理解基本还在于对教学效率会有一定的影响，可以使教学更为生动，更具有动态效果，更有利于调动学生学习的积极性，对大数据能否改变学生对数学的认识和理解、完善数学认识等还不确定，对大数据的使用还没有迫切需要的认识，这对大数据融入数学教育具有一定的影响。本书希望借助大数据对实现函数思想教学目标、提升学生数学素养等进行分析，推进数学教育工作者对大数据的认识和理解，从而提升学生对函数思想的掌握和运用。

（一）提升函数概念教学中数学素养的形成

数学发展的原动力和最基础的根源是现实世界，数学中一些重要的核心概念都与现实世界相联系。数学素养的基本特点是具有数学的思维特点。函数概念教学需要对概念的产生过程进行分析，体现函数概念中所包含的思想，而知识是形成数学素养的重要途径。借助大数据，能够展示运动变化的过程，化抽象为具体，化静态为动态，发现函数在"变"的过程中蕴含的"不变"的规律，抽象函数概念，提升数学素养。

（二）强化函数思想的教学

为什么要研究函数？函数为什么重要？……牛顿创立微积分是从物质运动的学说、宏观的变量说、微观的对应说、形式的关系说等角度考虑的，可见函数的文化底蕴就在其中。通过对函数知识的学习，培养学生学会用发展、运动的眼光看待与处理周围的事物，并体会到世界万物之间都是普遍联系的，把握函数思想中的辩证统一。

函数概念一直是高中教学的一个难点，随之而来的大数据与函数知识的整合也为研究热点，相关的文献日益丰富。而对函数思想方面的专题研究还很少，相关的文献对于函数思想的提法主要是掺杂在函数知识中，深入系统地研究还尚未形成。新课程标准指出，在整个高中数学课程设计中，函数将作为贯穿其中的一条主线，这条线将延续到大学的数学，而且函数思想几乎渗透到每一个数学分支。由此可知函数思想的重要性。因此，充分发挥大数据的优势，促进学生函数思想的逐步形成，将新课程标准的理念落实到具体教学中，为后续的大数据对函数思想教学进一步的研究提供一定的理论支持和实践参考。

（三）探索大数据在函数思想方法方面的教学途径

从目前的研究表明，大数据运用于数学教学的研究多从宏观方面入手，虽对身在一线的高中数学教师具有一定的理论指导作用，但可操作性不强，容易造成大数据与数学教学的整合口号化，没有相应的实践，只是流于形式，难以达到良好的教学效果，未能实现教育信息化，部分学校在课堂上大量引进大数据，欠考虑适用性，只有先进的现代教学理念才能促进大数据的有效运用。目前大数据对数学思想方法教学研究还很缺乏，函数思想教学研究的切入点比较宏观。函数概念产生于运动变化，函数思想是高中解决问题的重要思想方法，高中学生的思维正处于形象思维到抽象思维的过渡过程。因此，需在一定的学习理论指导下，结合具体的函数教学实践实现大数据对函数思想方法教学整合的系统性和完善性，希望对促进学生理解和领悟函数思想提供一些较具体的途径，提高学生解决问题的能力。

（四）对教育的影响途径研究

教育部门可以从企业部门学习的经验是，如果想要看到教育生产力的显著提高，就需要进行由技术支持的重大结构性改变。围绕大数据对教育的影响途径，目前研究主要是针对教师发展的影响、针对学生学习方式的改变的影响以及对教学模式的影响三个方面开展研究。

教师对大数据在学科教学中的应用，以及对大数据与专业发展关系的认识和理解，形成了全新的专业知识结构的要求。大数据的运用使学生直观接收一些重要的抽象知识，课堂体现生动性、趣味性和变化性，有助于学生对所学知识的感知、理解和记忆。

从数学基本思想教学角度寻找大数据融入数学教育的切入点，有利于从更高的层次认识和运用数学基本思想去发现、提出、分析和解决问题，扩大数学思想的教育空间，增强学生对数学本质的理解，也是数学教育和大数据深度融合的共同目标。

大数据对教师评价、学生评价、教学模式、教学内容等方面都引起了变化。

本书认为大数据对数学教学影响可以从不同角度和层次发挥积极作用。

（五）大数据对数学教育的影响结果研究

大数据对数学教学发挥作用需深入数学学科中去，针对不同的数学课程，所选的大数据类型应有所差异。因此，针对整合的过程中遇到的问题以及效果，研究者们从不同的角度进行了分析和研究，主要有以下观点。

1.大数据的介绍相关研究

根据大数据涉及的领域广泛，其含义具有多样化。大数据是指对信息进行采集、传输、存储、加工、交流、应用的手段和方法的体系。而在数学教育中，大数据包括从计算器、图形计算机到录像、计算机和互联网在内的所有工具和手段。大量教学实践表明，目前有部分教师知道大数据对数学教学的重要性，却无法很好地明确和选择数学教学中常用的大数据。数学教师需要用的大数据大体上可分为三类：普适的大数据（如 Word、PPT、Excel、QQ、E-mail，Google 等）、数学教学中常用的大数据（如几何画板、超级画板、Maple、MATLAB 等）、某些专题教学活动需要的大数据（如几何画板、分形几何软件等）。同时，比较详尽地对大数据进行了划分和归类，对教师的教学和学生的学习带来了很多便利，总体上能够满足教与学的需求。

2. 大数据在数学教学中运用的途径分析

越来越多的教师在数学教学活动中运用大数据。根据数学教师的专业水平和信息素养不同，大数据"进入"教学的类型不同。大部分情况下，大数据是被教师一般性地"加入"教学的，而将大数据"融入"教学称为一种理想的期待。这表明目前大数据与数学教学整合的程度和效果有待进一步思考和研究。

在运用大数据的同时，应结合传统教学的优势。"黑板粉笔＋口述"的传统教学手段与由多媒体课件的设计使用的"现代教学手段"各有优劣，遵循的原则是在必要的教学环节上有效地运用。然而，随着大数据在数学教学中的大量使用，出现了为了使用大数据而使用大数据，甚至在数学教学中是否运用大数据成为判断一节课好坏的一个重要指标。出现这种情况有内外因素。外在环境因素扮演着影响教师知识经验和内在促动发挥的重要平台，内在因素与环境因素的和谐互动是影响整合层次的重要根源。教师虽然使用了大数据，但仍沿用传统的授课方式。因此，大数据在数学教学中的运用，应注重运用层次性、阶段性和循序渐进性。目前的中学数学教学中，大数据与数学课堂整合的现象已很普遍，现在的问题是如何有机整合。大数据与教育深度融合的实质与落脚点是需变革传统课堂教学结构——将教师主宰课堂的"以教师为中心"的传统教学结构改变为充分发挥教师主导作用，又能突出体现学生主体地位的"主导—主体相结合"的教学结构。

3. 大数据在数学教学中运用的效果分析

数学是研究空间形式和数量关系的科学，具有抽象的特点。通过运用大数据的直观功能，使数学知识"形象化"，即化抽象为直观。数学强调学生应具有较强的逻辑能力和空间想象能力，而数学常常给人留下冰冷静态的美，学生心理惧怕和抵触学习数学的现象较突出。根据数学知识的特征，充分发挥大数据动态呈现知识的特点，即化静态为动态，引发学生的学习兴趣，让学生在认识数学本质的同时，提高课堂的教学效率。大数据的使用通常会改变教师的教学方式，目的是为了变革学生的学习方式，让学生学会自我探索知识，在与教师和其他同学思想交流的过程中学会发现问题、提出问题，从而能够分析问题、解决问题。大数据的融入可以使数学教育突显数学的发生、发展过程，展现量的直觉解释，加深理解，提升抽象思维教育的层次，促进学生思维能力的提高。

教师应掌握适合数学教学的大数据，着重引导学生把注意力集中在自身的探索过程和应予以突出的教学重点上，这样才会最终实现优化教育效果的目标。几何画板的使用有助于提高中等以下学生的学习成绩，而对于位于班级前几名的学生更多的是促进学习效率。可以看出，大数据的恰当使用能够提高学生学习的积极性和学习效率，让学生乐于学习和探究。

（六）大数据运用中存在的问题研究

大数据在数学课堂中的运用可以让教师更好地发挥教育效能，如制作更加丰富有趣的课件，增加课堂的生动性，优化教学过程；还能进行数学实验，如动态展示图形的变化过程，揭示学生的思维过程，快速准确地计算结果，从而变革新的教学方式和方法。然而，对于大数据在教学过程中的广泛运用，部分学校出现形式化现象，没有兼顾传统教学，缺乏整合的有效性，对教学内容的本质与需求缺乏深入研究，造成大数据应用的泛滥。

1. 教师积极性不高

广大数学教师对大数据的运用并没有表现出很大的热情，其根本原因是没有看到使用大数据的效果。其中的原因之一是大数据难以做到"随机应变"。很多教师没有真正把大数据融入教学中来提高自己的教学效果和改善学生的学习。

2. 大数据多数是呈现"成品课件"

大数据主要用于演示、展示，多是"成品课件"操作。随着大数据的大量使用，"满堂灌"的现象在数学课堂教学中日益突出，大数据成了传统教学工具的替代品，而"知识从黑板搬到了大屏幕"。可以看出，只有大数据真正融入数学教学中，恰当地作用于数学教学过程的某个"点"，兼顾传统教育方式，才能真正成为教学发展的推动者。

综上所述，大数据融入数学教学的研究已相当丰富，大量的文献集中探索研究了大数据对数学教学的教学方式和方法、教学效率、整合的途径和教学价值等作用，对促进学生思维能力方面的研究还很缺乏。目前的大数据对数学教学的研究主要是从数学教学的理论层面进行探讨，并研究分析了大数据融入数学教学的优势与不足。从以上分析可知，大数据融入具体的教学案例还有待进一步的深入研究，即如何根据具体教学内容把握好大数据的优势，关注大数据在提升学生数学素养方面的论述还不充分，如对数学思想方面等。

### 三、函数思想教学研究综述

由于函数是学生在学校学习过程中遇到的最重要的概念，是刻画运动和变化的数学模型，需要通过函数相关内容的教学，提升学生的辩证思维。因而这一教学成为学校数学教育的难点，围绕函数教学的相关研究也是中学数学教学研究的重要课题。多年来，研究者从函数概念教学、函数思想教学、函数内容的发展、函数思想解决问题等角度对函数教学进行了一系列的研究和探索。

（一）函数概念的研究

"函数"一词率先由17世纪的数学家引用。函数是高中数学的主线，同时也是学生数学学习中的重点和难点。为了更好地进行函数思想教学，必须首先了解函数的发展史。

函数从代数式到变量的依赖关系，再到任意的对应关系，最后到序偶集这一历史发展顺序乃是最合适的教学顺序。因此，将函数概念的教学与它的发展历史联系起来给函数概念的教学提供了参考价值。

函数概念的教学已有许多从不同方面的研究结果，大部分研究主要是从理论层面进行研究的，围绕课堂教学的实践研究相对较少。函数概念的教学是高中函数的重要教学。因此函数概念的教学实践研究是目前亟待解决的一个重要问题。

函数也是学生感到最难学的内容。若干研究和教学实践表明函数的学习困难甚至伴随了许多中学生的整个数学学习过程。造成函数学习困难的主要原因有两个方面：其一，函数概念本身的复杂性和抽象性；其二，学生正处于由形象思维向辩证逻辑思维发展的阶段，函数概念又具有运动、变化、联系的特点。教学系统是由教师、学生、教学内容和教学媒体四要素组成的，本书认为造成函数概念学习困难的因素应该也与教师的教学理念和教学过程应用的教学手段有一定的关联。

（二）思想观念界定的相关研究

教材的安排一般是小学渗透函数思想，初中引入函数的变量说定义，高中给出对应说定义。函数学习经历了以下发展过程：试图用数学方式描述运动和变化——图形描述、表格描述、解析式描述——函数的变量说定义——函数的对应说定义——函数的关系说定义。函数思想是随着函数的认识发展而内涵不断丰富的，思想形成也是多维度、多层次的。

函数概念产生的直接根源是运动与变化。函数思想是随着函数的发展而不断发展的。在不同的发展阶段，函数思想具有不同的含义：①运动与变化思想；②变中不变思想；③关系思想。

（三）重要性的研究

函数是数学的基本研究对象，是中学数学的核心概念和内容，在中学生学习中充当了各个部分知识的"纽带"。应将养成函数思想和空间观察能力作为数学教学的基础。加强函数和微积分的教学，改革和充实代数的内容。数学的三大基本思想是抽象、推理和建模。建模思想派生出了函数思想，函数思想与它们具有密切的联系。因此，应帮助学生树立建立模型的思想，积累数学活动经验。函数是对现实世界数量关系的抽象，是具有一般性的，是建立数学模型的基础。因此，通过建立模型、分析模型、求解模型、解释规律等过程，引导学生理解函数是一个好的学习途径。

（四）函数思想与高中其他相关知识之间的联系

学生在学校接受的数学知识，出了校门，可能很快就忘掉了。然而，不管他们从事什么工作，唯有深深铭刻于头脑中的数学精神、数学思维方法、研究方法、推理方法和着眼点（如果已培养了）能随时随地地发挥作用，使他们受益终生。由此可见，数学思想方法对学生成长的重要性。教学过程中应善于挖掘函数问题中蕴含的思想和方法，能够明晰函数思想在高中数学中的运用，在学习与函数有关的内容时，如方程、不等式、线性规划、算法等，不断加深对函数概念的理解。通过解决函数问题，领悟函数思想。函数知识散落在高中教材中，进一步表明函数思想的渗透是一个长期的、循序渐进的、螺旋上升的过程，具有阶段性、顺序性、过程性的特点。

# 第二节 大数据背景下信息化函数教学的分析

## 一、教学建议

多数学生缺乏对函数的认识，运用函数思想解决问题的意识不足，部分教师对函数思想重视和关注不足，信息素养还有待提高，这可能就是教师对运用大数据融入函数教学积极性不够的主要原因所在。教师对函数有关知识的教学理念在很大程度上会影响到学生对函数知识的理解，从而对学生学习函数的效果造成一定的障碍。针对目前调查得出结论中的一些教与学方面的不足，提出教学上的参考建议。

（一）发挥大数据在函数教学中的优势

大数据在函数教学中的运用应对促进函数思想形成和发展具有重要的意义。只有解决传统教学中存在的一些问题，才能充分发挥大数据的作用，体现大数据运用的价值。因而，教师要更新教学观念，在教学中努力探索大数据与函数教学融合的途径，解决教学中的问题。

1.强化教学观念的更新

要使大数据更好地运用于函数教学，需要对教师的教学观念进行更新。大数据运用是数学教育的发展趋势。首先，教师要有学习现代教育大数据的准备；其次，提升对函数思想的认识与函数思想方法的重视，将过程教学与思想形成有机结合，这样才能促进教学中运用先进的教学手段，体现数学思想的产生过程；最后，教师运用大数据辅助函数教学应把握好融入的切入点，教学过程中灵活结合传统教学，发挥出函数教学的最大效能。

2.关注学生对函数的认识

多数学生对函数的认识是模糊不清的。虽然学生经历了比较长时间的函数学习，但对函数本质的认识、函数价值的理解还存在不足。依据教学目标，学生应对函数知识背景、函数内涵和本质有一定的认识，能够由初中函数的变量说过渡到高中函数的对应说，掌握函数的三种表征方式，即解析式、图像式和表格式，并能够建立起函数与实际问题的联系，具备基本学习函数知识的方式方法和解决问题的能力。因而，强化学生对函数本质的理解和认识，形成函数思想这一解决问题的基本思想是必要的。

函数的本质是对运动变化的研究。要体现这一本质属性，需要揭示运动变化的基本研究途径，也就是变量之间的关系。比如，在函数概念教学过程中，增加一些贴近生活的实例。大数据在体现运动变化方面具有优势是不可否认的，可以让学生在学习过程中深化理解函数思想。

3. 强化知识相互联系的教学

学生能够对函数与方程、不等式等的关系有比较好的认识，大概是因为课本强化了这方面的知识，但对函数与其他知识之间的联系认识不够。函数作为高中的核心概念之一，通过教学应该建立起函数与方程、不等式、数列和算法等知识之间的联系，形成的函数知识网络有利于学生进一步解决问题，领悟函数思想在解决问题中的核心地位。

教学中可以借助大数据的展示直观的功能，展示函数与其他知识之间的关系网，这样不仅有利于学生建立函数与其他知识的联系，对优化学生的认知结构也具有重要的意义。

4. 强化实际问题转化为函数的模型建立过程的教学

学生对函数与实际的联系认识不够。因而在教学中要强化函数在解决实际问题中的作用，使学生经历由实际问题到函数问题的建模过程，提升学生运用函数解决实际问题的能力。

教学中可以借助大数据的模拟功能和动态效果，让学生充分发现现实世界的运用变化本质特点，并探索用数学方式研究现实的途径，在教师的引导下逐步抽象出函数的概念，形成解决问题的函数思想。

（二）大数据在使用中需要关注的一些问题

1. 应该有利于学生思维发展

大数据运用于函数知识教学和运用函数解决问题的教学主要关注的是能够化抽象为具体，化静态为动态。教师让学生在数与形的结合过程中进一步体会函数思想，提高学生的抽象概括能力，在运用函数思想解决数学问题的过程中强化函数模型思想，提高学生的数形结合能力和辩证思维能力。

## 2. 促进重点教学

事物具有两面性，物极必反。大数据运用于函数的教学，完全运用于整堂课是不切合实际的。避免单纯地展示课件，应关注师生之间的交流互动，善于结合传统教学的优势。大数据融入函数教学要注重融入方式的把握，让学生能够乐于探究、乐于学习，从而突出函数教学的重点，突破难点。

总之，大数据的确定应根据数学教学内容选择教学工具，而不能为了使用大数据不辨教学内容。大数据的运用不会自动引导教师观念和思想的更新，只有先进的哲学与科学的教学方法、教学模式才能更好地促进大数据对数学教育的意义转化为课堂的教学效果。

函数概念是函数内容的重要组成部分，也是函数思想的集中体现。大数据对数学教学具有很大的优势。基于大数据如何在函数概念教学中体现函数思想，如何辅助函数思想解决问题是本书研究的基本问题。因此，本节结合大数据对函数教学案例做一些分析和研究。

### 二、大数据对函数思想教学的价值分析

大数据真正融入具体的数学内容才能体现出它的教育价值。函数思想是数学的重要思想，是学生解决问题经常需要用到的思想，也是对学生以后进一步学习甚至工作、生活影响较大的思想。函数思想的重要性体现在它的辩证统一，在运动与变化的过程中揭示变中不变的规律。利用大数据，动态呈现运动与变化的过程，把握和深入理解函数思想的本质。函数思想的教学主要体现在函数知识的教学与运用函数思想解决问题的教学。

（一）大数据对函数概念教学的价值分析

函数是对运动变化的研究，函数概念需要建立在对运动变化的抽象和概括基础之上，函数思想包含运动变化思想、对应思想、关系思想、模型思想等内涵，呈现运动变化。体会运动变化的本质，感悟变量之间的关系，形成抽象的函数概念，是函数概念教学中的主要内容。

1. 有利于体会运动变化思想

大数据呈现运动变化具有明显的优势，能够使学生体验运动是函数概念形成的基础，如何刻画运动是函数问题的探索重点。

2. 有利于体会抽象概括思想

大数据的运用可以反复对比各种运动变化的特点，让学生反复归纳和

概括，形成对运动变化共性的认识，也就是函数本质属性的揭示。

3. 有利于体会对应关系思想

将运动变化转化为数集之间的对应关系是函数概念形成的重要环节，而运用大数据（如几何画板）可以观察几个运动变化过程中的特殊点。

（二）大数据辅助函数思想解决问题的价值分析

所谓数学问题解决，就是指综合地、创造性地运用各种数学知识去解决那些并非单纯练习题式的问题，包括实际问题和源于数学内部的问题。函数思想是数学解题的一种重要思想，顾名思义，运用函数思想解决问题指的是解决与函数有关知识之间的问题和函数与实际问题。应该培养学生的"四能"，充分发挥大数据的优势，引导学生运用函数思想解决问题的同时，强化对函数思想的理解，作为日后解决问题的储备能力。结合对大数据在函数概念教学中的具体运用分析，以及对函数概念中蕴含的函数思想的分析及学情分析，本部分设计了教学程序，并经过实践进行了改进。

1. 大数据运用于函数概念教学的优势分析

大数据在数学教学中的恰当使用能体现出它的优势。大数据在数学教学中的有效使用应体现教师、学生、教学内容和教学媒体四要素结构关系和功能的根本改变，不仅是支持教，更是支持学。对于函数概念的教学，大数据在呈现运动变化中可以多信息地呈现，反映共性，便于比较。

（1）多角度呈现教学内容

提倡利用大数据呈现以往教学中难以呈现的课程内容。大数据辅助数学教学可以使数学知识化抽象为直观，化静态为动态，呈现教学内容的多种表达方式，让学生在乐于探索知识的过程中加深对数学知识的理解。在函数概念教学中，大数据可以模拟多种运动变化，使学生体会函数概念形成价值。

（2）有利于学生探索和分析

由于高中阶段数学知识难度的增大、学习压力的增加，学生"厌学"的现象较突出。而函数概念是一个比较难以掌握的概念，需要学生认真投入进行探索和分析。大数据在数学课堂中的使用无疑给学生带来"新鲜感"，同时可以让学生自主进行知识探究，帮助学生变革学习方式，走向自主学习、个性化学习、"做"中学、探究性学习、基于真实任务的学习、合作学习和创新性学习，从而提高学生的学习兴趣和学习效率。通过大数据的运用，学生可以对各种运动变化情况进行比较分析，发现共性和差异，并对共性进行概括和陈述。

（3）改变教师的教学方式

对于身在一线的教师而言，可以充分利用大数据制作课件，通过网络交流教学经验。高中函数概念不是对初中函数概念的否定，而是从集合与对应角度的另一种叙述，教师应根据引用的实例，找准大数据融入函数概念的切入点，恰当地结合传统教学手段，从以教师的"讲授"形式为主的课堂慢慢进入以学生"主动探索、师生互动"形式为主的知识海洋，灵活应用和选择教学方法让学生体会运动变化的过程，从而提高教学效率。

总之，大数据在函数概念教学中的恰当融入能提高学生学习函数的兴趣，在充分发挥教师主导地位的同时关注"以学生为中心"，让学生学会自我探究和提高交流能力，从"要我学"转变为"我要学"，真正实现"做中学"，能够较好地掌握和理解函数概念。

2. 函数概念教学设计的理念

一个好的教学设计是一堂课成功的一半，教学设计在教学过程中起到关键的作用。作为中学数学教师，应根据教学实际情况，选择适合教学内容的大数据，突出重点或难点，注重大数据运用的必要性和有效性。在提供大数据环境的基础之上，以教师为主导、学生为主体，让学生学会主动参与、自主探索和合作交流，构建函数概念知识，初步领悟函数思想。

3. 大数据辅助函数思想解决问题

函数概念是学习高中函数有关内容最基础的知识，函数思想是高中数学重要的思想方法，在解决数学问题中发挥了重要的作用，提高学生解题能力的同时，进一步巩固了学生学习的函数知识，加深了对函数概念的理解。函数思想的运用可以体现在对数学问题的建模上，而在知识的应用过程中大数据的融入可以促进学生对函数思想的本质的理解和领悟。

## 第三节 信息化函数有效教学的设计及练习

函数的概念教学需要两课时，本节课是第一课时，是一节函数的概念课。如何上好一节概念课？概念不是由教师讲出，而是让学生去发现，并归纳概括出概念，从而让学生更好地理解概念，熟练地去应用概念解决问题。在教学中，以学生作为活动的主体，创设恰当的问题情境，引导学生积极思考、大胆探索，从而去发现问题、提出问题和解决问题。同时，注重培养他们的观察、分析和解决问题的能力，培养他们的逻辑思维能力及抽象概括能力，运用新课标的理念，从以下五个方面加以说明：教材内容分析、教学目标分析、教法学法分析、教学过程分析、教学评价分析。

## 一、教材内容分析

（一）教材的地位及作用

函数反映出的数学思想渗透到数学的各个领域，并且它在物理、化学及生物等其他领域也有广泛的应用。因此，函数概念是中学数学最重要的基本概念之一。

（二）学情分析

在学生学习用集合与对应的语言刻画函数之前，学生已经会把函数看成变量之间的依赖关系，且比较习惯地用解析式表示函数，但这是对函数很不全面的认识。由于函数的概念比较抽象，学生思维不成熟、不严密，故而整个教学环节总是创设恰当的问题情境，引导学生积极思考，培养他们的逻辑思维能力。

## 二、教学目标分析

根据上述教材内容分析，结合学生的学习心理和认知结构，将教学目标分成三部分进行说明。

（一）知识与技能

从集合与对应的观点出发，加深对函数概念的理解；

理解函数的三要素：定义域、值域和对应法则；

理解函数符号的含义。

（二）过程与方法

在丰富的实例中，通过关键词的强调和引导，使学生发现、概括出它们的共同特征，并在此基础上再用集合与对应的语言来刻画函数，体会对应关系在刻画函数概念中的作用。

（三）情感态度与价值观

采用从实例中抽象概括出函数概念的方法，不仅为学生理解函数打下感性基础，而且注重学生的抽象概括能力，启发学生运用函数模型表述、思考、解决现实世界中蕴含的规律，逐渐形成善于提出问题的习惯，学会数学表达和交流，发展数学应用意识。

### 三、教法学法分析

（一）教法分析

充分利用多媒体辅助教学，以学生探索研究的启发式教学为主，变式教学为辅，以及引导、探究、讲解、演练相结合。在教学过程中，多一点情境和归纳，多一点探索和发现，多一点思考和回顾，通过不同形式的自主学习、探究活动，丰富和改善教与学的方式，体验数学发现和创造的历程，发展创新意识和实践能力。

（二）学法分析

本节内容的学习要注意运动变化观和集合对应观两个观点下函数定义的对比研究，注意借助熟悉的一次函数、二次函数、反比例函数加深对函数这一抽象概念的理解；同时，要重视符号 $f(x)$ 的学习，借助具体函数来理解符号 $y=f(x)$ 的含义，由具体到抽象，克服由抽象函数的数学符号带来的理解困难，从而提高理解和运用数学符号的能力。

### 四、教学过程分析

根据本节课的特点，分成以下七部分详细说明：创设情境，引入新课；引导探求，形成知识；变式训练，巩固知识；讨论探究，深化知识；巩固练习；归纳小结；作业。

### 五、教学评价分析

为了使学生了解函数概念产生的背景，丰富函数的感性认识，获得认识客观世界的体验，本课采用"突出主题，螺旋上升，反复应用"的方式，以实际问题为主线，在不同的场合考查问题的不同侧面，由浅入深。本课在教学时采用问题探究式的教学方法进行教学，逐层深入，这样使学生对函数概念的理解也逐层深入，从而准确理解函数的概念。函数引入中的三个问题既与初中时学习函数内容相联系，又蕴含函数的三种表示方法——列表法、解析法、图像法，这样起到了承上启下的作用。这几个实际问题背景既是函数知识的生长点，又突出了函数的本质，为从数学内部研究函数打下了基础。同时，前三个例题也是这么设计的。

在培养学生的能力上，本课也进行了整体设计，通过探究、思考，培养了学生的实践能力、观察能力、判断能力；通过揭示对象之间的内在联系，培养了学生的辩证思维能力；通过实际问题的解决，培养了学生的分析问题、解决问题和表达交流能力；通过案例探究，培养了学生创新意识与探究能力。

虽然函数概念比较抽象，难以理解，但是通过这样的教学设计，学生基本上能很好地理解函数概念的本质，达到课程标准的要求，体现课程改革的教学理念。

# 第三章 高中数学发展性教学

## 第一节 教与学活动的认识

### 一、关于学生学习方式

中学生经历"再创造"过程所获得的成功感有利于激发学生继续学习的兴趣，增强学习与研究的自觉性和主动性，有利于发展学生思维能力和智力，并对所生成的知识形成稳定而深刻的认知。教学实践中，学生在课堂上的自主探究活动是有限的，因为，按现行课程安排，每节数学课的学习任务是饱和的，有的课时甚至安排了超负荷的内容，如果一味讲求学生独立、自主的全程性探究，将面临教学任务不能按时有效地完成的窘境。

一节课，采取何种教法，才能有效完成教学任务，制约因素主要有：①知识难度，有的教学内容相对简单，有的则相对较难，与学情密切相关。②教学方法，大多课堂教学实践证明，学生活动相对于教师讲解，会在一定程度上延伸学习时长。因而，学生活动过多，必然会导致教学严重延时。③教学时间，课堂教学时间是一个客观因素，必须加以重视，不能向课堂外过于延伸，加重学生负担，综合上述因素，我们提倡相对的学生自主探究，也就是说，学生自主探究的内容是局部的，探究时长是相对的。

正是由于教学受到多种因素制约，致使学科教学很难形成具有普适性的范式，也正是由于缺乏教学范式引领，致使课改在课堂教学实施环节举步维艰，十二年来，虽然产生了一些经验性教学方法、教学模式，但却因具有显著个性特征而不具复制性。不可否认，由于教学评价多是唯分数论，导致教师大大压缩知识生成过程的教学，这种滞后的教育评价，是课改实施环节艰难的症结所在。

所以，在教学实践中，全程性的探索式学习不具可操作性，对教育本真的追求是每一位教育人的梦想，但在现实中，又不可能不顾及学生的考试成绩。因而，在知识生成与解题训练两个方面要找到一个较好的结合点，从而突破形成教学范式的制约因素。

诚然，因学生知识基础和能力的差异，教学与学习活动不可能区域性地实施一种模式，但应该分学科和学段形成区域性的若干主流模式。

## 二、数学学习活动的核心

这里对"学习活动"仅作狭义理解，是指学生在学校课堂里的学习活动，学习活动需要学习者用眼、耳、手等去观察、聆听、操作等，需要学习者的认知结构（由认知形式、认知策略、知识经验及结构、元认知和认知风格组成）发挥作用并发展成更高级的认知结构，还要有诸如需求、情感、动机、兴趣、意志等非智力因素的支撑。

从学习者角度看，有效的学习活动一定是通过学习者的主动认知展开的，知识的教育价值也是通过这一过程实现的。因而，教育价值要由教育过程来实现，使学生将学习数学过程中的思维、方法策略内化为自身智慧，经历的探索、发现得到的内在感悟凝练为个性品质，形成学生发展的必要素养，这是学习活动的根本所在。

从教师角度分析，实现知识的教育价值，不仅在于展现具有教育价值的知识，还在于对所学的知识都要以教育价值的精神展现。

数学学习活动的特征在于：

数学学习活动的核心是思维活动以及心理体验；

数学思考更多的是独立的深度思维，是一种"静思"状态，是学习主体对学习内容的主动建构；

认同与批判是学习者的认知结构对新知的评判，认同是接纳，批判是质疑，两者的前提是对数学学习内容的深度辨析。

概念与命题的学习是数学学习活动的关键内容，数学问题是数学知识的有机组织部分，要在解题教学与概念、命题教学之间取得平衡。

因而，在学习活动中，教师要以恰当的方式实现教学目标，如：围绕主题切实展开研讨活动，以促使全体学生积极思考；把握数学学习活动中行为动词的含义，如接受、探究、合作、质疑等，实现、达成行为动词呈现的水平。

教学活动中，要避免师生互动变成教师与学优生的互动，对于教师提出的问题或课堂中生成的问题的解决，教师处理的方式往往是谁举手谁回答，由于学优生反应快而先举手。因此，问题解决中的师生互动就变成了教师与学优生的互动，此时，一些基础薄弱的学生可能还没有进行深入思考，有时甚至还没弄清问题，或者没有弄清学优生回答的内容，就匆匆而过。

正确处理全体与个别的关系，学生之间不可避免存在认知差异，教师可以通过小组合作、组内协作、分组回答的措施促进整体发展，力争较好地把握时间，采取恰当措施，使得每位学生发言有均等机会。

数学是思维科学，数学概念的形成过程需要概括、抽象思维，数学公式、定理的发现需要经历归纳、类比等创新思维，数学命题的证明需要推理求解能力，数学问题的解决需要分析、解决、类比、联想等思维。因而，数学课堂活动的本质是数学思维活动以及经历创新的心理体验，在教学活动中，教师要将学生自主探索活动设置在知识发生发展的关键点上，不要放在知识发生发展的枝节性问题上，有价值的数学问题是激励学生积极思考的问题，有意义的数学活动就是深刻的思维活动。

### 三、发展学生创新意识与能力

教学过程是一种提出问题和解决问题的持续不断的活动，思维永远从问题开始。

数学概念的产生过程，数学命题的探究过程，相对于学生而言，都是新事物，在教学过程中通过生成问题以及问题的解决，从而形成新概念、新命题，这本身就是"再创造"。因而，数学概念、命题是培养创新意识和能力的优质素材，所以，要从再创造角度认识数学教学活动，一个数学问题的解决过程，往往经历尝试、质疑、反思、再尝试的探索过程，学生要经历之前并未经历的一些思维过程，学生正是经历这一"再创造"后，获得创新的感悟和能力，以使自己在以后的学习或工作中，怀有创造意识，能进行创造性活动。

创造性思维具有五个特点：

新颖、独特且有意义的思维活动；

创造性思维的内容为思维加抽象；

在创造性思维过程中,新形象和新假设产生常带有突发性,称为"灵成";

分析思维和直觉思维的统一;

智力创造性是辐合思维和发散思维的统一。

学习活动中,敏锐的观察、新颖的视角、科学的猜想、合理的联想、独特的构造、问题的拓展都是创新意识与创新能力的体现。

### 四、设计探究问题需考虑的因素

生活中,一些人得知笔者是数学教师后,立即产生敬畏感,经常听到两个方面的话意:一个说法是数学难学,自己的数学学得不好;另一个说法是学习数学没有太多用,只要掌握简单的计算就行,第一个说法实际是反映个体的数学学力问题;第二个说法反映的是数学的价值问题,并且是显性价值,这种对数学及学习数学的意义的质疑,在一定程度上反映出目前数学教学的弊端,为追求应试成绩,大大缩减了数学知识发生发展的过程,这是过度进行解题训练带来的后果。

在数学教学实践中,教师为赢得高考,"一个定义,三项注意,几个题型,大量习题"的现象屡见不鲜,教师把主要精力放在高考以及解题上,对于为什么做题目,却疏于思考,实际上是离开数学搞数学。

在教学实践中,有很多问题值得我们深思,要反思教学,哪些地方没有做好?怎样的数学教学才符合学情,受到学生欢迎?怎样的数学教学与数学学习活动才能激发学生兴趣,焕发出学生爱好学习数学的生命活力?

对于此类问题的破解,就要找到问题产生的根源,主要原因有:一是教师大大缩短了新知生成过程,将本应生动地探究知识、发现结论的过程大大压缩了,变为机械的记忆,缺失了成功生成新知带来的愉悦与兴奋;二是将数学教学变成了解题教学,日复一日地进行机械的解题训练,每天总有做不完的习题,没有了成功解决问题后的兴奋与欣慰;三是数学问题难度过大,教材中编排的习题梯度过大,基础性不足,难度有余,再有就是所用的教辅资料,配置的题目恨不得将高考题全部移植过来,正是这些原因,才使许多学生对数学产生畏惧感,甚至觉得受到"伤害"。

理想者在艰难中前行。因而,数学教学出现两种现象:

一种现象是教研活动中的教学与常态教学的教学方式存在显著差异,教研活动中的数学教学,师生互动、学生活动较为充分,但有时存在一定的形式化现象，学生活动、互动的实质意义不大，缺失对教学方法的深刻认知；而常态课堂依然大容量、高强度，解题训练成为教学的主轴，好像学数学就是学解题，所学的概念、命题就是用来解题的。

另一种现象是区域之间、学校之间、教师之间教学方式存在巨大差异，一部分具有教育信念的教师，不懈地尝试融合着先进教育理念的教学行动；但被动或墨守成规者大有人在，总是把数学看作是一堆孤立知识的总集，把数学学习变成对概念、原理、公式的死记硬背，使学生对数学望而生畏，导致运用数学知识分析问题和解决问题能力欠缺，使学生数学学习失去动力。

在教学设计时，教师要设置有意义的问题，或者启迪学生发现有什么值得探究的问题？选择的解决方向是什么？突破口在哪里？解决的方法是什么？在问题解决过程中，可能会遇到什么疑难问题？学生会获得哪些收获？包括知识提炼、方法总结，以及心理体悟等。

事实上，合理的探究发现不是花架子，在学习过程中，虽然学生不可能经历所有数学知识的再探究过程，但力所能及地经历一些探究活动是必要的，在探究活动中，通过观察、辨析、提炼、概括、发现等探究过程，学生形成了一个新概念、得到了一个新命题、发现了一种新解法，对学生以后发展的激励作用是明显的，其本人对知识的认识也是深刻的。

固然，我们不是教学神话的缔造者，课改以来，一些专家片面强调学生发现、探究，在许多公开课中，不切实际地进行全程性的探究活动，致使课堂容量过小，教学内容难以完成；甚至有的教师提出开放式教学，就是教学内容上到哪里，下课了，就在哪里停下来，试问这样做，怎样保证按计划完成教学任务？学生学习的内容是间接知识，我们提倡学生在学习活动中，要经历自学、探究、合作讨论等方式，但完全的探究在现实中行不通，也没有必要；在短短的几年时间里，怎么能将人类经历几百年形成的知识，全部模拟探究一次呢！

另外，也不可能一种教法打天下，在教改实验中，一些人总想以一种教学模式教所有内容，教学方法的选择要依据学情和教学内容而定，一节较为简单的学习内容，放在生源较好的一类学校，可能没有几个问题需要教师讲解，而放在生源较差的学校，可能就需要师生共同协作，一步一个脚印地引领学生探索。

设计探索问题，应考虑下面几个因素：

（一）学情

了解学生知识基础、能力水准和学习积极性等状态，为设计问题、内容编排、程序设计做好准备。

（二）内容

设置的用于探究、发现的情景或问题，应是学习内容中相对重要的知识点，难度符合学生"最近发展区"要求。

（三）教法

根据学情和学习内容选择适当的教学方法与教学方式，让学生获得知识生成的体验，并确保在单位时间内完成教学任务，达成教学目标。

不同的课型，教学价值也不同，其教学方式也应有差异，采取哪种教学方法，应视教学内容而定，对概念课、命题课，这类课型是培养学生抽象概括、探究创新能力的绝佳课型，要根据学情，重新组织教学内容，以问题导学方式，一步步探究解决，在问题的不断生成与解决中，与学生一起体验探究发现、形成结论的快感与乐趣；该板块的教学，我不提倡学生自学，自学更多体现为学生的自主认知，而不是创造，对解题课，教师共同解决，分析思路，然后教师规范板演，予学生以示范，特别是概率问题的解答，尤其如此，对复习课、讲评课，我提倡并践行先做后讲，讲出关键。

数学创新能力作为数学能力的有机组成部分，在数学能力结构中占据着核心地位，数学创新能力除了现在存在于科学的数学的创新与发现中，还应扩展到数学教育的过程与范围内，包括数学的感觉、数学的观察、数学的悟性、数学的意识、数学的知识学习、数学的问题解决以及数学的思维、数学的交流、数学的应用等不同数学活动在内的一种意义广泛的认知态度和认知方式。

数学学习与创造活动作为一种智力探索活动，需要良好的心理素质。如对数学的热爱、赞美、鉴赏，高度的精神集中和长时间的精力投入，克服一切困难、坚韧不拔、勇往直前的意志和勇气，不服输的顽强拼搏精神，诚实求真、不弄虚作假的良好品格。

产生一个概念，导出一个命题，解决一个问题，就有一次成功的体验，教育心理学研究表明：一个人只要体验一次成功的欣慰，便会激起无休止的追求成功的意念和力量，在中学数学教育中，创造力的突出特征是再创造。

还有，追求分数并没有过错，一说到分数，好像就是应试教育的东西，这不全对，学生对所学知识掌握的程度、能力发展的现实水平、数学素养的高低在科学上都需要一个量化的评价，这一评价的直接结果就是分数，只不过，问题的关键是形成这个分数的评价内容是什么，只要评价内容科学，分数就能区隔出学生发展潜力的高低；再者，在当前高考升学模式没有变化的前提下，为了学生以后的发展，就必须做好目前的事情，这就使学生必须取得较好的分数，这是学生发展的需要，我们不能简单地认为高考成绩好就是应试教育，素质教育会导致高考成绩差，现在的高考，除了考查必要的知识外，还考查学生分析问题与解决问题的能力，要力争做到：科学与人文相融，应试与素质相通，成人与成才统一。

从基础教育的功效来看，应有两个方面：一是目前的发展，学生学习的过程是自身成长的过程，在这一过程中，知识得以积累，能力得以增长，品格得以积淀养成；另一个是为以后的发展奠基，这就将目前的发展看作是人生发展过程的一个环节，是在为以后的发展奠定必要的知识基础、能力基础和品质基础。因而，激励、促进学生发展成为教学的核心追求。

事实上，要形成数学化的思想观念，培养独立思考、勇于创新的品质，靠大量的习题训练是无法完成的；要更多地让学生学会用数学的立场、观点、方法去看待问题、分析问题、解决问题，树立、养成理性主义的世界观、认知论和方法论。

数学概念、定理、公式以及命题的产生，是科学抽象、严谨推理的结果，不是个性的张扬与宣泄。因而，数学教育价值体现在：一方面，学生在学习中经历这一过程，体悟和养成灵活思维、客观地预见事物发展方向的品质，获得心理的愉悦和自信；另一方面，数学的思维方式、数学的精神使人们养成有条理的、缜密的思维方式，养成理智、求实的习惯。

## 第二节 高中数学发展性教学的含义

过去，对于数学学习，我们一直强调要打下扎实的基础，养成熟练的基本技能，随着本轮课改的实施，在课程目标中增加了过程与方法、情感态度与价值观，对教育认知上升到新的平台，我们的认知越来越接近学生一生发展的根本性需求。

教育的本质是激励、促进人的发展，数学教育价值主要体现在精神、能力和数学素养三个层面，其中，精神层面包括勤于思考、敢于质疑、一丝不苟、统筹规划等；能力层面包括知识技能和思维方法，通过抽象、推理、模型化等途径感悟基本数学思想，通过思维、实践等途径积累基本活动经验。

但是，这一认知中，数学素养是一个宏观概念，包含着数学能力、数学精神等因素，不是并列关系；数学素养是指学生为了满足自身发展和社会发展所必备的数学方面的品格和能力，是数学的知识、能力和情感态度、价值观的综合体，从而，印证了我们的上述判断，由于数学知识是养成数学精神、数学能力和积淀数学素养的载体，基于此，将"精神、能力和数学素养"修改为"知识、能力和精神"更为妥当。

构建的中学生发展力三维要素：知识、能力与个性品质。与何教授和史教授的结论基本一致。

发展性教学的目标是促进学生主体性发展，实现自主性、主动性和创造性三个方面的发展；教学策略体现为主动参与、合作学习、差异发展、体验成功，教育必须主动适应现代社会发展的要求，培养全面发展的具有自觉能动性和开拓创新性的高素质人才；学校培养的人必须具有良好的品格，有强的适应社会的能力，有高的文化素养。

学生主体性发展，主体性包括自主性、主动性和创造性三个方面，自主性是对自我认识和自我实现的不断完善，在日常行为中，自主性集中表现为自尊、自立、自决、自强等自我意识，符合实际的自我评价，积极的自我体验和主动的自我调控能力。主动性，实质是对现实的选择、对外界的适应的能动性，主要表现在：有较高的成就动机，较强的竞争意识，浓厚的学习兴趣和求知欲，主动积极的参与态度，以及较强的社会适应性。创造性则是对现实的超越，是主体性发展的最高表现，主体性强的人在创造性方面，不仅表现为有强烈的创新意识，而且表现为具有创造性思维能力和动手实践能力。学生主体性发展的实施方式就是发展性教学，要发挥学习者的自主性、主动性和创造性，培养其良好个性，使学生得到生动、活泼、主动的发展。

发展性教学理论在我国得到很大发展，给教学带来了一定转变与创新，主要表现在：教育理念转变为学生是具有主体性的生命个体，课程目标转变为着眼于学生的全面发展，教学策略转变为强调主动参与与合作学习，教学评价转变为更加人性化，教学研究方法转变为重视教学实验。发展性教学是以学生为主体，通过学生主动学习促进主体性发展的一种教学思想和教学方式。因此，我们将数学发展性教学界定为：在数学教学活动中，重视学生的主体地位，通过教师主导的教学活动和学生的主动学习、探究等活动的相互作用，使学生在知识获取、能力发展、个性品质优化、价值观形成等方面得到有效促进的教学。

发展性教学倡导在学生习得学科基础知识的同时，获得能力发展和个性品质的养成；数学发展性教学立足于促进学生发展，着力于提升中学生发展力，作为数学教师，教学立足于数学，效益高于数学，这是我们提出数学发展性教学和中学生发展力的基本出发点。因此，学习、掌握数学知识可以认为是一个目的，同时又是一种手段，但绝不是唯一目的。

数学发展性教学，继承传统教学的优势，重视扎实的基础知识习得和基本技能养成，明确数学教学活动的本质首要是学习数学知识与技能，数学概念、数学命题构成了数学基本理论，是数学思维得以展开的基础，数学问题为数学基本理论的应用搭起了桥梁。因而，学习中，学生要打下厚实的数学知识根基。

数学发展性教学，重视传统教学中对学生数学能力的培养，重视理性精神养成，体现在解决问题时的数学视角、尝试解决的方法，发展能力、培养思维，教学追求要富有思想性、启发性和创新性。学习数学，就要学习数学中蕴含的具有价值的数学思维能力，如主要用于分析问题的模型化能力、主要用于解决问题的应用能力、一般意义上的推理能力；因而，数学教学要提高学生对数学的基本理解与计算能力，提高数学的问题解决能力、数学表达与交流能力，以及应用意识；教师更加注意引导学生做数学，经历猜想、论证与交流的问题解决活动，使学生在对数学情境进行抽象思维和推理方面表现出优势，通过学习数学知识，发展学生的批判性思考的能力。中学数学教学应帮助学生树立理性求真的世界观、认识论和方法论，塑造和培养有科学思想、科学观念、科学精神、科学态度和科学思维的现代化建设人才，强化提升严谨求实精神和反思批判精神，在数学中，每一个数学公式、定理都要严格地从逻辑上加以证明才能确立，数学推理的步骤要严格地遵守形式逻辑的法则，以确保从前提到结论的推导过程中，每一步在逻辑上都是准确无误的。

数学发展性教学，重视养成学生良好的个性品质，培育思想、形成认识事物的科学方法、严谨的态度，提升素养，数学教育具有人格建构作用的各种思想品质，如热爱科学、追求真理的求实创新精神，一丝不苟、勤奋学习的科学态度，通过学习数学知识，提高学生学习数学的兴趣和良好的数学素养，提升数学技能、解题能力、实践能力，养成好奇心，创造意识，认真、勤奋、刻苦、踏实、谨慎、自尊、自信的品质和人生观、价值观，提高数学教育对公民核心素养，如公正、自信、理性、独立思考、社会责任、交流合作的贡献率，增强数学课程内容与学生生活经验的内在联系，激发学生对数学的兴趣、好奇心与探索欲。

从高中数学教科书来看，在知识生成的方式中，归纳、类比、演绎并存，有些地方还增加了数学实验（如线面垂直的判定），这些编排可谓匠心独运，是激发学生探究欲、培养学生创新精神、发展学生思维能力和创新能力的重要素材，例如，在推导等比数列求和公式的教学中，教师怕浪费时间，往往直接应用错位相减法进行推导，没有从分析等比数列的特征和求和公式的期望要素入手，组织学生讨论，探讨公式的推导方法，失去了促使学生发现"错位相减法"的绝佳机会，也失去了培养学生创新精神和创新能力的一个机会。

在推导过程中，既有对目前条件的分析，又有对达成目标的预测，对于提高学生分析问题、解决问题能力，培养学生创新品质有积极作用。

在此基础上，教师在积极肯定两位学生具有的创造性同时，告诉全体学生，这两位同学发明了一种重要的数列求和方法——错位相减法，并对错位相减法进行细致讲解，这种教学处理，教学耗时远大于教师直接告知或者学生看书，但解决问题时如何分析、怎样萌发破解思路以及问题成功解决带来的愉悦，对学生无疑是一次宝贵的经历与历练，其教育效果远大于直接接受后的理解与运用。

## 第三节 高中数学发展性教学的目标

数学知识是可以遗忘的，但在学习数学知识时，掌握的解决问题的方法、获得的能力与智慧会永远伴随着学生。因而，在数学教学中，站在育人高度，才会使自己的教学富有蓬勃的生命力和无限的创造力。

本轮课改，是以人的发展作为出发点，而不是学科知识的传授，课改的核心在于：改变课程过于注重知识传授的倾向，强调形成积极主动的学习态度，使获得基础知识和基本技能的过程同时成为学会学习和形成正确价值观的过程。因而，在此基础上，设置了课程总体目标，即三维目标：知识与技能、过程与方法和情感态度与价值观。

三维目标是对传统课程目标的继承与发展，知识与技能目标来自于传统目标，过程与方法、情感态度与价值观目标是对传统目标的发展创新，在三维目标中，教师最容易把握和便于操作的是知识与技能目标，每节课都有相对具体的目标达成要求。

课程目标表述的最大亮点在于使用了系列行为动词，对三维目标（知识与技能、过程与方法、情感态度与价值观）进一步做了阐释，知识与技能目标中涉及了解、理解、掌握等四十六个行为动词，过程与方法目标中涉及经历、参与、探索等二十五个行为动词，情感态度与价值观目标中涉及体会、形成、发展等十三个行为动词，将上述目标浓缩成一句话就是，在学习与探索的过程中发展自身。

逐步将课程总目标演化为知识技能、数学思考、问题解决和情感态度四个方面，结果性目标使用了了解、理解、掌握、运用等术语表述，过程性目标使用了经历、体验、探索等术语进行表述。

对于"情感态度与价值观"目标，主要问题在于难以用某个尺度衡量，也就是说，目标达成与否不易测量，往往根据学生课堂表现，靠经验进行宏观评判，我们还认为，这一目标中，对其所要表达的内涵还未充分表述出来，如行为动词中没有勤奋、刻苦、意志力等词汇，而这几个词正是许多优秀人才具有的共性品质。因此，我们在认同"情感态度与价值观"目标基础上，提出内涵更为丰富的目标"个性品质"目标。

对于"过程与方法"目标，在课程标准中用了二十五个行为动词进行解读，我们认为，这一目标的落脚点是三个：知识、能力、情感态度与价值观。因而，"过程与方法"目标的终极追求包含着知识、能力、情感态度与价值观，故这一目标与其余两个目标并不形成并列关系，另外，一些生源优秀的学校，教材基本不用讲，学生能够轻松地掌握教材内容；而一些生源基础弱的学校，依此要求难以完成教学任务。因而，用"数学能力"目标替换"过程与方法"目标更为实际，也更具操作性。

过程与方法目标包括分析能力、评价能力、创造能力、元认知能力四个方面，其中，分析能力和评价能力主要对应学习过程，包括区分、组织、归因、核查、评判等认知过程，这表现为学习方法；创造能力对应问题解决过程，包括生成、计划、产出等认知过程，这表现为问题解决方法；元认知能力包括记忆策略、理解策略、问题解决策略三个方面。过程与方法目标实际上就是方法与策略目标，这说明，"过程与方法"目标的最终指向还是能力。

另外，为简练起见，我们将"知识与技能"目标简称为"知识性"目标。

至此，形成了数学教学新的"三维目标"：知识性目标、能力性目标和个性品质目标。

构建新"三维目标"的意义在于，目标指向落脚于学生所应具有的素养上，语意更为明确；知识、能力和个性品质三者相互独立，互不包含，在逻辑划分上属于并列关系。

这样，数学学习结果可分为知识性素养、能力性素养和个性品质素养。知识性素养包括四个类型知识：事实性知识、概念性知识、程序性知识、元认知知识和四个层级的智慧技能：知识技能、理解概念、运用规则、解决问题；能力性素养包括空间想象能力、抽象概括能力、推理论证能力、运算求解能力、数据处理能力五个基本能力，以及提出、分析、解决问题能力和数学表达交流能力；个性品质素养包括情感、态度、价值观，以及勤奋、刻苦、意志力等。

目标达成，要通过数学学习活动这一"过程"来实现。

数学学习活动可以分为三个层次：

"经历过程"，其活动的内容是借助已有的知识和经验，从数学角度认识和研究对象有关的生活题材或数学题材，活动的形式是有指导地视、听、读、做等，活动的目的是从现实情境中抽象出研究对象，并获得对对象的一些感性认识。

"参与活动"，其活动的内容是用科学的方法或合情推理方法认识或验证对象的特征；其活动的形式主要是视、做、思等；其活动的目的是初步认识对象的特征及认识对象特征的一些经验。

"探索"，其活动的内容是用合情推理和演绎推理相结合的方法研究对象的特征、性质、数学规律、数学方法、数学问题、数学结论等，活动的形式是独立或与他人合作进行视、做、思、议等，活动的目的是理解或提出问题，寻求解决问题的思路，发现对象的特征及其与相关对象的区别与联系，获得一定的理性认识。

教学设计，要重视知识性目标、能力性目标和个性品质目标达成的过程设计，要通过设计有广泛参与度的数学活动的支持。例如，《等差数列》是一节宜于学生自主探究的学习内容，教师通过恰当的教学问题设置，激发学生自主探究，其教学目标可以分为以下三个层次：

让学生亲历等差数列概念的抽象过程，尝试导出通项公式的过程，达成：

第一，抽象出等差数列的概念，推导出等差数列的通项公式，实现知识性目标；

第二，积淀数学思维活动经验，获得探究发现的乐趣、成功的体验，实现个性品质目标；

第三，学生经历数学思维活动，经过分析、归纳、概括、演绎等活动，提升抽象概括能力、归纳推理能力和演绎推理能力，实现能力性目标。

在教学目标拟定中，将目标分解到位，要具体；解析等差数列教学内容，确定教学思路，设计数学活动，采用恰当手段，便于学生在学习活动中数学地理解、认识问题和解决问题，挖掘蕴含在知识背后的思想方法和数学活动经验对发展学生智力的作用；设计的数学活动要具体、明了，便于实施。

通过数学活动，使学生理解数学的认识问题的思维模式和解决问题的方法，感悟知识蕴含的数学思想方法，积淀数学活动经验，对其理性思维发展和个性品质有积极的影响。

**一、知识性目标**

一说到数学，许多人想到的是数学概念、命题和数学问题，固然，概念和命题是数学的基础性知识和核心内容，数学问题是数学大厦的有机组成元素，但是，数学方法、数学思想也是重要的数学知识。因而，数学是数学知识、数学技能、数学思想和数学方法等紧密联系的内容的总和。

知识性目标的有效达成，需要将眼的观察、手的操作、脑的思考紧密联系起来，需要了解、判断、制作模型、推理、比较、辨析等。

在教学过程中，教师要通过设置的问题情境，激活学生主动思考的意识，形成基于问题的学习任务，引发学生主动学习，从而展开提出问题、分析问题、解决问题的学习活动，使问题与学生原有认知结构中的经验发生联系，激活现有的经验去"同化"或"顺应"学习活动中的新知识，改组或重建原有认知结构。

这一过程中，需要解决两个问题：一是实现知识内化，即通过解决是什么（陈述性知识）和为什么（建立知识间的联系）的问题，把握知识形成规律；二是形成学科技能，即通过知识的应用，把握知识应用规律，从而在知识形成过程和问题解决过程中，厘清要解决什么问题？用什么方法或思想来解决？怎么想到这种解决方法？为什么这样解决？教学过程中，要注意以下几点：

（一）让学生在知识形成过程中学知识

教师要切实认识到知识形成过程对学生的吸引力和对学生发展的重要作用，引导学生经历、感受和体检数学知识产生、形成和发展的过程，这样，学生获得的知识是深刻的、生动的。特别是根据学习内容，引导学生开展一些数学小调查、小实验、小设计，撰写数学小论文、小报告等，培养学生的探索、研究能力。

（二）让学生在动手操作中学习知识

中学数学中的概念大都来自于生产实践，具有丰富生动的现实背景，如圆锥曲线、线面平行与垂直等等，让学生在操作中观察、思考，发现问题、分析问题和解决问题，感悟提炼生成知识的方法、角度和途径。

（三）让学生在理解与辨析中学习知识

教学中，创设贴近学生生活、富有探索性的问题情境，在对问题情境的理解、辨析中，激发学生自觉、主动、独立、积极地学习探索，使学生经历观察、实验、猜想、探索、推理、判断、选择、设计、表达、评价、总结和反思的过程，积淀学习数学的好奇心和求知欲。

（四）让每位学生获得自信心

学生存在个体差异，这是客观存在的，对教学内容和程序进行合理设计，具有一定的层次性，力求符合学生"最近发展区"理念，使得每一位学生都能自信地思考，树立乐于思考、善于探索、勇于实践、敢于创新、勤于反思的自信心，形成顽强的意志品质和敢于质疑的精神。

猜想的证明具有较大难度，教师适时点拨、启发，作出三角形外接圆，进而学生依托外接圆构造直角三角形，初步探索出证明思路。

在知识性学习中，学生获得的是明确的知识，练就的是能够感受得到的技能。

往往会产生成就感，知识性学习重在理解，弄清知识含义及来龙去脉，才能迁移应用。

知识性学习承载的不仅仅是知识性目标，还有能力性目标和个性品质目标，学习数学的过程是学习知识、掌握技能的过程，也是发展能力和养成个性品质的过程，能力培养与品质养成依托于知识学习，三者相互作用、相互促进，它们始终贯穿于学习全过程，相辅相成，密不可分。

## 二、能力性目标

学生数学能力来自于知识生成与应用的过程。

在《现代汉语词典》中，对"过程"的解释为"事情进行或事物发展所经过的程序"，对"方法"的解释为"为达到某种目的而采取的途径、步骤、手段等"；因此，"过程与方法"目标是指学生学习知识、获得发展的程序、途径、措施等，将"过程与方法"作为课程目标，是新课程的创新，但在学术界有不同的认识，作为一线教师，本书认为将"过程与方法"作为课程目标，有其阶段意义，旨在改变传统教学方式，促使教师关注知识的形成过程、事物的变化过程，并在过程中使得学生经历、体会、感受事物发生、发展的途径、方法，内化知识，形成能力，获得活的知识，而不是固化的结论。

（一）概念教学中的"过程"

数学概念是数学知识体系的细胞，是数学思维的基础，数学概念教学要经历抽象概括、定义生成、应用等过程，是引导学生从数学角度认知自然与社会的绝好素材，所以，数学概念的教学，要从学生熟悉的情景材料出发，引导学生分析素材的共同属性，通过抽象、概括、质疑、判断、比较、完善等活动，做实概念形成过程，充分发挥概念教学的应有价值。

（二）解题教学中的"过程"

解题是检测学生知识掌握程度和分析、解决问题能力的重要方式，背景新颖的探索问题往往没有现成的解题模式可套，学生需要根据题目提供的信息，在理解的基础上，进行解析、转化、分类、组合、调节，析取问题解决的主线，进而解决问题，由于学生经历了剖析问题、寻求解决方案、尝试解决等过程，提升了探究能力。

解题教学的关键在于发现问题解决的思路，特别是一些关键点的破解、转化，揭示思维萌发的本源，体现数学的本质，数学问题具有多样性。因而解决的方法与途径也是多样的，一些看上去类似的问题，解决的方式却有相当大的差异。

教学中，通过与之适应的教学方式，促使学生积极思考、主动探索，提高学习兴趣，树立学习信心，提升分析、解决问题的能力，发展创新意识与创新能力，同时，在尝试探索中获得积极情感，形成正确价值观，现实中，一些教师满足于对解法的介绍、展示，学生没有参与到寻求解题思路，没有经历破解关键点的体验，就难以提升解决问题的能力，得到问题解决的愉悦。

以经历、体验、模仿、体会发现、探索等为标志的过程性目标，关注学生的学习过程，学习形式、学习方法、提高兴趣、树立信心、拓宽视野、培养习惯、激发创新等成了主题词，这些刻画数学活动水平的过程性目标的动词，规定了数学活动的内容、指向、目的和水平，是实现过程性目标的根据和参考。

### 三、个性品质目标

数学知识生成与应用过程，带来的另一个收获是良好个性品质的养成，从数学学科角度分析个性品质的内涵，除具有共性因素以外，还有学科的特殊性，这就是对数学的爱好、自信、理性，认识到数学的科学价值、应用价值和文化价值。

个性品质养成有多个途径：学校、家庭和社会，这里，我们仅从学校教育中数学学科教学角度谈个性品质养成，数学学习活动中，良好的个性品质能有效促进数学学习深入展开，同样，数学学习活动也在提升学生的个性品质，是数学学习结果的升华。

个性品质是学生核心素养的重要组成因素，个性品质包含情感、态度与价值观，又不仅仅是这些，还有坚毅、坚韧、创新意识、理性精神等，情感是人对客观现实的对象和现象的刺激所产生的心理反应；态度是指在一定情境下，个体对人、物或事件，以特定方式进行反应的一种心理倾向；价值观是人们对客观世界所持的判断标准，有怎样的情感和态度，往往就会有相应的价值取向。

之前，个性品质总是以非智力因素的面貌出现，学界在研究中、一线教师在实践中并没有忽视，只是没有像现在这样系统规范地提出，将个性品质作为数学发展性教学目标之一，具有非凡意义，因为，这一素养在人一生的发展中具有关键性作用，明确提出这一目标，是从育人高度认识数学教育。

高中数学个性品质目标，是指在高中数学教学中，以学生的发展为本，培养学生正确的学习态度、高尚的道德情操和健康的审美情趣，形成正确的价值观和积极的人生态度。

对"情感态度与价值观"可以用以下行为动词予以描述："感受，认识，了解，初步体会，体会（价值）；获得，提高，增强，形成，养成，树立，发挥（想象力），发展"，同样适用于良好个性品质的达成。

在新课标里，情感态度与价值观目标被赋予了丰富的内涵，情感不仅指学习兴趣、学习热情、学习动机，更是指内心体验和心灵世界的丰富。态度不仅指学习态度、学习责任，更是指乐观的生活态度、求实的科学态度、宽容的人生态度和社会责任感。价值观，不仅强调个人的价值，更强调个人价值与社会价值的统一；不仅强调科学的价值，更强调科学价值与人文价值的统一；不仅强调人类的价值，更强调人类价值与自然价值的统一，从而使学生从内心确立起对真善美的价值追求以及人与自然的和谐可持续性发展的理念。其具体内涵包括：能积极参与数学活动，对数学有好奇心和求知欲；在数学学习活动中获得成功的体验，锻炼克服困难的意志，建立学好数学的信心；初步认识数学与人类生活的密切联系及对人类历史发展的作用，体验数学活动充满着探索和创造，感受数学的严谨性及数学结论的确定性；形成实事求是的态度以及进行质疑和独立思考的习惯。

数学教学中，个性品质教育要融入具体的教与学的活动中。在教学中，教师通过引导学生领略数学知识发生、发展过程和问题解决的思维过程，使学生感悟到数学知识的生成妙趣及应用价值，让学生体验顿悟的愉悦和创新的快乐，从而对数学和科学产生、树立、保持积极的情感态度，形成正确的价值观和数学思想，激励学生持续发展。

培养学生良好的个性品质不仅有利于学生智力和能力的发展，而且有助于促进学生非智力因素的培养，促进他们正确的人生观和世界观的形成。情感态度价值观的培养不是撇开数学的单纯说教，而是在数学知识学习过程中的自然生成与亲历感受。

"个性品质"目标的达成，要以知识为载体，以过程为媒介，寓于具体认知活动中，通过具有实际意义的操作、感悟获得的；同样，"个性品质"目标的实现能够促进"知识"与"能力"目标的达成，三维目标的实现是相互关联的有机整体。

个性品质目标可以细化为：浓厚的学习兴趣、正确的学习态度、明确的意识和正确的价值观、世界观。评价标准细目为：是否喜欢学习，是否养成良好的学习习惯，是否能认真、主动、刻苦地自觉学习，是否勇于克服困难，知难而进，是否具有坚毅的品质和理性精神，是否关心同学、集体、积极响应组织号召，是否有礼貌，尊敬老师等。

（一）个性品质目标的实现依赖于教师的人格魅力与学识魅力

教师为人师表，在教学中，以饱满的热情、渊博的学识、精湛的教学艺术感染学生，通过富有爱心的教学语言、语气、表情和手势等方式向学生传递真情实感，让学生通过心理感受，形成对事物善恶、美丑、优劣的评判；根据学情设置科学的教学流程，使学生在探究、发现中获得成功、愉悦的感受，从而不留痕迹地实现情感态度目标。

（二）个性品质目标的实现依赖于教师对教学价值的追求

教师对教学价值的定位与追求决定了学生发展的走向和内在感受，一味追求学生考试成绩的教学，教师往往采取一些急功近利的措施，忽视知识发生、发展的过程，注重解题技能的训练，循环往复，使学生对数学产生厌烦或畏惧感；以追求学生发展为核心价值的教学，学生能感受到知识生成过程的乐趣和知识应用的价值，激发学生主动学习的兴趣与信心。

（三）个性品质目标的实现依赖于教师精湛的教学技艺

教学是一门艺术，精湛的教学艺术不仅在于对教学内容序列的合理编排，还在于在学生学习进程中，对学生学情的掌控和主动性的激发，使学生在克服一定困难后，获得体验成功的喜悦，从而增加对学习数学的自信心。

在教学中，应有意识地为学生创设一些发现、创新的情境，例如，针对不同知识程度和能力水平的学生，课堂所提的问题应是相应层面学生的"最近发展区"，课堂练习题的编排应保持一定的梯度，使学生都可以获得相应的成功；教学的题材尽量来自学生，如将学生中好的解题方法进行推广等；课堂上学生回答问题和解题产生了错误，但仍有某个部分是正确的，教师在纠正其错误后，应肯定学生的正确部分；教师还要通过各种机会和手段，运用各种契机，使每一个学生都体验到成功，尤其是克服困难之后的成功，学生一旦尝到学习成功的乐趣，就能使学习动机获得强化，又有助于自信心的确立，自我效能感的增强。

（四）个性品质目标的实现依赖于学生对知识的深刻感悟

创设民主和谐的心理环境，首先要建立融洽的师生关系。师生感情融洽，气氛和谐，给学生生理和感情上一份安全保障，学生没有拘谨感，能主动思考，大胆质疑，敢于申辩，容易发现问题，获得灵感。这时，最佳学习效果才可能产生，由此带来积极的情感体验。融洽的师生关系，可使学生获得指向于教师的热爱、尊敬等积极的情感。教师渊博的学识，认真的态度，刻苦钻研的精神会成为学生乐意效仿的品质，从而产生促使学生进步的力量。在数学教学中，教师要树立正确的师生观，师生形成一种团结、友爱、真诚、理解、尊重、信任、和谐的人际关系，以增强培养个性品质的效果。

其次是实施激励教育。激励教育是通过教师激发学生主动性、主体性的教育行为，使学生满足积极心理需求，从而实现学生的自我激励。在数学教学中，要鼓励学生的进步，即使学生只有微小的进步也要予以表扬和鼓励，使学生获得的成功得到承认，喜悦的情绪得到加强。在进行学习评价时，既要注意评价角度多元化，即不仅评价思维结果，也要注意思维过程。思维方法，既评判、又激励，又要注意评价标准的个别化，对不同的学生给予不同的评价，尽量挖掘每个学生的"闪光点"，通过激励，使学生产生积极的情感体验，提升自我价值感。

个性品质的教育，并不是崭新的内容，而是原来的思想品德教育、非智力因素培养教育目标的完善和发展。在数学教学中，需要教师在教学过程中长年累月地辛勤耕耘，然而一旦形成，将对学生终身受益。

"知识"是学生想要获取的"果实"，"能力"是学生获取果实的方法、途径和程序，"个性品质"影响学生认识世界、做事和做人的行为，这些，大部分老师是能够理解的。但是，将"过程与方法"作为目标，不少老师觉得难以理解，经常错误地理解成了教学的过程和方法。学习中获取的知识和在实践中积累的经验又会帮助学生进一步地提升能力，形成高效、快捷、灵活的方法能力和规范性的程序。良好的"个性品质"会帮助学生形成高尚的人格，又会反作用于学生的整个学习过程甚至人生的各个方面，形成积极向上的价值追求。

# 第四节 高中数学发展性教学的原则

## 一、依理设计知识脉络的原则

"理"是指逻辑演绎之理、合情探索之理，对于由归纳、提炼、概括得到的数学原理。在教学中，以典型、生动、直观的个例，让学生观察、感知，通过辨析、提炼，经历从具体到抽象、从感性认识发展为理性认识的过程，经过加工、抽象，形成数学原理；对于由严谨推理论证而导出的数学原理，将抽象的论证过程尽量直观化，或者通过不同的论证方法，增强学生对原理的认知。

## 二、激发学生主动探索的原则

人们对事物的认识过程由简单到复杂、由直观到抽象、由低级到高级螺旋式上升，学生对数学原理的认识同样遵循这一规律，在数学命题教学中，根据学生的知识基础和能力水平，教学中很难有一步到位的数学命题，应设置合理的教学层次，逐步提高学生的认识，循序渐进，逐步加深认识。

数学概念、命题的教学不能一味谈生成，对于远离学生"最近发展区"的一些难点；通过教师的精彩讲解，帮助学生理解知识生成过程，讲解也是对学生的思维的一种熏陶与洗礼。

### 三、进行适度技能训练的原则

对原理的巩固要建立在理解基础上，机械记忆与套用往往只会事倍功半，在数学原理教学中，要弄清该原理描述的是哪些概念之间的什么关系？前提中有什么约束条件？为什么要添加这些约束条件？原理形成过程能派生出某些数学思想、数学方法吗？

在数学原理的应用中，学生容易忽视某些约束条件，导致解题屡屡出错，其根源是没有理解给出限制条件的原因。

### 四、重视个性品质养成的原则

教师引导学生发现的共性应当是正确、可靠的，引用的事实有根据；提出的原理合情理，并且语言规范、排除歧义；得出的论断应逻辑性强、正确无误。

使学生从中了解科学方法、培养科学态度，在引入、概括数学原理的过程中，结合社会、生活实际及学生的思想实际，适时进行品德教育，鼓励其勤奋学习，发挥教材的内在思想性和教育功能，培养其辩证唯物主义观点。

在学习、探究、生成知识的进程中，使学生感受到发现知识的乐趣，将原有的使命性学习逐渐转化为兴趣式学习，从而激发学生学习的内在动力，促进学生优秀个性品质的养成。

在求解论证过程中，培养学生勇于探索、理性分析和坚毅的品质，特别是在求解一些难度较大的问题时，教师应，适时进行鼓励和点拨。

## 第五节 高中数学发展性教学的特征

高中数学发展性教学的基本特征：高中数学发展性教学以追求学生主动发展为目标，注重激发、养成、提升学习主体的主观能动性，追求由知识、能力和个性品质等要素构成的个体发展力的提高，使学习过程更多体现为主动性，学习结果更多体现为研究性和创造性。由此，高中数学发展性教学的基本特征是：主动参与、重视过程、尊重差异、有效互动、体验成功。

主动参与，学习活动是通过一系列主动的建构过程完成的，而这一建构又是在已有的知识经验的基础上进行的。学生参与从提出问题、分析问题、解决问题到形成结论的主动性和深度、广度是衡量发展性教学的重要指标，这就要求教师根据学生的知识水平、能力水平、认知水平等实际因素，设计符合学生"最近发展区"的学习素材，学生通过思考、操作、探究等活动完成知识建构。

重视过程，这里的过程是指学习过程，是学生理解问题、分析问题、解决问题的认知建构过程。根据学习内容的难度和学情，学习过程的预设可以有一定差异，有的学习内容（如等差数列）可以在弹性预设的前提下，学生根据教师提供的问题情境，经过自主探究活动达成学习目标，此时学生的学习活动呈现出一定的研究性，思维方式较多为归纳或类比；多数学习内容需要在教师的精心设计下，呈现出递进式的问题链，在师生以及生生的互动中达成学习目标。无论采用哪种教学方式，关键是学生思维活动能够体现在知识的生成过程中，并在这一过程中发表自己的见解，了解数学研究的方法，形成一定的数学能力。

尊重差异，每个学生的知识基础都存在一些差异，能力也有不同的倾向，个性品质也有区别，正因为存在这些差异，才使学生成为一个个不同的个体。尊重差异有三个方面的含义：一是不歧视，尊重每个个体，每个学生在人格上是平等的；二是使每个学生都能得到长足发展，由于个体差异性的存在，教学目标的定位以及教学方法的选择在考虑多数学生的同时，要兼顾差异两极，目标过高或过低都不是尊重的体现；三是承认学生发展的独特性，发现、关注学生的特性，使学生的特性得到发展。

有效互动，教学过程实质上是师生之间、学生之间在知识、思维、情感等方面的互动过程，互动的目的在于促进学生对知识的理解，发展认知能力，提升自主发展力，有效互动的前提首先是自主、独立基础上的互动，学生有了自己的独立思考与独立判断，互动才更具意义；其次要营造师生之间、学生之间的民主、平等的关系，为学生互动交流、展示提供良好条件，学生之间互动内容最好是思维冲突最激烈的地方，是知识、方法、思想形成的关键点，这时的互动更具价值；师生之间的互动重在点拨，贵在激励，要兼顾好、中、差三个层面，并注意激发、保护学生积极性。

体验成功，作为成功的学习者，是每个学生的共同愿望。成功的体验，能为学生积极主动的学习行为提供强劲的动力，有利于学生养成良好态度、愉悦的情绪、友好的情感；有利于学生坚定理想和信念；有利于形成优秀的个性品质。经常性的成功能够激励人的意志。有人说，失败是成功之母，这句话要辩证地看，更多地从激励作用去理解，经常性的失败能挫伤人的信心。因此，发展性教学要关注学困生的学情，教师要把握好教学难度，设计好知识、思维与运算的递进梯度，以使学困生掌握必要的基础知识和基本技能，此外还要在课堂内外对学困生进行必要的辅导与关爱。

中学生发展力的增强，意味着他们知识的积累与丰富，认识能力的提高，实现自我的意识欲、主观能动性和自主调控能力的增强。

# 第四章 高中数学发展性教学的实施

## 第一节 高中数学发展性教学的关系

### 一、教学目标的开放与封闭

根据现行课程标准编制的各种版本教科书，每个单元的教学任务、目标是明确的，教学内容是具体的，教学时数是一定的。也就是说，教学内容、目标和教学时数等要素构成了一个完整的封闭系统。教师在进行教学设计时，要综合考虑教学内容的难易、学情、学生活动时间等因素，预设一个流程。在教学实施过程中，要确保这个要素系统的落实。这些在以教师为中心的讲授式教学中，基本能够得到保障。但是在以学生为主体，教师为主导的课程理念下，由于学生知识程度、能力、心理等因素，往往使得学生活动的耗时具有不可掌控性，出现课堂严重延时或者远不能完成教学目标等现象。因而，有人提出开放式教学，就是根据学情，教学进行到哪里，就到哪里结束，目标与任务的达成呈现随机状态。

那么，接下来的问题是，剩下的教学任务在什么时间来完成？如果这一个例子成为常态，是否会挤占学生过多时间？显然，完全的开放式教学不符合中学实际，教学工作的首要任务是在规定的时间里完成教学任务，在此前提下，教师在备课时，对教学内容进行恰当处理，设计出合理的教学流程。

学科的课时是有限的，没有每课时教学目标的圆满完成，就很难有阶段目标的完成和课程目标的实现。因此，提倡开放式目标是不现实的。

### 二、师生地位的主导与主体

教师主导作用和学生主体地位通常被认为是教学活动的"双中心"，教师的主导作用体现在预设精练的问题上，并以问题链推动学生思考，主导不是灌输，而是导引、激励；学生的主体地位体现在积极主动思考、探索上。

在实践操作中，有的教师把学生主体地位理解为学生的动嘴、动手活动，从而出现一些徒有形式的所谓学生活动，如一节课搞四五次形式上的合作讨论，或者在讲台上板演练习，或者在学案上演算；学生活动的形式有了，偏偏没有在学生活动的要点上下功夫，没有抓住知识生成与发展这一关键，之所以出现"捡了芝麻，丢了西瓜"的现象，原因就在于没有抓住教学重点。

现在，有些地方实施学案导学，把学案变成了概念、公式的摘录本，练习的演练本；把机械地移抄和练习当作"主体"地位的体现，失去了知识生动活泼的生成、发展过程；把识记变成了记忆，学生主体地位的体现不是看学生是否在动，而是看其动的是否有价值、有意义。

在数学中，概念课的关键在于该概念的抽象、概括过程以及定义过程，经历该过程，对于学生形式化思维的训练具有重要作用，是发展创新意识和提升创新能力的重要材料；数学定理、公式及其一些重要命题的形成是培养学生类比、归纳、推理论证能力和探究能力的优质材料，对于这类课的教学，不宜采用预习、讲授等方式进行教学，要将知识生成、发展的过程精心设计成问题链，以问题链激发学生不断地探究。

### 三、教学方式的讲解与探究

学生对数学概念、结论、技能的学习不应只限于接受、记忆、模仿和练习，还提倡自主探索、动手实践、合作交流、阅读自学等学习数学的方式，《普通高中数学课程标准》并没有割裂其倡导的学习方式与传统的学习方式，从语句表述上看是一种并列关系；在常态教学中，教师大多依然采用讲授式教学，只是更多注重对问题的剖析，重视暴露思维过程和师生互动；客观地说，高中数学教学离不开讲授式教学法，这与教学内容的难度、学情等密切相关，问题的关键在于讲什么？怎么讲？讲授与探究，哪种方式更好，这完全要视教学内容的难度和学情而定，不能一概而论；一节课，有的内容可以组织学生探究发现，有的内容就需要教师讲授解析。

教学方法的选择与执教者的教学理念、学情等因素高度相关，教师在备课时，要考虑的重要问题之一便是学情，用一个很好的教学设计进行教学，在不同群体的效果是不一样的，基础好的班可能显得过于简单，基础差的班可能推不动，这正是在信息技术高度发达的现代社会，不能由少数优秀教师上课，再由信息技术转播的主要原因之一。

学生自主探究要有合适的内容，要合乎学情，探究的内容并不一定是全程的，也可以是局部的。事实上，探究式教学分全程探究和局部探究两类，选择哪种探究方式，要考虑的关键因素是教学内容和学生实际，要有利于教学任务的完成和学生的发展。在探究式教学中，教师要将教学内容提炼成若干个梯级探究问题，形成问题链，让学生在问题链的不断解决中获得新知和能力的发展。

教学活动以"问题链＋核心探究"方式展开，就是教师将学习内容设计成若干个探究问题，形成梯级问题链，层层递进，在师生互动中逐个探讨解决，对其中最具思维价值和探究意义的问题，让学生合作探究，生成结论，此种方式兼顾教师主导作用和学生主体地位双中心，有利于达成教学目标。

### 四、学生活动的形式与实质

学生学习活动有两种形式：一种是内蕴式的思维活动，通过一定的教学组织形式，学生在教师主导下，通过不断的思维活动对知识进行认知、内化，其认知结果没有外显，此时，教师无法监控学生认知效果；另一种是外显性的学生活动，学生通过纸笔、口述、板书等方式将思维结果显示，此时，教师可观察显示出来的结果，进行调节反馈。

在教学中，学生活动的主要目的在于使学生在探究过程中，获得数学知识发生、发展的体验，在体验与感悟中升华对知识发生、发展的本质的理解，提升创新意识，发展创新能力。因而，要将学生探究活动置于每节课最有思维价值的一些环节，不要做一些无意义的所谓"探究"。

在示范展示课中，出现无课不合作、无课不探究、无课不动手等现象，但许多学生是有形式，无实质，关键是要做到合作的有意义、探究的有价值、手动的有效果，有利于促进学生发展。

在近年各级青年教师优质课评比活动中，往往以说课代替上课，很难展示执教者的教学素质和专业功底，执教者教学设计的可行性、教学调控能力、学科素养通过说课无法考查。

### 五、教学质量的能力与分数

分数是解题水平的反映，解题需要能力，也需要技巧，包括解题速度、表述格式、答题技巧、分析技巧等都需要训练，就像学车一样，就那几个操作要点，非要一年半载的工夫才能做到游刃有余。能力强的人需要经过解题技能的训练才能取得高分数，高分数的人的能力不一定都强，可以通过技能训练提升考试分数，所以，以分数作为能力评价的数量标准显然欠妥。

教育就是育人，教学就是通过学生对学科知识的学习，达到在掌握进一步学习所必备的基础知识的同时，发展能力，提升品质的目的。这本与分数毫不相干，但自从用分数来衡量育人效果时就变了味。显然，对知识掌握、了解的程度可以用分数来衡量；但是，能力和品质就无法用解题所得分数来衡量，一衡量就走样，就出问题。

因此，要研究评价教学效果的科学标准，融入对学生学科主要素质和课程目标达成度的考查。

## 第二节 高中数学发展性教学的思路

与初中数学内容相比，高中数学教学内容的形式化水平高，较为抽象，运算量大，推理求证能力要求较高。因此，部分学生出现学习数学较为困难的现象，在教学中，选用何种教学方式，要考虑包括学情、内容难易、知识量、学生活动耗时在内的诸多因素。

目前，高中数学教学出现两种现象，一种是纯粹的讲授式教学，一般能够保证单位时间内教学任务的完成，但学生被动，不利于学生发展；另一种是在一些示范课、观摩课、研讨课等公开课中，为了体现课程教学理念，组织学生开展的合作学习、探究学习活动，然而，在这些公开课中，经常出现抽调基础好的学生上课的现象，有的为了"探究"，大大拖延了教学时间，单位课时内未完成教学任务。

因此，为了较好解决上一节论述的诸多矛盾问题，教师要综合考虑各个限制因素，根据学生的知识水平、理解能力、思维能力等方面的不同水平，进行教学定位，包括内容选择、问题设置、教法应用、活动形式等。

目标定位在追求学生主动发展、激发并养成学习的主动性上，定位在追求由知识、能力和个性品质等要素构成的学生发展力的提高上，通过教师主导的教学活动和学生的主动学习、探究等活动的相互作用，使学习过程更多体现为主动探究，学习结果更多体现为研究创造。

由此，在教学设计时，有意识地将"接受—理解—应用"式学习转变为"理解——发现——应用"学习，尤其是高中数学基础理论课，要实现这一转变。

在此理念下，我们形成了问题导学这一基本思路。

### 一、构建高中数学发展性教学模式的基本认知

教学是以一定的教学内容为载体，通过有效的教学手段，实现教学目标的过程。因此，教学有三大要素，就是教学的目标、内容与方法，在教学实践中，三大要素的确定因执教者素质的不同出现显著差异，在同课异构活动中经常见到此类现象，尤其是教学方法运用上更为突出，在三大要素中，虽然教学内容与目标具有相对的稳定性，但依然因执教者的专业素养出现一定的差异，比如教学内容中情景的设置、例（习）题的选择与编拟等。

教学活动是由教师的"教"与学生的"学"构成的一个相互作用的统一体，其目的在于促进学生的发展，在高中数学教与学的活动中，思维活动是核心。因而，学生发展的核心就是思维的发展。

教学过程是教师围绕教学目标，组织学生进行积极的、有效的、动态的思维过程，在这一过程中，生成了知识、发展了能力、强化了品质，它以促进学生主动发展为中心的教学活动，使课堂的中心呈多元、动态的形式，数学学习的方式是多样的，可以是学生自学，可以是教师讲授，还可以以探究的方式进行，笔者最推崇的方式是后者，即，以问题驱动为主体的探究式教学；由于高中数学内容的抽象性与学生学习水平之间的差异，致使高中数学教学很难逾越以教师讲解为主的教学方式。

### 二、高中数学教学的现实矛盾

课程理念倡导数学教学以学生的发展为本，提倡"自主、合作、探究"的学习方式；在数学教学实践中，勇于探索者一直努力践行着对课程理念和数学教育本真的追求，寻找着教育理念与教学现实有机结合的途径和方式，探寻着使数学教育价值最大化的思路与方法，但在实践中，遇到许多现实问题，难以实现质的突破，依然是教师讲的时间多，学生尝试探究的时间少，究其原因，主要在于：

矛盾 1：目标追求的矛盾。以课程理念为追求目标的教学，其核心在于

追求学生主体的协调发展，包括提出问题、分析问题、解决问题的能力和创新能力的发展，对知识应用的熟练性、规范性、准确性等要求居于次要位置；而普通高中教育要直接面对高考，高考又具有一定的竞技性，在知识表述的规范性和问题解决的熟练性上要求较高。因而，以高考为追求目标的教学，则以知识应用的熟练性、解决问题的准确性和表述的规范性为目标，从而导致许多教师在有限的教学时间内，压缩知识发生发展过程的教学，大大增加了解题教学和解题训练。

矛盾2：学生差异的矛盾。客观地说，学生之间存在学习态度、知识水平和能力的差异，这种差异在学生主体性活动中，尤其是知识的自主建构过程中，出现了显著分化，好的越来越好，弱的越来越弱，我们又是大班教学，教师较难及时跟踪每位学生的学习状态，尤其是对学困生的指导与答疑解惑力度不够，课后也不易找到时间弥补。

矛盾3：教学耗时的矛盾。目前，高中数学教学容量偏大，难度不小，学生主体性活动耗费时间往往是教师讲授的几倍，若进行全程性的学生主体探究活动，耗时较多，教学时间会严重不足。

上述问题概括起来，实质上涉及教学中若干关系的处理，如：教师主导与学生主体的协调问题，知识熟练度与自主建构的权重分配问题，讲授式教学与探究式教学的选用问题。这些问题的本质，在于课堂教学中学生活动的量与质的问题，最后都归结到教学时间上。因此，构建符合目前实际的教学模式，必须明确下面两个问题：一是数学教学时间是有限的。因而学生活动应有时间上的限定，避免耗费过多的时间；二是学生学习活动主要获得的是间接经验，而不是直接经验，没有必要也不可能处处探究。

在教学的主要要素中，教学内容是相对稳定的，但教学方法会因执教者教育理念的差异出现一定区别，同时，因教法的不同致使达成教学目标的侧重点也不同。在同课异构活动中，经常见到因执教者素质和教育价值观的不同，导致其教学组织方式、教学内容的选择与编排、问题解决思路的破解方式以及教学价值取向等方面出现一定的差异。

数学教育的意义远远不止是知识的传承，在启迪心智，养成科学精神方面还具有更加重要的作用，这个意义是深刻的、长远的，学生要通过适当的"自主探索、动手实践、合作交流、阅读自学"的学习方式。在知识获取、能力发展、个性品质优化、价值观形成等方面得到有效发展，在现实面前，完全的讲授式和完全的合作探究式教学都是不可取的。一节课，可能时而讨论，时而探究，时而讲解，时而演练，必须根据具体的学情和教学内容而定。教师要防止认识和行动上的绝对化——涉及课标理念下的教学，就必然是合作、探究，否定必要的讲解，甚至将在问题引领下的师生互动教学也予以否定，这是不正确的。

### 三、教学模式的构建与实践

在问题驱动教学基础上，要寻找学生探究活动与教师讲解的平衡点，以解决前述矛盾。为此，我们构建了能够凸显数学教育本质、激发学生主动学习与发展的一种教学模式——"问题链＋学生核心活动"。

（一）问题链

问题链——将教学内容的主要知识点及其发生发展过程，设计为若干个能够揭示知识本质，且具有一定逻辑关系的探究问题组成的问题链，教学时，师生在问题链的引导下逐步探究，从而完成教与学的任务。

问题链中问题的生成，可以是教师预设的，也可以是在教师的启发下，由学生提出来的，还可以将预设的问题转化为学生自己提出的问题；问题链中的问题是在师生有效互动中逐一解决的，这种互动是在教师导引与启迪下，师生之间、学生之间思想的交流，思维的碰撞。

1.问题链的价值及意义

思维是数学的灵魂，在数学教学中，激发学生思维的有效手段就是一个个适合学生的问题。随着问题的逐次解决，教学目标随之达成，这样的教学具有一定的探究性。对学生提出问题、分析问题、解决问题的能力、创新意识和创新能力的提升大有裨益，使学生的学习过程具有研究性。能够在不断的创新中发现问题、解决问题，获取知识和能力的发展，积淀创新精神。

2.设计问题链的要求

一般地，课堂教学中的问题链有两个层级，一级问题链是围绕核心知识生成与发展的关键环节而设计的主问题链；二级问题链是围绕一级问题链中的问题而展开的，属于下位问题链，目的在于有效解决上位问题。设计问题链时，要满足下列要求：

（1）符合学生认知水平

问题要符合学生实际，高于但又不能远离学生目前的认知。在学生知识和认知能力的"最近发展区"内，如果知识点难度过大，就要分解为若干个小问题，或者作一定的铺垫，便于学生打开思路；一级问题链的问题不宜过多，对于一些重点问题，可以采用二级问题链的方式进行分解。

（2）问题之间承上启下

问题链不是数学问题的简单堆砌，前后问题之间，要具有递进性，切换自然，有梯度但不宜过大。使用"链"的用意，在于设置的问题之间能够环环相扣，逐次递进，抓住知识发生发展过程的关键，后一问题是前一问题解决后思维的自然延伸；避免问题突兀，造成学生思维障碍。

（3）有利于核心知识突破

设置问题时，要抓住重点知识及其生成过程的关键，使问题链呈现清晰的脉络；对于一些枝节性知识点，不妨采用直接讲解即可。

（4）便于学生自主探索

设问具有启发性，问题的表述要言简意赅，含义明确、清晰，指向明了。这样既能够使学生较快领悟问题的含义及本质，又能启迪学生思维，引发学生的有效思考。

3. 问题链的特征

问题链具有两重功能，问题链是一个知识探究的程序链，同时又是学生思维的触发器，导引着学习、探究的方向。

（1）导向性

问题链围绕教学主题设置。因而具有明确的目的性，既有知识性的问题，也有过程性的问题，均应抓住知识的重点和知识生成过程的关键点设置问题，确保实现教学目标。

（2）递进性

问题链中，前一个问题是后一问题的铺垫，后一问题是前一问题的发展，有较为严谨的逻辑关系。

（3）探索性

问题应在学生的认知程度内，能够有利于大多数学生积极探索。因而问题链中的问题入口难度要适当，属于学生跳一跳就能够得着的问题，使所有学生得到发展。

（二）学生核心活动

核心活动——将每节教学内容中最具思维价值的重点内容，组织学生自主探究，体验知识探索过程，获得创新体验与感悟，学生核心活动的主题是问题链中的一到两个关键问题，将其设计为学生活动。

学生核心活动是学生主体性的充分体现，活动内容可以是一个概念的生成，一个公式、定理的产生，一个数学问题的解决，一个单元或者章节知识的归纳概括。

学生核心活动的方式，可以是观察、操作、归纳、猜想、推理、验证、实验等个体行为，也可以是小组探究、合作讨论、互动交流等互动方式。一般来说，对于相对简单的问题，由学生独立分析、探索解决；对于较难的问题，采用分组合作讨论的方式进行，此时，教师的行为为巡回观察，发现学生难以逾越的障碍，及时点拨。

1. 设计学生核心活动的意义

核心活动是学生主体性活动，充分体现学生在学习探究活动中的自主性，由于对教学目标追求的双重性，使全程性的学生自主性探索学习活动难以实现。因而，促使我们将学生主体性探索活动，放在最有思维价值、最具探索意义的地方。每节课中，选择一两个最有价值的问题，尝试由学生自主解决，以使学生获得问题解决、探索结论、发现创新的体验。

2. 设计核心活动的要求

（1）关注核心知识生成

重点知识本身以及产生的过程都有丰富的教育价值，所以，将有限的学生核心活动置于重点知识及其生成，学生核心活动将会更有意义，能够有效促进学生品质与能力的发展。

（2）兼顾不同学生实际

核心活动的设计，要充分考虑到学生实际水平与问题的难度，对于具有一定难度的重点知识，可将其分解为若干个难度较低、逐级递进的问题，问题入口要宽，坡度要缓。

3.核心活动的特征

（1）自主性

对核心活动主题的探索，学生是在独立或者合作的自主状态下进行的，形成个性化的认识或结论之后，教师组织学生展示自己的一些代表性成果，引导学生形成认知上的共识，形成一致结论。

（2）操作性

学生核心活动的外在表现可能是操作（包括运算、推理、试验等），也可能是静静地思考（思维活动）。

（3）指导性

在学生进行核心活动的过程中，教师巡视，对于学生遇到的难点适时点拨，排除障碍，活动的主体是学生，教师切勿越俎代庖。

学生核心活动的成果有两个方面：一是所发现的结论、问题的解决，这是显性的；二是在这一过程中获得的体验、感悟，这是内隐的，来自于亲历的探究体验与经历，有利于发展学生发现问题、分析问题以及解决问题的能力，积淀创新精神，提升创新能力。

（三）结论

近年来，我们在概念课、命题课、复习课、习题课等高中数学主要课型的教学中，采用该模式，发现具有一定的普适性；由于问题链中一般性问题的师生互动解决方式和学生核心活动的充分自主性，有效地解决了前述矛盾，较好地体现了教师主导作用和学生主体地位，同时，形成并发表了一批优质教学案例。

1.问题链是导向链

在概念课、命题课的教学中，问题的逐一破解，使学生体验了数学知识产生、发展的过程；在解题课、讲评课的教学中，能够促使学生注重分析、体会问题解决思路、方法的起源，有利于养成反思总结的习惯。

对于讲评课中的典型问题，采用该方法，编制变式问题链，也能够实现难点的有效突破。

2.问题链是探究链

"问题链＋学生核心活动"教学模式，在教学中有较强的可操作性，既能兼顾不同水平学生的学习，也能兼顾不同难度内容的学习，使得探究活动在每堂课中得以进行，是传统教学模式的继承与发展，较为充分地体现了课程理念；由于问题链中问题的探究性设置，师生共同提出问题，使之更有利于提高学生提出问题、分析解决问题的能力，有益于学生良好品质与素养的养成。

3. 核心活动是自主创新体验

以"问题链＋学生核心活动"模式进行教学时，教师在问题链的解决和学生核心活动中扮演的角色是不同的。问题链中的问题是在师生互动中逐个加以解决的，教师的作用是启发、引导、帮扶、解惑，师生共同形成结论。在学生核心活动中，活动的主体是学生，教师巡回观察，发现问题，进行适当点拨；核心活动结束后，教师组织学生展示自己的探索成果，在此基础上由学生形成一致结论。

此教学模式对教师的素养具有较高要求，要有探究数学的经验和体会，能够抓住数学本质设置问题或引导学生提出问题。教师要在对教学内容深入理解的基础上进行再加工，对知识的生成与发展有一定的研究认识，对学情有比较全面的了解，在此基础上设计的问题及问题链才具有启发性和探索性，才能最大限度地激发学生探究欲，促进学生理解、领悟数学本质，使课堂教学高质、高效。

"问题链"是学生学习活动的探究链，也是学生学习活动的导航仪，是学生前进的路标；"学生核心活动"是学生自主研究的体验所，是学生发现的乐园。通过个体独立的或者是小组合作的方式进行探究，生成、展示结论，是促使学生主动学习，获得发现体验的重要途径。

近年来，在教学中不断尝试于实践这种教学模式，上课学生的满意率非常高，教学效果明显，尤其是在省内外所上公开课、示范课，均取得很好效果。

## 第三节　高中数学发展性教学的结构

不同的教育思想、教学理论和学习理论产生不同的教学方式。教学方式是为达成教学目标而采用的办法，它包括教师教的方法和学生学的方法，由课堂教学结构和教学方式有机结合，形成的较为稳定教学活动的程序框架和教学内容的处理方法就是教学模式，如"尝试指导，效果回授"教学模式，其程序是：诱导、尝试、归纳、变式、回授；"自学辅导教学法"，其程序是：启（发）、（阅）读、练（习）、知（当时结果）、（小）结；"尝试教学法"，其程序是：准备练习、出示尝试题、自学课本、尝试练习、学生讨论、教师讲解、第二次尝试练习。

学生发展力形成的因素既有内在因素，也有外在因素，两种因素的同时作用促进着学生的发展。从教与学的两个相关方面来看，教师作为教学的主导者，尽可能多地调动自身的元素，引导、激励学生学习。这种元素包括知识元素、情感元素、教法元素等。

此外，我们还需构建一种适合发展性教学理念的课堂教学结构，以增强实施这一理念的教学的可操作性。基于此，我们继续分析发展性教学的一些要素，在发展性教学理念下，根据不同教学内容、学生基础和知识难度，构建促进学生发展为内核的教学方式，使学生的学习活动具有更多的主动、自主、探索、交流、发现、质疑等要素。

根据高中数学教学内容，将数学课大致可以分为概念课、原理课、习题课、复习课、讲评课、应用课等课型，课型不同，其教学目标指向与教育功能不尽相同。

根据各类课型的不同特点，在对这些课型的教学策略、教学方式进行精细化研究的基础上，提炼出高中数学发展性教学的程序（课堂结构）是：

情景（创设）—辨析（探究）—生成（结论）—应用（巩固）—（深化）拓展—（提炼）小结。

其核心在于或者让学生亲历、体验思维过程，或者由教师揭示、学生感悟思维过程。

## 第四节 高中数学发展性教学的要点

发展性教学立足于学生主体地位的充分体现。因而，在知识生成、问题解决过程中，需要激励学生深度参与其中。所以，在以问题导学，师生互动生成知识的总体流程下，一方面，有机融入学生核心活动，如核心探究、主题探究、数学实验、数学发现、数学创新等。另一方面，针对学有余力的学生，对知识进行必要拓展，以发展学生的能力；对学差生进行必要的跟进辅导，及时弥补认知缺陷。

高中数学发展性教学实施要点：

教学思路：教师以研究者的思维与逻辑组织教学，以增强知识生成的探究性；

教学方式：讲解式、启发式、探究式、合作式；

教师行为：教师要有热情的态度、饱满的激情、准确幽默的语言、丰富的表情、优雅的形体动作以及厚实的学养、不俗的气质等，这些因素对学生学习具有潜在的深刻正向牵引作用；

学生行为：体现学生观察、思考、合作交流、质疑、问难、探究、练习等探索实践活动，激发学生学习探究的主动性，以使学生获得发现新知、解决问题的体验和感悟。

学习材料：根据学情、教学要求对学习内容进行适当加工，使之适合学生"最近发展区"。

下面，逐一阐释几个类型的学生核心活动。

**一、概念生成**

核心探究活动，在于促进学生改变学习方式，培养学生的探索意识和创新能力，探究教学是以培养学生发现、探究、创新能力为目的，以现有教材的内容为对象，引导学生围绕某一主题，自主分析、探究、发现知识，强调体验知识的形成与发展。

时间作为课堂教学活动的基本要素，未能充分考虑，而较多关注教学内容和教学方法，致使按既定教学方式展开的学习活动要么大大拖延，要么无法在有限的时间内完成教学任务。

核心探究的最大特点在于坚持辩证唯物主义的发展观，以客观现实为基础，在继承中创新，符合教学实际。核心探究使学生学习绩效最大化，重视知识的获得过程，以思维实验为手段，其价值在于接受式与探究式教学相融合，有利于双主体作用的发挥，引导学生的学习朝着探寻数学知识与规律的方向前进。

与一般的探究教学相比，核心探究教学有明确的知识目标。与接受式教学相比，核心探究教学期望在知识获得的过程中，通过学生的自主建构得到更多的过程性体验，从而保证知识掌握的有效性，提高学生探究能力，全程探究不可影响教学任务的完成和教学进度。

## 二、命题探究

学习过程中，探究发现由于受到学情、学习内容和学习时间的限制，探究活动是有层次的。有的内容，教师揭示知识形成的过程；有的内容，适宜于在问题链导引下师生共同探究；只有少数内容，适合于学生自主探究。

数学活动的实质是思维活动，学生学习活动的根本是自身积极主动地思辨、建构。因而，强调学习活动的主体性和过程性，学习主体在知识生成的过程中体悟、生成能力、意识，积淀知识。数学知识是人类认识客观世界的结晶，数学成果既包含知识性成果，又有方法性成果，还有其中蕴含的精神性成果。通过数学学习活动，不仅要获得知识性成果，通过模拟数学知识的生成过程，获得方法和精神的收益。因而，发挥学生的主体性获得广大教师的广泛认同，在这一理念下，数学教师在教学实践中，不断探索具体的操作方法。

## 三、数学实验

数学有两个侧面，一方面它是欧几里得式的严谨科学，从这方面看，数学像是一门系统的演绎科学；但另一方面，创造过程中的数学，看起来像是一门实验性的归纳科学。

数学实验是一项数学实践活动，是学生体验、感悟数学，获得感性认知的重要过程。数学实验要明确实验目的、制订实验计划、设计实验过程、完善实验内容。数学实验可以分为四种类型：

演示实验——演示实验是 / 讲解新概念、原理、方法和数学思想时，为使学生便于理解抽象的数学知识，由教师演示的实验，如平面截圆锥生成圆锥曲线等，通过立体模型或结合画板进行演示，一目了然，生动直观。

探索实验——以解决数学问题为目标。在未知结论的情况下，根据实验条件，利用规范方法，按照程序进行实验，学生通过观察、测量、实验、猜想、检验、论证、交流等活动，获得知识，提升创新能力。如线面垂直的定义和判定定理，均可通过对问题情境的观察、分析、归纳、概括而获得。

验证实验——验证一些数学概念、公式、定理和公理以及一些习题的结论，如面面垂直的性质定理的验证。

数学实验可以使学生经历数学知识的生成过程，探索问题的解决思路，提升学生创新能力和培养学生兴趣。

### 四、数学创新

学习活动中，敏锐的观察，新颖的视角，科学的猜想，合理的联想，独特的构造，问题的拓展都是创新意识的体现。

### 五、数学发现

数学是思维的科学，我们用一张纸和一支笔就可以进行研究，从而生成一个新概念，发现一个新命题，感受发现的快乐。

### 六、数学拓展

数学拓展可以是纵向深化拓展，也可以是横向迁移拓展，还可以是应用性拓展。

# 第五章 高中数学与信息技术整合的教学实践

## 第一节 信息技术环境下的数学教学模式

高中数学课堂教学是以数学学习论、数学教学理论为基础，运用系统方法分析高中数学教学问题、确定高中数学教学目标、设计解决高中数学教学问题的策略与方案、试行方案、评价方案结果和修改方案过程。高中数学教师要教好高中数学，必须对高中数学教学有正确的认识、正确的指导思想。它决定高中数学教师的价值取向，影响教师们对教学目标、教学原则和教学过程的认识，制约他们对教学模式策略的选择。

传统高中数学教学中教师的教学设计，是上课前所进行的一系列课前准备活动，即备课——备课往往是从教师的主观愿望出发，重教轻学，只涉及教法而忽视学法课堂讲授过程中也不能提供实际教学情境，从而使学习者对知识的意义建构产生困难。学校以往也是采取了备课的方式，导致了高中数学教学的科学性、合理性和有效性较低。

信息化时代，培养学生自学能力比教现成的高中数学知识更重要。信息技术与高中数学课程整合就是要构建适合我国社会文化背景和教育教学实际的高中数学教学理论并将其应用于高中数学教学实践中，以推动我国高中数学教育信息化的进程，是摆在广大高中数学教育工作者面前的重要任务信息化环境下的高中数学教学，要求运用当前教学理论，把现代信息技术作为促进学生自主学习认知工具、情感激励工具以及丰富教学环境创设工具，并将这些工具全面地应用到高中数学教学过程中，从而优化高中数学教学。

学校在数学教学过程中，不仅要从传统高中数学教学中汲取营养，更要顺应信息化时代的浪潮，促进信息技术与高中数学课程优化整合，培养全面发展的高素质人才。

## 一、核心概念界定

### （一）数学教学

数学是研究客观世界数量关系和空间形式的科学。数学教学简单地说就是教师教数学，学生学数学的统一活动。数学教师借助教科书、直观教具、信息技术等辅助手段，加强对学生的管理，让学生获得一定的数学知识、技能及抽象概括的能力，形成数学的思想与创造精神，使学生的心智健康地发展。教学一词并不是"教"与"学"的简单相加，教学活动是教与学在时间和空间上相互交织、融入的过程，教的活动与学的活动达到有机交融的状态才是教学活动的良好状态。

### （二）信息技术

信息技术是指信息产生、加工、传递、利用的方法和技术，以计算机为核心的信息技术主要指多媒体计算机、教师网络、校园网和互联网等，最普遍的说法是多媒体计算机与网络，其实更应关注的是软件技术。

### （三）信息技术与数学课程的整合

信息技术与数学课程的整合，是根据数学学科的特点，探索如何逐步把信息技术有效地融合到数学教学中，即在信息技术支持的背景下重新审视数学教学的内容、教学方法和学生的学习方法，挖掘信息技术在数学教学中的潜力，实现数学教学的最优化（整合的目标），在信息技术与中学课程整合中应发挥以下作用：

1. 增强学生对数学学习内容的认知

数学学科的最大优点是集严密性、逻辑性和应用性于一身，数学学科中有许多学生不易理解的抽象的数学概念，学生无兴趣点，使得数学被公认为"难学"。因此，在数学教学中引入信息技术应力求增强学生对抽象的数学概念和严谨的数学证明的有效认知。在数学课上，使用信息技术不能追求表面的生动、界面的漂亮，应该注重启发性，让学生有思考的欲望。过去单凭教师的"说"，学生对有些内容仍然难以理解，利用信息技术手段能帮助教师"讲话"，将抽象与直观有机结合起来，情况就大不相同了。

2. 教师教学与信息技术优势互补

信息技术的应用与数学教师教学是信息技术与数学课程整合的关键性

问题。教育的发展需要技术，数学教育的发展更需要信息技术，但任何先进的技术都不能取代教师的作用，教师在教学中的主导作用是不可动摇的，否则教学也就不复存在了。然而，采取优势互补的教学策略，既能最大限度地发挥信息技术的优势，又能最大限度地发挥教师的主导作用，把两者完美地结合起来，数学教学就会有长远的发展。

3. 借信息技术弥补传统教学手段的缺陷

传统的教学手段已经跟不上教育发展的节奏，传统教学存在着许多缺陷，将信息技术与教学模式相结合，能更好地弥补传统教学手段的缺陷。信息技术强大的数据处理和图形处理能力在传统教学轨迹的形成过程、测量以及精确性、动态表现等方面能起到最大限度地弥补作用，对数学教学有很大的价值。面对信息技术的先进化，教师要合理地利用起来，开发全新的教学设计，对于怎样用、用多少信息技术要做到合理的安排。但是要注意，并非所有的数学教学都能完全适用于传统教学模式，有些内容还是需要教师的"黑板＋粉笔"，教师要善于思考如何使用、如何教学、如何能够将数学知识更好地传授给学生，让学生爱上数学。

4. 让学生积极参与到数学中来

改变学生获得数学知识的方法是信息技术与数学学科整合的重点。教师要明确自己只是课程中的主导，并不是课程的主体，学生才是课程的主体，是学习知识的主动建构者。因而，在数学教学中，教师要尊重学生的主体地位，发挥学生的主体性，让学生参与到数学教学活动中来，为学生提供一个能主动交流的环境，调动学生的积极性，促进学生对数学知识的认知。教师在教学中营造的数学教学环境是能为学生提供更广阔的教学空间，能培养学生的主动性和创新能力，让学生多动手、多动脑，加强对学生的管理，这样才能增强学生学习数学的兴趣和信心。

（四）数学教学模式概念

数学模式是指在一定教育思想、教学理论和学习理论指导下，在某种教学环境和资源的支持下，教与学活动中各要素之间稳定的关系和活动进程的结构形式。

（五）信息技术环境下的教学模式

以多媒体和网络为代表的信息技术能够提供界面友好、形象直观的交互式学习环境，图文并茂的多种感官综合刺激，还能按超文本、超级链接方式组织管理学科知识和各种教学信息。因而有利于激发学生的学习兴趣，激发学生进行绘画、合作学习的欲望，有利于创设情境，获取大量知识。在教学过程中应用信息技术，创建有利于学生发展联想思维和建立新旧知识联系的环境。因而有利于学生认知结构的形成与发展，有利于学生对知识进行建构，这也是其他教学媒体或学习环境无法比拟的。

## 二、信息技术下的数学教学模式

### （一）讲授型模式

**1. 讲授型模式概述**

讲授型模式是在课堂教学中，教师利用自制或购买的数学课件，或是利用适当的信息技术资源（网上资源库）来辅助数学教学。讲授型模式是信息技术用于数学教学的最初表现形式，该模式是针对传统课堂教学中的缺陷而提出的。在教学过程中，教师把难以用语言讲解清楚的内容（代数中的一些抽象概念等）或学生现在欠缺的又接近真实经验的情境内容（解析几何中的数形之间的关系等），借助信息技术演示，可以化抽象为形象，化静态为动态，为学生提供生动、具体的教学，使学生易于感知和想象以及对教学内容理解和掌握，从而有效地突破教学重点、难点。

该模式中涉及的因素主要有教师、教学内容、学生、教学媒体等。

讲授式模式的设计基础主要是行为主义理论，在教学活动中以教师的教学为主，在教学实施前，教师要对教学过程进行全面的教学设计。教师在进行设计教学时需要分析学生的特征，分析教学内容，选择合适的教学媒体，制定教学策略和教学评价。以计算机为核心的多媒体技术在教学过程中的作用是配合教师的教学，在教学中，教师要决定好在何时以及如何应用信息技术。这种教学方式与传统教学方式的相同点在于，教师在整个教学过程中仍起主导作用，控制整个课堂教学，保证讲授知识的系统性、连贯性和流畅性。与传统教学方式不同之处在于，利用多媒体技术展示一些传统教学手段无法展示的事物的变化过程，形成鲜明、逼真的动态效果，调动学生的学习兴趣。

**2. 讲授式模式的实施步骤**

**（1）教学设计**

该阶段要做的就是对学生的特征和需要、教学目标、教学内容、教学方法、教学媒体、教学策略的选择与运用、教学评价设计等方面进行分析与设计。

（2）复习提问

回顾与新课内容有关的旧知识，一方面起到复习巩固的作用，另一方面为学生接受新知识打下基础。

（3）导入新课引导学生进入新知识学习的状态中

导入新课须遵循目的明确、短小精练、别致新颖、因课制宜的原则。

（4）讲解新课

结合教学内容，简单应用信息技术手段来解决重点、难点问题。

（5）课堂练习

练习设计需遵循针对性、层次性、整体性、适度性、多样性的原则。

（6）小结评价

小结评价须遵循概括性、简约性、启发性的原则。

3.分析讲授式模式的特征

讲授式模式适用难于观察、测量和抽象的数学概念以及定理的教学，如二面角的平面角、轴对称、三角函数、曲线与直线的位置关系等，要求教师熟练掌握数学教学软件的应用，例如几何画板等。

信息技术主要是课堂教学的演示工具。教师将现成的教学软件或多媒体素材库中的内容应用于教学中，在一定意义上代替了板书，有效地利用了课堂教学实践，或者教师利用多媒体制作工具（如几何画板等）和各种素材来自己制作多媒体课件，形象地演示教学中某些抽象的内容，或用图表、动画等展示点和线的动态变化过程等。通过合理的设计与选择，有效地引起学生的注意，激发学生学习数学的兴趣。

同时，讲授式模式也存在一定的局限性。它仍然是封闭式的、以教师为中心的模式，教师在教学思想、模式上没有根本性的突破，学生依旧是外部刺激的被动接受者是这个模式的最大缺陷。讲授式模式一方面过分依赖教师，教师的教学过程和教师自身的信息技术能力都会直接影响到教学效果，同时在整个教学过程中，信息仍主要由教师的教学活动传递给学生，反馈信息的传递也是如此。另一方面，在教学过程中，信息技术作为课堂教学演示工具，并没有很好地发挥信息技术的强大功能。

当学生在概括定义时缺少"常数大于"的条件时，教师可通过设问启发学生大胆想象、推理，自我探究，再通过计算机演示加深理解，完善概念。

（二）探索式模式

1.探索式模式概述

探索式模式是指在教学过程中，在教师创设的教学情境下，以学生自主学习和合作讨论为前提，围绕某个数学问题展开、探索和自由表达的活动，将自己所学知识应用于解决数学问题的一种教学模式。

探索式模式涉及的因素主要有学生、教师、教学内容、教学媒体和教学环境。在这一模式下，学生是主体，是教学成败的主要因素。教师不仅是教学过程的设计者、组织者，而且是学生建构新知的指导者、帮助者。教科书呈现的教学内容不再仅仅是教师的讲授内容，而且还是学生主动构建的对象。信息技术不仅是教师演示信息的工具，还是学生进行认知的工具，它能用来创设情境、组织学生思考、协作与交流。教学环境要求教师营造一个愉快、密切配合、合作的教学气氛，能准确地激发学生的思考，调动学生参与的积极性。

2.探索式模式实施

探索式模式实施步骤主要有教学分析、教学过程实施、信息化教学评价等。教学设计的实施步骤：

（1）教学分析

对教学过程中的各种因素进行分析。在对教学内容分析和学习者分析时，还应充分考虑信息技术对教学内容、方法和教学组织管理的影响。

（2）目标阐明

在完成教学内容之时，培养学生的探索能力和创新精神。

（3）情境创设

利用网络资源和信息技术手段创设一个与学习主题相关课堂学习情境。

（4）信息技术选择

根据教学内容的特点和学生的实际情况，选择合适的信息技术作为学生探索和思考的工具，可以是课件、数学教学软件等。

（5）学生探索活动设计

在学习过程中要充分利用信息技术的优势引导学生的探索活动，以锻炼学生的探索能力和思维能力。

（6）协作与交流设计

让学生在社交软件上自由讨论探索结果，让更多的学生参与到教学活动中来，以及教师始终保持对整个教学过程的指导。

（7）学习效果评价设计

学习效果评价设计包括学生的自我评价、学习小组互评和教师评价等，评价内容可以涉及探索结果、写作程度、信息素养、创新程度等。

实施过程如下：

一是创设问题情境。在教学活动一开始就创设能吸引学生的注意力、调动学生的兴趣和积极性的情境，能形成良好的课堂教学气氛。

二是提出问题。在创设情境中教师引导学生逐步向问题靠近，当学生思路出现偏向时，能及时地进行引导但不能强制扼杀。

三是分析问题。在这一阶段，学生需要借助信息技术手段，例如学生利用计算机的数学软件进行动手操作，通过多种角度、利用多种方法来思考问题，还可以上网校、教育网站、用搜索引擎等。教师在这一阶段的任务是加强对学生探索学习的引导，并给予适当的帮助与提示。

四是解决问题。学生将探索结果在校园网上进行交流，大家资源共享，共同探讨解决问题，同时教师对学生的解题思路进行规范性引导。

五是评价探索结果——评价过程要采用信息化教学评价。信息化教学评价是指根据信息化教学理念（目标、人才观、教学模式等），运用系列评价技术手段对信息化教学效果进行评价的活动，其评价工具包括量规、范例展示、电子学档、概念图、评估表等。

3.探索式模式的特征分析

探索式模式适用于一些与日常生活有关的数学知识以及较为复杂的基于思维的数学知识的教学，如指数和对数函数、二次曲线的图像与性质、人口问题等。信息技术的理想要求是配有多媒体投影设备、网络环境、计算器、几何画板等数学探索工具，要求教师和学生熟练使用 Word、计算机、几何画板、Excel 探索工具等。

在探索式模式中，教师创设教学情境不仅有利于引导学生进行正确观察，培养他们的观察方法和观察能力，而且学生在这种丰富、逼真的感性材料面前，容易引发联想和想象，对培养学生的形象、发散、直觉和创造性思维以及创新意识有着重要的作用，同时为学生提供了资源收集与查询的工具，培养学生的数学兴趣，激发学生的数学学习积极性，让学生主动地参与到数学中来，从而发挥学生的主体作用。

探索式模式的特征阐述如下：

（1）强调自主参与

在这个探索式模式中，学生的个性得到了发挥。每个学生都可以提出自己的问题，自主地选择探索方法，整理探索结果。

（2）重视合作交流

在探索式模式中，学生可以自由组成学习小组，相互合作，共享资源，共同解决数学问题在探索式模式下，师生之间的协作关系，使得信息的传输由单向变成双向，实现了教学活动的互助。

（3）强调实践活动

探索式模式强调在"探索中学习"。

（4）以建构为导向

教师通过使用信息技术为学生提供情境、写作、会话等学习环境，从而使学生能自主地获取、分析、加工信息，最终促使学生从自身情况出发，建构新的数学知识、学习方法和学习习惯。

信息技术是集演示、提供资源、交流等多种功能于一身的，而且整个教学中教师与学生之间是一种互助关系，学生是学习的主体，能主动获取知识并从中提高学习能力。教师要充分利用好信息技术，其在教学中发挥优势。

这种教学模式在解决传统教学存在的缺陷，调动学生学习的积极性和主动性，以及培养学生的协作能力，优化课堂教学过程都有很大的帮助。对此，可从下面两个方面进行分析。

一方面，探索式模式是目前开展新型数学教学模式的一种方式，一定程度上突破了传统教学模式的束缚，使师生的角色发生了明显的变化。教师成了学生学习的组织者、指导者和促进者，教师的主导作用由反映课内转向了课前的充分准备，教师的教学设计由过去的单纯考虑"如何教"变为如何运用信息技术启发、引导、点拨学生"如何学"。

另一方面，探索式教学模式使学生的积极性提高，使学生成为课堂的主体，学生学会了对知识的建构，激发了学生的学习积极性，培养了学生的自主学习能力和创新思维能力以及数学语言表达能力在这一模式下，教师利用计算机创设学生易于接受的情境，引导学生积极思考、分析问题，学生的兴趣明显提高了，也意识到自己是学习的主人。

信息技术与数学课程整合对教师传授知识、提高学生学习数学的兴趣有长久的影响，利于学生形成新的学习理念，对学生今后的学习生活有很大帮助。信息技术与数学教学整合，改变了教师的教学方式和学生的学习方式，影响学生的学习习惯，培养学生的探究能力、科学精神。

信息技术与教学的整合，并不是说可以无目的的、随意的整合，针对整合过程中出现的各种问题，应该努力解决好以下问题：①不断完善并利用硬件设备。作为教师应该最大限度地应用学校现有的设备，发挥教师的主导作用，不让设备闲置、浪费。②结合学科特点，发挥软件优势。以信息技术与数学学科整合的目标制作教学课件，优化教学设计。信息技术与数学学科的整合，应该实现这样的目标：在数学学科教学的实践里整合，既发挥信息技术的优势，提高教学效益，以数学学科为载体，用信息技术解决数学学习中的问题。因此教师在备课时，注意围绕学习主题展开，筛选信息，巧妙安排，完成学习目标，优化教学设计。③将信息技术与师生结合，提高教师信息素养。师生是共同的学习伙伴，部分师生计算机知识相对贫乏。因此双方要相互促进，共同学习信息技术。④考虑学生的需要，采用适当的教学模式，正确认识信息技术在学科整合中的作用，切忌喧宾夺主。信息技术集文字、声音、图像、图形、视野、动画等多种传播媒介于一身，多方位、多角度、多途径地向学生传递信息，为师生提供了生动活泼、丰富多彩的人机信息环境。但是无论信息技术多么优越，都是为教学服务，即学生永远是主体，教师是引导者，信息技术只能是为教学服务的工具，三者之间只能互相协作，而不能相互替代。⑤多种教学方法相互协调和促进。事实证明，传统的教学方法还是具有很大的优势。在教师教学时，生动形象的语言、板书、版画可以给学生一个短暂思考、回味、休息的时间。课堂教学，在教师的主导下，发挥信息技术作为教学工具的优势，而运用信息技术也应遵循适时、适用、适度的原则。在某些需要信息技术的课题中，适时、适度地运用信息技术，不能滥用，不能喧宾夺主。

　　信息技术与数学课程的整合是以传统教学的手段和方式为基础的，把现代教育理念和先进信息技术融入其中，是对传统教学的一种扬弃，二者并不是对立的。所以，我们的数学教学不是追求轰轰烈烈的教学形式，而是追求锻炼学生的思维、培养学生的能力以及促进信息技术与师生三者之间的协调融洽，是为了共同进步的。

　　整合是一个新的事物，它的含义还在逐步发展，对它并没有一个严格的定义，还需要在实践中不断地探索，随着信息技术的发展，整合也会逐渐地深化内涵。整合需从一点一滴做起，整合是一个长期的庞大的工程，需方方面面的共同努力。

　　在进行信息技术与数学学科整合的实践中，既要着眼于大局，又要着眼于未来，还要切实可行，从一点一滴做起；既要勇于创新探索，又要善于总结过去的宝贵经验；既要学习、了解、掌握信息技术，又要深刻认识数学教学的精髓和内涵。整合水平的高低，关键在于观念的转变、实践的探索。

　　教师在使用软件时要特别注意科学性，确保呈现的教学内容不出现错误。因此，在进行整合的过程中，特别是在动画创意、课件的设计与制作中，更要把科学性放在首位。

　　整合要注意实用性和时效性。整合的目的是提高教学水平、教学质量，不是为整合而整合，不是为了形式。整合时要讲究实用，不脱离实际，把教学质量搞上去，这种整合才是真正有价值的、有生命力的。

　　信息技术是数学课堂不可或缺的组成部分，信息技术对课堂教学过程有深刻的影响。数学教师可借信息技术手段不断更新教育观念、改变教学方法、改革教学手段。"但我们必须清醒地认识到，信息技术只是一种教学手段，它并不能替代所有的教学手段，信息技术的使用并不能取代教师的作用。在教学的过程中，教师要根据教学需要选择合理的教学手段，充分利用现代信息技术，使教学的每一步都具有明确的目的性和高效性；还要特别关注计算机画面的插入时机，要与教学设计环节密切配合，保持整个教学过程的自然流畅，真正实现信息技术与数学课程的整合，实现教学过程的最优化，提高教学效益。

## 第二节 信息技术在高中数学教学中的途径

### 一、更新教育观念，提高教师信息素养

信息技术在高中数学中的应用，首先要求广大教师在观念上能予以接受，在观念上的接受并不是仅仅依靠专家理论层面的宣传培训和教育部门领导的要求，只有让教师多次感受信息技术在教学中应用的优点，他们才能从内心接纳，从而达到真正意义上的观念更新。其主要的手段是依靠学习先进的信息技术成果，比如借鉴信息技术应用较好的教师和专家的教学成果展示，达到更新观念的目的。

因此，教师教育技术的水平会直接影响应用的效果，此时，提高教师的信息技术水平就成了当务之急。除了教师自身学习之外，建议学校和其他教育部门多组织一下教育软件方面的开发，如优秀的教育软件"几何画板""Z+Z智能教育平台"等的使用，让教师在教学中使用得得心应手。另外，还要在网络技术的应用方面，如数学资源的获取和建设、BBS的使用等方面予以培训，让教师们能通过网络方便地获取资源、交流信息和教学心得。

### 二、结合数学的学科特点，不断提升学生的"数学化"能力

传统的数学教学强调学生对知识点的掌握，强调以数学基本概念、原理为骨架的知识体系的构建，追求绝对的逻辑化、形式化，往往以培养解题能力为主要的基本能力。也就是强调传统观念下的"双基"，很少站在数学思想、数学文化和数学审美这一层面上，充分体现和展示数学课程对人的品性和人格养成方面的育人功能。

我们说，数学教育的目标是将数学能力迁移并泛化，是追求数学组织客观世界即"数学化"的过程。

信息技术可把数学知识的产生、形成和发展的过程充分展示给学生。具体来讲，就是从常量到变量的过渡问题、从静态到动态的过渡问题、从平面图形向空间图形的过渡问题、逻辑思维与形象思维的结合问题、数形结合教学等，都可以利用信息技术去解决，使学生从"听"数学变为教师指导下"做"数学，突出他们的主体地位，变被动学习为主动参与学习。

### 三、合理运用信息技术，尝试多种教与学方法的优化组合变革

当前数学学科教育改革的核心是学生数学学习方式的变革，是变被动接受的学习为主动参与的学习，让学生在一种体现数学发现与证明过程的环境中接受挑战性的学习任务，进行试验、研究和发现。在这一过程中，尝试多种教与学方法的优化组合显得尤为重要。

具体要求：根据教学内容的性质和特点来选择合适的技术手段和表现形式，不能只为了照顾信息化教学的特点而忽略了数学的严谨性；尽量与传统教学相结合，提倡现代教育技术，绝不是要否定传统教学技术。各种教学手段都具有各自的特点和独特的功能，在教学中相互补充、取长补短，只有将现代教育技术与其他教学手段结合起来才会获得更好的教学效果。

### 四、发挥群体研发功能，大面积提高信息技术的应用水平

在教学信息化过程中，我们发现信息技术在数学教学中的应用普遍缺乏教师群体的共同参与，更多的是教师个人的"单打独斗"。因此，在集体教研活动中，我们提倡广大教师共同参与探讨，从各种视角，以各种方式深入探讨研究，比如计算器、计算机、网络等，首先考虑对于学生掌握基础知识、形成基本技能、培养数学思维、完善认知结构的影响，哪些信息技术可以（还是必须）进入高中数学课堂；其次是由于相关信息技术对数学教学内容的影响，函数、几何、向量、微积分、逻辑等教材内容如何在教学中进行再创造和再加工。通过教师的群体参与，对提高信息技术的应用水平是很有好处的。

通过教学案例进行反思和研讨，这也是发挥群体研究功能的重要方式。教师在信息技术应用之前，明确教育技术的目的，根据教学内容和学生的认知水平，采用相应的技术手段，在教学中，教师能及时反思应用中的经验，并根据情况及时采取措施予以调整，在另外的班级中再次予以应用。然后再次反思，有可能的话做一个记录，这种以教学案例为载体的教师行动研究非常值得提倡，从中可以较好地进行信息技术的应用效果研究。

### 五、从多媒体教室向教学资源室和数学实验室过渡

现代教学理论提倡个别化的学习，在高中的数学教学中要做到这点却相当困难。现在很多学校是为了上信息技术课或一些公开课和评比课才使用多媒体教室，其实并不重视软件资源的建设，在资源上存在较大的浪费。我

们可以将多媒体教室的功能做一些改变，主要是添加一些教学资源，在数学方面可以增加一些数学学习软件、教师的教案、数学教学素材（如成品和半成品的"几何画板"课件），链接一些优秀的数学资源网站、数学个别化学习网站，使多媒体教室成为教学资源室和数学实验室，让学生利用信息技术主动构建、探索和发现知识，让信息技术成为学生的认知工具。教师还可以在这里对一些学习比较困难的学生予以集中辅导，实现个别辅导和集体指导相结合。通过这种途径探索新的教学模式，以及利用智能软件进行个性化学习模式。另外还有相当多的学校校园局域网形同虚设，可以予以充分利用，如利用网络 BBS 的在线研讨功能进行教师之间、师生之间的教学交流、课件资源共享。总之，重视教学软资源建设，可以大大增强信息技术的功效。

## 六、从集中走向分散，真正让计算机和网络进入每个教室

目前的确有许多学校已经让计算机和多媒体投影进入课堂，但是其作用绝大部分是用于演示，平时学生是"碰"不得的。要让学生真正地应用信息技术进行学习，其中很重要的一条是要让学生使用信息技术，这在时空上有较大的困难。如果每个教师能拥有 1 至 2 台计算机，并接入校园网和互联网，让学生在课余时间使用，给学生应用信息技术留出时间和空间，在日常的学习中受到信息技术的熏陶，这种方式所达到的效果是无法估量的。而且计算机进入教室，符合现代学习理论。建构主义教学与学习理论认为学习不是一个灌输过程，而是让学生自己去探索、建构知识的过程，过去受各种因素的影响无法做到，而现在我们的课堂都让学生进行建构式的学习，这也是一种崭新的尝试，是数学课堂教学模式多样化的一种表现。

## 七、建立科学合理的评价机制，促进评价的多元化

目前，数学信息化教学的评价体系还不健全，不恰当的评价体系往往会引发功利行为。有的学校把是否应用了现代教育技术手段作为评价一堂课质量高低的主要依据；而有的学校则彻底否定了信息技术的应用，而将考试成绩作为唯一的标准。传统教学和现代教学的本质区别是把以教师为中心的学转变为以学生为中心的学，把以教师为主体的教学实践过程变成以学生为主体的自主学习过程。

# 第三节 信息技术在高中数学教学中的原则

以多媒体技术和网络技术为核心的信息技术，正在以排山倒海之势冲击着整个教育界，这不仅是教学方法与手段的变革，它对教育观念、教育思想、教育内容、教育理论及教育模式都将引起更深层次的变革，信息技术与学科整合成了教学改革的一个突破口。

大力推进信息技术在教学过程中的普遍应用，促进信息技术与学科课程的整合，逐步促进教学内容的呈现方式、学生的学习方式、教师的教学方式和师生互动方式的变革，充分发挥信息技术的优势，为学生的学习和发展提供良好的教育环境和有力的学习工具。这是我国基础教育课程改革的基本要求。

如何适应教育环境的这种深刻变化，如何最有效地使用信息技术提高教学质量，研究信息技术与学科教学的整合问题，就成为广大教育工作者迫切研究的问题。

由于数学学科其自身的特点，似乎就决定了其枯燥性和单调性。而随着教育教学改革的不断深入，对数学课堂教学提出了新的要求，所以我们必须努力改进教学手段和教学方法。站在教学第一线的数学教师，完全有必要对教学过程重新认识。

信息技术手段介入数学教学之后，给教师创造性的教学提供了新的发展空间，对丰富和改进学生学习方式提供了技术支持和可行平台。教师运用现代信息技术对教学活动进行创造性设计，发挥计算机辅助教学的特有功能，把信息技术和数学教学的学科特点结合起来，可以使教学的表现形式更加形象化、多样化、视觉化，有利于充分揭示数学概念的形成与发展、数学思维的过程和实质，展示数学思维的形成过程，使数学课堂教学取得事半功倍的效果。

信息技术辅助数学教学过程主要包括四个要素：教师、学生、教材和多媒体。四要素相互联系，相互制约，形成了一个有机的整体。为达到令人满意的教学效果，必须正确处理四个要素之间的关系。根据皮亚杰的建构主义学习理论，教师是教学过程中的组织者、指导者和知识意义建构的帮助者、促进者，而不是主动施教的知识灌输者；学生是知识意义的主动建构者，而不是外界刺激的被动接受者、知识灌输的对象；教材中所提供的知识是学生主动建构的对象，而不是教师向学生灌输的内容；多媒体是创设学习的情境和让学生主动学习、协作、探索和完成知识意义建构的认知工具，而不是教师向学生灌输知识所使用的手段和方法。只有处理好这四个要素之间的关系，才能正确定位信息技术在高中数学教学中的地位和作用。由此看来，信息技术在数学课堂教学中的应用还应遵循一定的原则。

多年来，我校数学教师结合信息技术与课堂教学整合的实践，通过研究归纳总结出信息技术在高中数学教学中有效应用所应遵循的基本原则：

### 一、遵循"有利于激发学生的学习兴趣"的原则

兴趣是最好的老师，有良好的兴趣就有良好的学习动机，但不是每个学生都具有良好的学习数学的兴趣。"好奇"是学生的天性，他们对新颖的事物、知道而没有见过的事物都感兴趣，要激发学生学习数学的积极性，就必须满足他们这些需求。而传统的教学和现在的许多教学都是严格按照教学大纲，把学生封闭在枯燥的教材和单调的课堂内，使他们与其他丰富的资源、现实完全隔离，致使学生学习数学的兴趣日益衰减。将信息技术融于课堂教学，利用信息技术图文并茂、声像并举、能动会变、形象直观的特点为学生创设各种情境，激起学生各种感官的参与，调动学生强烈的学习欲望，激发动机和唤起兴趣。所以，在数学教学中，教师可以有意识地利用信息技术创设问题情景，让学生在一定的情景之中更充分地调动各种感知器官，去感受知识，使学生的兴趣得以提高。

多媒体的使用便可以提供这种生动、形象、直观、感染力强的教学信息，唤起学生的好奇心和求知欲，进而使学生对所学内容产生浓厚的兴趣。核裂变产生的中子总数将以指数形式增长，这样就自然而然地导入了新课。这样教学，不仅强化了学生的感性认识，而且激起了学生强烈的学习欲望，使学生要学、乐学，进而主动去学。而且这样做不仅使例子生动形象，激发学生兴趣，还激发了学生的爱国情感。

## 二、遵循"有利于帮助学生进行探索和发现"的原则

数学教学的过程事实上就是学生在教师的引导下，对数学问题的解决方法进行探索、研究的过程，继而再对其进行延拓、创新的过程。信息技术的融入使教学模式从教师讲授为主转为学生自主动脑、动手研究为主。如果把数学课堂转为"数学实验课"，学生通过自己的活动得出结论，会起到事半功倍的效果。因此，教师在教学活动中创设合理的情境就是组织课堂教学的核心。现代信息技术（如数学教学软件等）的应用为我们提供了强大的情境资源。通过信息技术创设情境所产生的作用是传统教学手段无法比拟的。

信息技术的使用调动了学生学习的积极性、创造性，改进了学生的学习方式，促进了他们主动地学习和发展。

## 三、遵循"有利于帮助学生理解所学知识点"的原则

信息技术可以拓展学生的思维，帮助学生更高效的学习。它能够展示知识的形成发展过程，能够化抽象为具体、化静为动。学生可以达到传统途径下无法实现的领悟层次，不仅使学生的逻辑思维能力、空间想象能力得到更好的训练，而且还有效地培养了学生的发散思维和直觉思维。

## 四、遵循"有利于帮助学生获取知识和经验"的原则

数学是思维的体操，数学有助于培养学生的思维能力和创新能力，而且是其他学科无法比拟的。如对学生的空间想象能力、抽象能力、概括能力和推理论证能力的培养等。但培养这些能力必须以一定的数学知识和数学模型为载体，通过对它们的研究起到举一反三、触类旁通的作用，而信息技术又可以简单地将研究过程中碰到的难以呈现的内容形象地、具体地展现在学生眼前，从而起到更好的效果。

（一）信息技术在立体几何中的应用

立体几何的最终教学目标是发展学生的空间想象能力，培养学生的空间观念。而空间想象能力的本质所在就是使学生在脱离了几何图形和实物模型之后，仍能借助其表面现象来分析问题、解决问题，进而提高学生关于几何图形的抽象思维能力。因此，计算机相关软件还应当发挥自己的独特优势，利用各种信息技术，逐渐提高学生的抽象思维，使学生能够借助原有的几何图像和图形的表面现象，用几何体的立体形态处理问题。

多媒体课件中的图形首先由多变少，由动逐渐变静，然后颜色逐渐由鲜艳变为单一，最后图像和图形渐渐地由清晰变为模糊，直至消失。其中，数学符号和公式的演算将慢慢地取代几何图形的操作。这样，立体的图形消失了，由此建立起来的框架留在了学生的大脑中，学生习惯的直观思维，慢慢地过渡到了抽象思维教师利用这种方法尝试了平行六面体的教学。结果，大多数的学生不但能将空间平行六面体的几何图形掌握得很扎实，而且还能记住平行六面体不同位置的截面图形和性质，遇到与平行六面体相似的问题的时候，也能轻松地提取记忆中的相关知识来分析和解决问题。

另外，立体几何教学过程中，引入信息技术，用多媒体辅助教学，将图形动起来，可以使图形中各元素之间的位置关系和度量关系惟妙惟肖，使学生从各个不同角度去观察图形，从头脑中对图形有了深刻印象，从而培养他们的想象力和创造力，课堂效率也将大大提高。当然，制作的课件要实用，不能一味地增加感官刺激，使得课堂上热热闹闹，课后学生的脑袋一片空空。

（二）信息技术在解析几何中的应用

在解析几何中，圆锥曲线及常见图形在数学和其他科学技术领域中都有极广的应用。那怎样的曲线是圆锥曲线？古希腊的几何学家用平面去截一个圆锥面，当平面与圆锥面的轴线所成角发生变化时，获得不同的截线，即椭圆、抛物线、双曲线。在引入圆锥曲线概念时，为让学生更清楚地看清圆锥曲线的区别和联系，教师用 flash 动画演示，使平面与圆锥面的轴线所成角发生变化，让学生观察所截曲线的形状的变化，进而使学生得出"在每个取值范围内所得的曲线是何种曲线"的结论。借助多媒体手段，使学生对圆锥曲线的形状及性质有了更深的理解，比传统教学中，让学生死记硬背圆锥曲线的形状及性质效果好得多。

展示几何图形变形与运动的整体过程，在解析几何的教学中是非常重要的。这样信息技术在解析几何教学中，充分显示了它的优越性。因为它能做出各种形式的方程曲线，能对动态的对象进行"追踪"并显示该对象的轨迹，能通过拖动某一点或线，观察整个图形的变化来研究两个或两个以上曲线的位置关系。总之在解析几何的教学中，恰当运用信息技术可大大提高课堂效率。

（三）信息技术让函数真的"运动变化"

函数是中学数学中最基本最重要的概念，它的概念和思维方法渗透在高中数学的各个部分同时函数是运动变化的，是对现实世界数量关系的一种刻画，这又决定了它是对学生进行素质教育的重要材料。

### 五、遵循"有利于教师合理实施教学过程"的原则

教师应该根据数学这一学科的特点、课堂内容，综合运用多种教学手段、多种媒体技术及新颖的上课方式等来实施教学过程。

（一）合理使用信息技术

媒体出示的时机要恰当，信息采集的空间要合理。太早或滞后应用课件，都会冲淡课堂教学气氛，影响教学秩序和教学效果，打乱学生思路，不利于学生的学习。多媒体在课堂上的运用，确实能使知识由抽象变直观，使上课氛围变得更加生动。但我们也不能过分依赖媒体，比如教学中过分强化声音、图像等媒体的作用，有可能忽视学生的个性发展，使学生的思维力、想象力受到压抑。又比如数学课上教师们往往用幻灯片将解题过程一下从投影仪放出来，代替了粉笔的书写过程，殊不知，传统书写过程中，教师可以边写边讲，学生也可以根据书写的进度去展开想象，所以，在现在的这种做法下，学生根本就没有思考的时间，学生的思维往往滞后于教师的板书过程，这就不利于学生抽象思维的发展。

（二）采用网络优势，合理采取多向互动式的教学组织形式

所谓多向互动，是指生生之间、师生之间的互动，而网络在这方面具有明显的优势。教师在课前可通过聊天程序等途径了解学生的学习情况，给同学们布置课前作业，将电子教案传送给学生，使同学们对本堂课要讲授的课程有一个预先了解，在网络课上，教师可以将部分课堂任务用电子邮件发布，同学们用在线聊天进行课堂交流，学生以电子邮件的形式提交课堂作业。由于网络有先进的实时交流技术，它为各个使用者提供了一个平等交流的机会。网络教学使交互式学习成为可能，为他们创设了一种相互交流、信息共享、合作学习的环境。网络教学使师生之间在教学中以一种交互的方式呈现信息，学生在网络中不仅接受，同时也在表达，教师可以根据学生反馈情况调整教学。学生可以与教师发生交互作用，向其提出问题、请求指导，并且发表自己的看法。学生之间也可发生这种交互作用，从而有利于发挥小组学

习的作用，进行协同式学习。这种交互式的教学加强了师生间和学生间的交流，对提高教学质量和优化学习效果产生了积极的作用。

但利用网络条件下的交互模式也不是万能的，不可以完全依赖网络。例如，对学生来讲，通过网络来进行交流的交流技术，他们的水平是参差不齐的，特别是对于计算机水平普及不高的地区，师生间通过网络交流或许不那么顺畅，搞不好还会影响教学效率。还比如，一些数学公式、定理的推导过程是与教师的讲授分不开的，而网络是不能达到这种声情并茂的效果的，现阶段的交流技术对这些信息的传输也是力不从心的。此外，网络教学的课堂教学秩序是难以解决的问题。

所以，在运用信息技术教学手段时，传统教学中的情感交流和师生对话务必要坚持课堂教学是一个多变的活动，在传统教学的讲解活动中，教师的手势、启发、提问、语调、表情等都在向学生传递着各种信息，通过听、看、学、想、问、答等形式，学生和教师进行知识和情感的交流，这其中有许多是计算机根本无法实现的，也无法替代的；因此，在运用计算机辅助教学时，固有的师生交流方式也应强化和坚持，不可以被多媒体教学取代。

总之，无论是在信息技术的使用方面，还是在教学的组织形式方面，都要合理。

### 六、遵循"有利于转变教师的教育观念，提高教师的业务水平和计算机使用技能"的原则

时代的发展，既要求竞争者提高自身素质，也要求学校教育走在发展的最前端。学校教育的发展方向又要求教师更新教学手段，教学手段的更新主要受教育观念的支配，所以我们首先要转变教育观念，真正把信息技术运用到教学中来。把信息技术作为辅助教学的工具，充分发挥信息技术在学生自主学习、主动探索、合作交流等方面的优势，实现教师角色的转变。信息技术在数学教学中的作用不可低估，它在辅助学生认知功能上要胜过以往的任何技术手段，但它仅仅是课堂教学的一个辅助工具。教学活动过程的核心是师生之间情感互动交流的过程，这个过程中信息技术教育是无法替代的。在师生互动教与学的过程中，信息技术已经成为产生数学问题、促进学生思维扩散的路标。不过，我们不能盲目地使用信息技术，用它来取代教师在教学活动中的地位。所以，客观合理地将多媒体信息技术用于课堂教学，积极

探索多媒体信息技术与课堂教学的整合方法，才是现代教师在教学活动中应该转变的观念。

教师在备课的过程中，需要查阅大量的相关资料，但庞大的书库也只有有限的资源，况且教师还要一本一本地找，一页一页地翻，这个过程耗费了教师大量的时间。互联网为教师提供了无穷无尽的教学资源，为广大教师开展教学活动开辟了一条捷径，只要在地址栏中输入网址，就可以在很短的时间内通过下载获取自己所需要的资料，大大节省了教师的备课时间。

当然，教师所设计的课件既要为教师的教学提供方便，又要为教师教学设想的实现产生积极的作用。机件式的多媒体课件是由教师和学生根据教学内容的需求，自己组合教学策略和教学信息的工作平台。将多媒体教材开发成素材库和教学模式库并通过适当的教学平台去实现。每个教师只需了解生成课件的一般方法，就可以根据教学特点、理论、内容、经验和学生的实际学习情况对教学模式库和素材库进行选择，最终生成课件在运用此种教学方法时，教师的主导作用显得尤为重要，教师所发挥的价值也更容易由以前的如何"教"转换为如何辅助学生"学"，使得学生在课堂的学习主体地位更加突出。在数学教学中，运用多媒体教学可以更好地普及计算机辅助教学这种教学方法，进而减轻教师的工作量，把精力放在组织课件、制订计划、教学理论和研究教学体系等方面。

随着计算机软件技术的飞速发展，大量的练习型软件和计算机辅助测验软件的出现，让学生在练习和测验中巩固、熟练所学的知识，找到下一步学习的方向，实现了个别辅导式教学。在此层次上，计算机软件实现了教师职能的部分代替，如出题、评定等，减轻了教师的负担。因此，教学的发生对技术有较强依赖性，而作为教学辅助工具的信息技术功能就体现出来了。

远程教育网校的建立，给教育工作者创建了一个庞大的交流空间，各地各级的优秀教师云集在这个空间中，他们为工作在教学第一线的教师提供了取之不尽、用之不竭的教学资源。通过网络交流，教师们可以学习先进的教学思想、教学理念、教学方法。实践证明，经常将信息技术用于课堂教学的教师，他的教学思想、教学理念、教学方法总是走在最前列的。另外，教师在教学过程中应用信息技术和计算机辅助教学软件，要求教师有相当的计算机使用技能，计算机使用技能的高低是评价新一代个人文化素质的标准。

计算机信息技术的飞速发展对每个人提出了新的要求，作为教师，更应该积极地推动计算机信息技术发展，将信息技术用于教学课堂，这样利人又利己。

总的来说，信息技术的使用只是教学的手段之一，并不是教学的目的，目的是更好地使学生理解数学的本质信息技术与高中数学教学整合必须落实素质教育、创新教育理念，必须适应以学生为中心的教学模式。以上原则充分反映了这一要求，我们要在运用各种教学模式进行实际教学时把握和贯彻好这些原则。合理地使用信息技术确实能大大提高课堂的效率，所以我们要在今后的教学中不断地实践，不断地积累经验，掌握信息技术应用的方法，把握信息技术应用的原则，真正实现教师在教学中角色的转变，充分调动学生的积极性，使学生成为知识的发现者，努力做到信息技术与数学教学的有效整合，达到信息技术在高中数学教学中有效运用的最高境界。

# 第四节 数学课程与信息技术整合的教学实践

多媒体信息技术仅仅是课堂教学的一个辅助工具。教学活动过程的核心是师生之间情感互动交流的过程，在这个过程中信息技术教育是无法取代的。在师生互动的教与学的过程中，信息技术已经成为产生数学问题、促进学生思维扩散的路标。不过，我们不能盲目地使用信息技术。

## 一、正确使用多媒体信息技术

（一）避免把投影屏幕当成黑板

在课堂上，教师应随时根据教学进展来创设情景，引导学生进行思考，从而达到运用所学知识的目的。优秀的板书不仅精练，教师还可以根据学生提出的问题随时进行调整、修改板书内容。如果用投影屏幕完全代替黑板，就会影响学生视觉感知的一贯性，使学生对整节课的教材重点、难点的把握受到影响。屏幕上的内容为换较快，影响了学生领会定理、公式的推导过程，以及对问题的逻辑思维推理能力的培养。这不仅影响了学生的思维训练，而且也影响课堂笔记的形成（课堂上记笔记是很重要的，也是很有必要的）。实验证明，课堂上记笔记的学生回想讲过的内容的概率是不记笔记的七倍。所以，完全用屏幕代替黑板，就会影响多媒体在教学辅助方面优势的发挥。

（二）避免只重视多媒体形式而忽视教师教学风格

一些教师在注重多媒体所带来的优越性的同时，却忽视了自己多年来形成的鲜明的教学风格。其实，传统的教学手段中存在的许多特色功能是多媒体无法完全取代的，如实物、简笔画、一个眼神、一个手势等在课堂教学中的功能都是多媒体不可替代的。但是对于多媒体课件教师必须亲自创作，把自身的教学风格融入课件中，体现自己的教育思想，使学生更易于接受。而不能因为使用多媒体，把本来简明的东西搞得"枝叶"繁杂，使学生如雾里看花，从而违背了多媒体辅助教学"辅助"的本意，弱化了教师在课堂教学中的主导作用。所以，教师不应一味地赶潮流，而应根据教学需要选择合适的媒体和手段，合理地使用多媒体与常规媒体手段，发挥各自的长处。

（三）注重"以人为本"，发挥学生的主体性

计算机多媒体辅助教学系统的使用，为我们创造良好的教学条件提供了极大的便利。然而，用多媒体展示知识背景、知识点，进行辅助练习，只是把教学内容展示给学生，它无法取代学生在教师创设的情景中思考问题，更无法取代学生的思维训练。所以，我们在制作和使用多媒体课件时，应当以促进学生动脑动手、积极参与为着眼点，充分体现学生的主动性，培养学生的创造性，多为学生创造思考的空间，善于通过多媒体信息技术引导学生思考、讨论、回答问题。

**二、多媒体技术的使用使数学学习充满乐趣**

（一）学科整合使课堂更开放

在实验过程中，学生可以移动定点到任何位置，教师对于类型的种数事先并不知道，由学生自主探索，这样的研究过程已经具有开放性。但是学生毕竟是在教师设计的研究方案下进行研究，假如数学实验的方案由学生设计好，并制作成课件，那么研究也就更具有开放性，也全面地锻炼了学生的各种潜在能力，使探索过程更接近于数学家们研究数学的过程。当然，这需要教师和学生具备更强的信息技术能力。

（二）学科整合使难点的突破更有方向性

在教师的点拨下，学生猜想验证、合作交流，终于完成了探索。但是有些教师总感到探索过程较盲目，信息技术与学科的整合要很好地突破这个问题，使探索更具有方向性。信息技术与学科的整合还有待于我们在探索和

实践中改进。

（三）信息技术不能完全代替"手工操作"

在教师设计的数学实验中，学生自主操作、合作交流地学习新知识，教师基本实现了"无纸化"的教学，这样也会造成学生个别数学技能的缺失，如基本作图技能、计算能力等。因此不能盲目彻底地进行"无纸化"教学，不能把信息技术完全代替"手工操作"。

### 三、信息技术应用于高中数学教学中的优点

（一）利用信息技术，创设情景，培养学生的好奇心和想象力

众所周知，好奇心和想象力是形成创造性思维的首要条件。因此，在教学时尽可能利用情景的创设，激发学生的好奇心和想象力。

运用信息技术把学生平时在生活中经常接触的事物，搬进了数学课堂，通过形象、具体的事例构成一个动态、仿真的学习情境，充分激发了学生的兴趣，调动了他们的学习积极性，从而掌握抽象的数学概念，培养了他们抽象逻辑思维的能力

（二）利用信息技术，通过做数学实验，综合训练思维能力和培养创新意识

直觉思维、形象思维、逻辑思维是数学学习中必不可少的基本思维模式，在教学过程中让学生通过做数学实验主动发现、主动探索，实现三种思维的结合，不失为一种很好的培养方法。

（三）利用信息技术，化静为动，进行课堂演示，突破教学重点、难点从而降低教学难度

不仅如此，运用信息技术，还可以降低知识理解的难度，培养严谨的思考习惯及求实的作风。

（四）利用信息技术，让几何体动起来

对于一些数学问题，特别是与图形有关的问题、对动态图形中某些不变量的探索等，利用数学软件展示问题情景，观察图形，分析其中的规律，或通过拖动鼠标跟踪点的轨迹等办法进行研究，使学生更容易发现解决问题的思路和方法。例如线性规划中的整点问题，在计算机上作出可行域，并显现出坐标网格点，将目标函数的图像（通常是直线）进行平移，能方便地得到最优解，从中得到启发，学生就能找到解题的思路和方法。

（五）利用信息技术，进行自主的探究式学习

在信息技术环境发展的背景下，以学生为中心进行合作学习，以解决问题、培养能力为中心并且强调终身学习的思想将深入人心。

（六）利用信息技术，可有效地进行课堂分层教学，提高教学效率

怎样促进学生个性发展？分层教学是实现因材施教的好方法。利用现代信息技术条件的优势，巧妙设计分层教学方案，为不同基础的学生铺设不同幅度的阶梯，让一次次小小的成功，成为增强他们学习信心和奠定他们进步动力的基石，促进学生积极主动发展，从而较大幅度地提高因材施教的效果，使不同层次的学生都达到最大限度的发展。

**四、信息技术与高中数学教学整合的反思**

在教学实践中，师生共同体验着信息技术应用于数学教学中所带来的新奇和喜悦。但是，无论是在理念层面还是在操作层面，都存在一些问题需要我们认真总结反思。

（一）从教师角度反思

1. 在多媒体教学模式中，教师观念、角色必须改变

新课程标准下的数学教学要求：教师的教学要关注每一名学生的情感、态度、价值观和一般能力的发展，为每个学生的终身可持续发展奠定良好的基础。信息技术带入数学教学，给数学教学带来了勃勃生机，使教师改变"满堂灌""接受式"等旧的教学方法，弥补了传统教学的不足，提高了教学效率，同时也培养了学生运用信息技术解决问题的能力。以信息技术环境和信息化学习资源为依托，以具有深化和扩展学科知识与技能的学习活动为引导，可以全面地改变"教师教，学生学"的方式，高效地达成以学科教学目标和提升信息素养为目的的教学或学习。信息技术与数学学科的整合，是教育面向现代化、面向世界、面向未来的发展趋势，是信息时代占主导地位的课程学习方式。

2. 新形式与传统教学优势互补

整合的基本原则是为了使学生利用这种整合更好地理解数学的本质，教师们不要认为新课改就是上课必须用课件，否则就不是新课改，并不是每节课都要用计算机来教和学，整合后的教学活动不应理解为全堂上机或多媒体演示，要注意书面表达和口头交流，不应忽视阅读、计算和证明，一句话

能说明白的，一个教具能演示清楚的不一定非得通过计算机来完成，有时动态的课件并不一定代表着有动态的课堂。信息技术使得三维直观图在计算机上旋转、平移、分解、组合，这一切看上去很有吸引力，很直观。但是是否能真正培养学生的空间感呢？在实际应用中，如何把握好信息技术的"度"，需要教师们三思而后行。信息技术与课程整合改变了教师的教学方式和学生的学习方式，但教师们要认识到是有了整合的要求才会有教材结构的变革，而绝不是为了适应教材的改变才产生整合的要求。

教学的目标是要寻找信息技术在数学教学中的最佳切入方式，从而达到最佳的教学效果。作为教师，面对信息技术发展带来的机遇和挑战，应不断地提高自身的业务素质和信息素养，为迎接新的挑战做准备。

3.课程整合要注重突出数学的思维特点

数学具有逻辑的严密性、高度抽象概括的理论，并使用了大量的形式化、符号化语言。信息技术在数学课堂教学的运用过程中一定要紧扣教学目标和教学内容，要根据不同的教学目标和教学内容的特点去选择、运用不同的信息技术，充分发挥其在教学上的优势，不能把数学制成计算机多媒体功能的成果展览。比如说，目前一些教师在应用信息技术教学时还是习惯于封闭式的、以知识为中心的课堂整合。这种整合实际上是一种简单地把数学知识与信息技术的组合。常见的形式就是用PPT展示教学内容。教学的思路已经固定在事先做好的课件上，留给学生的探究、思索空间几乎为零。表面上应用信息技术实质上等于"黑板搬家"，还是用传统的教学模式讲授，这种组合很显然不利于学生思维能力的发展。所以，真正意义上的整合应该是开放的、教学组织架构的整合。我们是利用信息技术，而不是被信息技术所左右。信息技术在题目展示、问题背景介绍等方面会比传统教学高效、形象，但我们同样要注意，这种展示不能代替思维过程，分析的过程还应该用传统方式展现较好。

所以，在组织实施前教师应对教学内容进行认真筛选，确定哪些教学单元或教学内容可与信息技术进行整合，突出数学的思维特点。

4.教师要加强自身学习和培训，提高信息素养

教师信息技术应用水平参差不齐，总体水平偏低，目前绝大多数教师已经学习了信息技术的基本操作和一些信息处理软件的使用，如Power

Point，Word，Excel，Internet 等，但是其信息技术应用水平，与信息技术和中学数学教学整合的要求还有一定的距离。但有的教师对"信息技术""整合"等概念的理解往往流于表面，知其然而不知其所以然。他们通常认为，只要在课堂教学教程中使用了计算机、幻灯片等与信息技术沾边的仪器就是使用了信息技术，进行了信息技术与学科课程的整合，认为信息技术与学科课程整合就是"课堂电子化""教案电子化""教材电子化"。殊不知，信息技术是指与获取、传递、再生和利用信息有关的技术，它不同于教育技术、计算机技术，它包含了更为丰富的内涵，它是一门技术、一种手段，更是一种方法和思想，而不仅仅是指计算机、幻灯片等仪器的使用。

5.合理使用信息技术，使之与数学整合最优化

教师在信息技术应用之前，明确教育技术的目的，根据教学内容和学生的认知水平采用相应的技术手段，例如统计案例的教学，教师可以尝试"任务驱动—探索—交流"模式，把统计的方法、统计的思想教给学生后，给学生一个任务作为驱动，例如性别是否与数学成绩的高低相关。把学生分组，使他们参与到统计的全过程，在数据分析时应用信息技术。学生经历一遍统计的真实过程，远比在课堂上练习 10 道习题的效果要好。另外，教师在教学中应用计算机后应及时反思应用中的经验，并根据情况及时采取措施予以调整，在另外的班级中再次予以应用，然后再次反思。提倡运用信息技术呈现以往教学中难以呈现的课程内容。数学的理解，需要直观的观察、视觉的感知。特别是几何图形的性质、复杂的计算过程、函数的动态变化过程、几何证明的直观背景等，若能运用信息技术来直观呈现，将有助于学生的理解。信息技术在"函数的图像"中仅使用投影仪、幻灯机，而不用信息技术代替学生作图。因为信息技术与数学课程整合的基本原则是有利于学生认识数学的本质。

（二）从学生角度反思

第一，大量学生知识积累少，计算机应用能力较低，特别对来自农村及信息设备差的地区的学生这个问题更加明显。数学课程与信息技术整合的主要目的便是让信息技术成为学生的认知工具。影响"整合"的因素除了环境、教师等因素外，最终要取决于学生。学生的知识基础、学习动机、学习方式、基本的计算机应用水平都将影响最终的学习效果。

第二，过分注重信息技术操作，忽视了信息技术对数学课程的最终目的。在进行数学课程与信息技术整合的教学之初往往会比较困难，学生对"整合"课的兴趣虽然很高，但有的是对计算机本身感兴趣，有的是对"整合"课感兴趣无论是哪种动机，学生在学习过程中都有这样一种现象：对计算机的好奇心强于对数学知识本身，通过信息技术这一工具来学习数学往往变成了纯技术层面上的操作，学生的兴趣点更多地在信息技术操作本身。从某种意义上而言，一个多媒体课件相当于一个"助教"，其教学设计也应当在"点拨"学生方面大下功夫。学生能够理解的，要简单化；对于难点部分，也不能一下子就演示给学生看，要给学生留有思考的余地。还有多媒体课件的界面设计尽量美一些是必要的，但有一个尺度和场合问题，切忌华而不实。

由此，我们深刻地体会到多媒体技术再好也只是辅助我们教学的工具。如何合理地利用多媒体技术促进学生积极主动地学，这始终是一个值得我们教师去关注与思考的话题。

总之，信息技术作为一种现代教育技术，对传统教学手段来说是一场革命，由于其自身具有的巨大功能，使得它与传统教学手段相比具有很多优势。但传统教学手段，无论是物质形态的手段，还是智能形态的手段，之所以可以延续至今，是因为有它巨大的教育功能。信息技术不可能简单地、完全地取代传统教学手段在现代信息技术教学中，学生利用信息技术解决问题的过程，既是一个充满想象、不断创新的过程，同时又是一个科学严谨、有计划的动手实践过程，它有助于培养学生的创新精神和实践能力。在传统的教学中，教师用粉笔加黑板的传统教具在黑板上板书时，需要一定的时间，这一段时间正是学生审题、思考的时间；利用信息技术后，往往出现这样的情况：教师认为许多东西都呈现给学生了，很快就过去了，没有给学生以思考的时间，表面上看整堂课信息量大，学生反映良好，其实只是由原来的人为的灌输成为更高效的计算机的灌输而已。因此，教学中，只有注意使用信息技术，合理吸收传统教学手段中合理的东西，才能做到优势互补，协同发挥其教学功能，要认识到，信息技术既是学生的认知工具，同时也是认知的对象。数学教学，其核心是培养学生的思维，而思维能力的培养，需要有一个实践—认识—再实践—再认识的过程。信息技术介入到数学教学中，提供的不仅是超大的信息量、多媒体的信息传递方式，从学生的认知过程来分析，由于学生对计算机的依赖，往往使数学知识变得更直接，由形象到抽象的过程被计算机替代，不禁使我们担心学生的思维停留在形象直观上，产生思维惰性，这恰恰与素质教育对数学教学的要求相悖。因此，"整合"一定要把握好信息技术使用的度，注意时机和时间，注意为学生提供观察比较、分析综合、归纳概括的机会，让学生"做数学"，在"做数学"的过程中，体验、感受数学，深入理解数学知识的生成过程。

# 第六章 高中生数学学科核心素养的培养

## 第一节 高中生数学抽象素养的策略

抽象是数学的一个本质特征，也是学生建构数学知识的一个必然过程。比如，由现实生活中的实际问题抽象出经络图，由力抽象出向量，由力的分解与合成抽象出向量的分解与合成等。数学抽象作为数学的基本思想之一，在学生的数学学习中具有举足轻重的作用。在培养高中生数学核心素养的过程中，要促使学生更好地理解数学知识，把握数学本质，以及逐渐养成用数学抽象的思维方式思考问题的习惯，并将其运用到其他学科的学习中。基于数学核心素养视角下的数学抽象，对于学生学习数学具有重要的意义。李尚志认为，抽象是最高的数学核心素养。比如，具体的例子是有招，从具体的例子中得出公式即学到了无招，这就是抽象。故培养学生的数学抽象能力是教师的重要任务之一。下面将从数学概念、公理的教学方面，针对如何培养学生的数学抽象核心素养进行阐述与讨论。

### 一、具体结合感性，感悟抽象内涵

（一）利用概念的过程性，发展学生的数学抽象能力

概念是从一般事物中抽象出的事物的本质特征和属性。所以，形成数学概念的过程，即对不同形式的数学关系进行抽象概括总结，最终抽象概括出一般性的一个过程。在数学概念教学中，大部分教师多选择概念同化教学模式，这种教学模式简洁、有效，并且教学过程简单明了，使学生可以直接获得数学概念。但是这种数学概念教学模式侧重于概念自身的逻辑关系，忽略数学概念所具有的现实背景以及与现实世界的联系，使数学概念的抽象性更高。本书认为，在数学概念的教学过程中，教师应该注重将概念产生的背

景、概念形成的过程与学生的实际生活相联系，回归到学生的现实生活中，让学生能够感受到数学概念的抽象性，至少让学生能够从具体事物的形象出发，这样学生可以更好地构建数学知识。

（二）利用定理的过程性，发展学生的数学抽象能力

概念、定理等的讲解都比较抽象，教师可以先向学生展示大量生活中的具体实例，让学生先有一个直观的感受，再抽象出数学符号或者数学语言，这样学生接受起来就比较容易了。

数学学科的抽象性就导致了它必须以将具体的形式呈现给学生为前提。数学内容的抽象性通常使得人们不容易注意到它们与具体内容之间的联系，所以在教学时教师务必要以翔实的具体内容为重中之重。高中生发展思维的能力正处于以经验型抽象思维为主慢慢向理论型抽象思维转换的阶段，逻辑思维能力还处于提高阶段中，接受能力不足，所以如果完全按照数学学科的精密逻辑性和缜密抽象性去进行教学收效甚微。因此，为了让学生更好地消化一些抽象的概念和命题，教师可以在教学过程中由具体实例启发，将直观具体和抽象感性的事物结合起来，罗列一些学生熟悉的例子。

数学抽象素养不是一朝一夕培养的，由于数学本身的抽象性和数学抽象的综合性，数学抽象在高中数学教材中的体现更是凤毛麟角，这就导致学生难以适应高中数学的抽象部分，没有办法在学习新知识的同时建立它与所学知识之间的联系。这时，教师应该加强引导，制造机会让学生在学习新知识前先巩固相关的前置知识。习题课便是一个很好的平台。教师在讲解前可先给出一道等比数列和解不等式的例题，让学生在经历了一次简单的知识复习之后再来看这道题，这样学生脑海中的图式会更易生成，学生也更能理解建立数列模型的作用。

**二、注重观察、分析、类比等活动经验的积累**

数学概念的掌握、数学法则的建立、数学规律的探索、数学定理的归纳、问题策略的提炼往往都需要学生经历完整的抽象活动。教师应该尽可能地引导学生进行观察、分析、类比、猜想、概括，这有助于学生思维的开阔和发散，有助于学生在综合的情境中去构建数学知识与现实世界的模型。观察、分析、类比有多种来源，可以结合具体的情境，可以结合图像，也可以在活动中进行。在具体的课堂教学中，教师可以多开展数学建模活动与数学探究活动，

在数学活动中充分调动学生的积极性与自发性，让学生经历抽象的全过程，以培养其数学抽象素养。例如，讲解幂函数、等比数列等抽象概念时均可以引导学生观察、分析、类比得出。

### 三、结合其他数学素养，实现共同繁荣

高中生的认知结构已经进入形式运算阶段，思维发展到可以脱离具体内容和现实的影响，而达到抽象逻辑推理水平。因为数学各个核心素养之间相互交融，形成一个有机整体，所以在培养数学抽象素养的同时结合其他数学素养，会产生事半功倍的效果。

（一）数学抽象与数学建模

数学建模就是对现实问题进行数学抽象，用数学语言表达问题，用数学知识与方法建构模型解决问题。通俗来说，就是选取并使用一定的模型对客观现实对象进行分析处理的过程。关于模型，模型是一个对象的表述性和规定性的体现，人们可以通过具体的模型获得抽象的感性认知。所谓数学模型，也是这样的一种对事物某种特性的体现，只不过在其建构过程中使用更多的是数学的语言和方法，对现实问题的抽象与简化也更多表现在量的关系上。虽然数学模型只是实际对象的一种近似反映，并且这种反映只能体现在一些数量关系上，但正是这种反映实现了由现实问题向数学问题的转换，为相关数学工具的运用以及实际问题的深化奠定了坚实的基础，所以数学抽象可以被看作数学建模的前提。要想培养高中生的数学抽象素养，从重要的模型入手不失为一个好方法。数学抽象素养在函数教学中的培养离不开从重要函数模型入手，加强重要函数模型中相关问题的理解和运用，从而提高其抽象素养。

（二）数学抽象与数学推理

数学抽象与数学的逻辑思考能力之间有着密切的关联，如果一个人不具有清晰的逻辑是不可能具备抽象思考能力的，但数学的抽象思考概念又与直观逻辑思维观念有着明显区别。推理包括推理证明和数、式的演算，而这些形式化的过程与数学抽象密不可分。数学的发展往往是从现实中抽象出最基本的公理体系，按照逻辑推理、演绎证明逐步建立起数学大厦，如欧几里得几何学体现了严密的逻辑思维过程，哥德巴赫猜想、同色三角形问题都是抽象思维的成功典范。教师可将数学文化与数学故事多融入课堂教学，让学

生在学习知识的同时感悟数学的意义。

（三）数学抽象与数学概括

"概括"是指从某类个别对象中抽取出共同的属性，推广到该类一般化对象，最后形成普遍认识的一种逻辑方法。"概括"是人类思想经验的应用产物，是一种方法、活动和能力。基于数学学科的概括通常是通过减少概念的内涵来扩大概念的外延，由特殊推广到一般，由种概念到属概念，从而建立起数学知识框架的一种思维过程。由此可见，数学抽象与数学概括是有交集的。典型例子是数系的扩充：从自然数、整数、有理数到实数再到复数。每一次的扩充既要包含原来的数集，又要保持原有的运算规律和序的性质。数学概括与数学抽象往往被放在一起阐述，叫作抽象概括，尤其是在教育家谈及数学思维（思维方法、思维过程、思维能力）的时候。虽然数学概括没有作为一种素养被单独提出，但现行的高中数学课程标准也明确指出要提高数学抽象概括能力，可见数学概括是很重要的，并且它与数学抽象是相联系的。课堂上，学生需要将新的情境和问题与已学知识相联系，将实际问题抽象成数学问题然后进行解答。在这个过程中，学生的抽象概括能力可以得到充分锻炼。教师在实践中可以多采用变式教学和探究性问题来培养学生的抽象概括能力，从而使学生的数学抽象素养也得到提升。

综上所述，每一种素养的形成其实和数学抽象素养的发展是同步的，在注重数学抽象能力的同时需要关注其他数学素养的形成。

（四）基于数学抽象素养的高中教学设计

教学设计是指教师为达成一定的教学目标，对教学活动进行系统规划的一门设计科学，是在课前对教学过程做的准备工作的设计规划。基于数学抽象素养的教学设计致力于解决教什么、怎样教的问题，就横向来看，学生的数学抽象是需要某个目标作为导向的，目标如何来？教师创设恰当的情境，使学生感知和识别对象的外部属性，然后把这种具有不变性的要素属性分离出来，构建具备某种属性的模型，实现对象的分离和纯化，突出本质特征；在此基础上把这种分离出来的属性一般化为某一类或特殊化成某一种，用数学符号和数学语言予以表征；与此同时，教师将学生自主表征出的概念或定理规范化，进行归纳总结，使学生进行意义建构；最后，在教师的指导下，学生用逻辑方法建立知识之间的联系，达到抽象出属性目的，形成数学系统。

## 第二节 高中生数学直观想象素养的策略

直观想象素养是借助空间想象感知事物的形态与变化。即直观想象素养是基于直观所获得感性认识而展开想象，其中想象是对客观事物几何形式的抽象思维活动。直观想象是高中数学核心素养六要素之一，在培养高中生直观想象核心素养的过程中要培养学生几何直观以及空间想象能力，增强学生运用图形和空间想象思考问题的意识，逐步提升学生的数形结合能力，以及感悟事物本质的能力，培养学生的创新思维。

### 一、注重应用情境创设，关注学习信心的建立

在"向量与几何"知识的学习中，向量工具的"双重性"，立体几何的空间抽象性，解析几何的运算繁杂性……无不让许多学生望而生畏，学生在学习过程中常常感觉接受难度大，失去解决问题的信心与勇气。

以平面解析几何为例，解析几何是渗透数形结合思想的主要模块，其中圆锥曲线更是揭示几何直观的重要知识载体，然而由于应试教育的影响，圆锥曲线在实际教学过程中往往沦为题海战术的"主战场"，再加上大量繁杂的运算，圆锥曲线也成为学生丧失学习信心的"重灾区"。学生在该部分普遍失分较多，测试后学生的反馈也反映出学生在解决解析几何问题上普遍有畏难情绪。

数学来源于现实，必须扎根于现实，并且应用于现实。题海战术往往造成学生只会"纸上谈兵"，将知识与生活实际相互割裂，失去学习数学的兴趣与信心。因此教师在教学中要关注学生学习信心的建立，注重创设知识的应用情境。

例如，对于圆锥曲线中椭圆的教学，需要注重其应用价值，可以以著名的"西西里岛窃听者的故事"引入，揭示椭圆中的光学性质：从椭圆的一个焦点发出的声波，经椭圆反射后都汇集到另一个焦点。由此激发学生对椭圆焦点、法线等位置关系的好奇及兴趣，引导学生感受圆锥曲线中的无限乐趣与奥秘，体会椭圆中的几何直观，感受椭圆在实际生活中的应用，克服谈"圆锥"色变的畏难心理，引导学生学会"用数学的眼光观察世界"。

**二、注重信息技术的运用，深化概念本质的理解**

数学概念是构建数学大厦的基石，理解概念的本质是正确思维的重要保证，不同于函数知识中的许多过程性概念，在"向量与几何"知识中，许多概念皆是图形概念与关系概念。例如，空间中柱、锥、台、球等几何体的图形概念；点与线、线与面、面与面等位置关系的关系概念。对于这些概念的理解无不伴随着几何图式，一方面这些图式的直观表象有助于学生理解与记忆相关概念，但另一方面若表象失真则往往造成学生对概念一知半解、似懂非懂，甚至混淆概念。部分学生由于对空间直线与平面夹角的概念理解产生偏差而失分，这也在一定程度上反映了学生利用直观想象理解概念的能力较为欠缺。

对于概念的理解，重点在于对其本质的理解。对于"向量与几何"知识中大量的图形概念，教师在教学过程中更要关注学生"空间感知—空间表象—空间想象"这一过程的建立。在"互联网+"时代，教师可通过现代信息技术（如几何画板）的使用，积极创设条件，促进学生在直观感知的基础上深化对概念本质的理解。

例如，在立体几何中"直线与平面的夹角"的学习是促进学生空间想象力发展的一个重要知识载体，然而对其概念"斜线和它在平面上的射影的夹角称为斜线和平面的夹角"的理解，学生往往会产生错误的图形表象而存在偏颇。鉴于此，教师在教学过程中可借助几何画板等信息技术的应用，帮助学生从竖直平面、水平平面、倾斜平面等不同角度动态地认识直线与平面的夹角，通过动态的过程演示静态抽象的夹角概念，化静为动，深化学生对直线与平面的夹角这一空间位置的理解。

这样学生对直线与平面的夹角的概念就有了较为深刻的理解，在此基础上，教师还可以进一步引导学生思考：过斜线上一点的直线在平面内的射影有几种情况？两条平行直线在同一个平面内的射影可能是哪些图形？两条异面直线在一个平面的射影的可能情况是什么？通过构造问题串发散学生的思维，激发学生的学习兴趣，并给予学生充裕的时间用数学语言讨论交流。最后，综合学生的交流讨论过程。教师可借助几何画板给出总结，深化学生对射影以及线面夹角概念本质的理解，引导学生会"用数学的思维分析世界"。

### 三、注重数学语言互译，加强数形结合思想的渗透

建立数与形的联系是直观想象素养的重要组成部分，数形结合思想渗透于"向量与几何"知识的各个领域，如向量线性运算的几何意义与代数意义的对应，空间向量与立体几何中数与形的对应，解析几何中曲线与方程的对应，无不蕴含着数形结合的思想。

数形结合思想本质上是代数表示与图形表示的相互转化，即数学语言之间的转换。数学语言是数学思维的重要载体，它包括符号语言、文字语言以及图形语言，这三种语言以不同形态表征同一个知识内容，在数学学习过程中，这三种语言相互对应，共同促进学生对于数学的理解，提高"翻译"三种语言的能力是提高数形结合能力的前提保证。

鉴于此，教师在教学过程中，应注重培养学生三种语言互译的能力，引导学生全面地认识形与数之间的对应，由几何直观揭示代数性质，由代数表示几何图形的结构特征。

教师在教学过程中可引导学生用不同数学语言来表征定理中所涉及的四条直线与一个平面的关系，从而加强学生对数形结合思想的渗透。在教学过程中，教师要关注学生"由图读数"和"为数配图"能力的培养，强化学生数学语言互译的训练，加强数形结合思想的渗透，由此构建数与形的联系，进而提升学生的直观想象素养。

### 四、注重实物模型演示，增进空间想象能力的发展

空间想象能力是直观想象素养的重要组成部分，空间想象能力的培养是学生直观想象素养水平提升的前提保障。空间想象力是人们的抽象思维品质，而众所周知的是，形象化的实物模型对于抽象的几何概念的学习有着举足轻重的作用。因此，在教学过程中，教师要注重借助实物模型，促进学生对空间几何体的认识，历经直观感知—直观表象—直观想象的过程，从而发展学生的空间想象能力。

### 五、注重数学表达训练，促进数学交流能力的培养

培养学生的数学素养，不仅仅停留于知识与技能的培养，更需要注重学生表达与交流能力的培养，学生形成会"看数学"、会"读数学"、会"写数学"和会"讨论数学"的能力对于学生数学素养的提升是至关重要的。通

过表达与交流，学生加深对数学的认识与理解，丰富认知的外延，感悟数学语言的简洁美。因此，在教学过程中，教师要给予学生充分表达自己的机会，注重学生规范化数学表达的训练。

例如，在平面向量概念教学中，由于平面向量是抽象的自由向量，所以教师首先应充分调动学生的主观能动性，通过物理的力、速度等具体模型引出向量概念，引导学生用规范化的数学语言表达向量的几何意义与代数意义；其次，基于向量的物理意义，教师应引导学生进行建模活动，运用数学语言，表述建模过程中的问题以及问题解决的过程与结果，形成研究报告，并进行交流；最后，组织学生收集向量的发展史，撰写关于"向量及其符号"小论文，将数学文化融入数学知识中，丰富学生对于向量内涵的理解与认识。通过一系列数学表达的规范化训练，促进学生数学交流能力的培养，引导学生会"用数学的语言表达世界"。

## 第三节 高中生数学推理能力素养的策略

### 一、高中生数学推理能力培养的建议

针对如何有效培养高中生的数学推理能力，已有很多学者进行了深入而广泛的研究，并提出了许多行之有效的策略。这里，基于这些研究，并结合前人的研究成果，分析发现影响高中生数学推理能力发展的原因是多方面的。因此对高中生数学推理能力的培养也应从多个方面进行考虑。在此为高中生数学推理能力的培养提几点建议，以供教学参考。

（一）注重学生身心发展，遵循循序渐进原则

学习过程是一系列复杂的身心内部加工过程，学习结果是身心状态的积极转变。为了使学生快乐学习、全面发展，教师可做如下工作。

第一，加强对心理学、教育学等知识的学习，站在学生的心理需求上，考虑学生的年龄特征来合理组织教学，降低学生的畏难情绪，使之较快理解并接受所学知识，从而提高学生的数学学习能力。

第二，数学的研究对象是具有高度抽象性的数和形，数学学习中所涉及的基本概念、定义、定理等往往也比较抽象，学生对它们的理解一般是逐步加深的，不能一蹴而就。同样，学生的数学学习能力，尤其是推理能力也

不是与生俱来的，是需要长期培养并逐步提高的。为此，教师在教学中应充分考虑数学学科的特点以及学生的基本情况，重视学生学习的过程，不断激励学生学习，鼓励学生猜想，提高其学习兴趣，增强自信。

第三，加强学生的心理疏导工作，使学生积极面对现有学习状态，并对学生的行为与表现给予适当评价与指导，尤其是对学生的良好表现或行为要给予及时的肯定与褒奖。

（二）合理使用数学教材，充分发挥教材功能

数学教材是数学基础知识的载体，在教学实践中，为更好地培养学生的数学推理能力，教师以及学生有必要在教材上多下功夫，通过对数学教材内容的挖掘来找到培养数学推理能力的切入点，充分发挥数学教材的功能。对此，有以下四方面是值得注意的。

第一，教师应引导学生养成阅读数学教材的习惯，通过阅读挖掘课本中的隐含知识，并提醒学生注意教材中数学符号的规范使用，培养和提高学生的文字表达能力。

第二，教师与学生一起分析研究教材中的主要例题，抓住课本例题的本质，加深学生对基础概念、公式、定理的理解，培养学生发现问题、解决问题的能力。

第三，教师定期对所讲知识进行深入浅出的归纳，使学生更为深刻地理解所学知识，提高推理能力。例如，在讲解完三角函数这部分知识后，对所讲知识点及其之间的联系、思想方法、解题规律以及注意事项等进行系统归纳。

第四，充分挖掘并领悟教材中所涉及的推理方法，真正理解数学推理，以便提高数学推理能力。例如：对于"平面向量的线性运算"可通过联想类比"数的运算"得出相应结论，然后再对其进行证明，判断是否成立。

（三）合理把握课堂教学，引导学生积极思考

教师在课堂教学中应正确引导学生积极思考，培养学生有益的思维方式和习惯，帮助学生形成必备品格和关键能力。有以下五点可做参考。

第一，数学教师除了要教给学生一定的数学知识外，还应当教会学生如何思考，锻炼学生的创造性思维，培养学生良好的思维习惯，为学生的可持续发展和终身学习创造条件、做好准备。

第二，注重启发式教学，力图让学生形成初步认识—探索—猜想—证明的思维习惯。并有意识地增加课堂提问概率，且要根据学生的学习程度来分层次地提问，观察课堂上学生的表现，针对学生可能出现的问题和错误，及时进行正确的引导与剖析。如此安排课堂教学，一方面可以使学生真正理解数学知识，抓住问题本质，再遇到类似的问题时就会明白如何进行推理解答；另一方面可以使学生养成良好的学习习惯——善于反思、体验过程、领悟规律，从而有利于学生的反思、概括、推理以及表达能力的培养，提高学生学习数学的自信心。

第三，在课堂教学过程中，教师要给学生树立好榜样，在讲解知识时做到思路清晰，逻辑严谨，无形中培养学生思考缜密、言之有据的良好习惯。

第四，针对数学推理模块内容的教学，一方面，教师应将重心放在学生推理思维的养成上，而不是仅仅强调推理书写形式的训练，并在解决问题的表述上逐渐要求"步骤完整，理由充足"。另一方面，针对学生解题过程中出现的逻辑错误，教师必须及时纠正。长此以往，学生会逐渐养成严谨思考和严谨推理的习惯，终身受益。

第五，教师在讲授新课时，有必要先引导学生回忆已学知识，使学生能够在已学知识的基础上猜测新知识的内容、结构、研究方法等，进而激发学生的学习热情，提高学生学习的积极性。例如，在讲"概率的基本性质"这部分内容时，教师先带领学生回顾集合的相关知识，搭建新旧知识之间的桥梁，寻找两者之间的联系，进而可使学生更好地理解、掌握概率的基本性质。这样的类比教学过程，不仅能够激发学生的学习热情，使学生能想、敢想，提高自信心，同时还可加深学生对新旧知识的记忆，使其真正理解知识内涵，对学生数学推理能力的培养也是十分有利的。

总之，在教学中教师要深刻把握人才培养要求，把握教学的深度和广度，重视学生逻辑推理能力培养，从而更好地实现教与考的对接协调，方便教，方便学，方便考。

（四）加强数学解题研究，提高学生解题效率

在数学解题过程中，若各步推理都有充分的依据，又遵守相应的逻辑规则，那么题解必定正确。对此，为培养学生的数学推理能力，提高学生的解题正确率，教师应做到以下四点。

第一，加强对课标、考纲、教材及历年高考试题的研究，在指导学生进行解题练习时尽量避开题海战术，通过研究总结明确高考试题的出题方向，了解出题意向，明白所要考查的知识内容，善于进行归类分析。

第二，留心关注高考对核心素养的考查，特别是逻辑推理能力的相关试题，在对学生的日常作业和课堂练习题的编排上紧抓创新性，尽可能保证试题少而精，这对教师教学效率以及学生学习效率的提高有很大的帮助。

第三，无形中给学生进行思想灌输，通过习题讲解让学生明白数学推理试题考什么及如何考，减少学生做题的盲目性，并提醒学生及时记录易错题和一些经典试题，在建立不同类型逻辑推理试题的答题模板基础上做到走出模板、善于应变，使学生学得快，学得好。

第四，要求学生准备一个错题本，并经常提醒学生合理利用错题本，定期回顾错题本上的题，树立正确的"错误观"，使错误变成一种"财富"，同时可使学生养成积极进取、不屈不挠的心理品质，从而利于学生数学推理能力的培养。

**二、高中数学核心素养中逻辑推理能力的培养**

数学具有严密的逻辑性，这就要求学生学习数学要具有较强的逻辑推理能力，培养逻辑推理能力也是学生建构数学知识的一个必然过程。逻辑推理是高中数学核心素养六要素之一，在培养高中生逻辑推理核心素养的过程中，要培养学生发现问题及提出命题的能力；使学生掌握推理形式，以及学会用数学语言表述论证的过程；使学生掌握数学知识之间的脉络以及能够建构数学知识框架；使学生能够形成有论据、条理清晰、逻辑严谨的数学思维品质，增强学生的数学交流能力。

（一）逻辑推理之合情推理

合情推理是从特殊到一般的推理，主要推理形式有类比、归纳。合情推理强调的思维形式是观察、类比、猜想、实验等，建立联系，使学生形成运用逻辑推理的意识。比如，数列这一章的教学设计过程就运用了合情推理。下面将通过一个具体的案例进行阐述说明。

1.类比探索，归纳特点

通过类比探索，归纳出每一个数列的通项公式。那么如何推广到一般的等差数列呢？等差数列的通项公式是我们根据等差数列的概念通过归纳的方式得出的。在教学过程中，要引导学生根据等差数列的概念进行归纳。

2.实施解决，检验猜想

学生得出的公式只是一个猜想，通项公式的得出还需要通过严格的证明来检验。在教学过程中，教无定法，贵在得法。在教学实践中教师应根据具体情况灵活运用教学方法，以此来不断提高学生的合情推理能力。

（二）逻辑推理之演绎推理

演绎推理是指从一般到特殊或个别的推理方法。只要前提可靠，用演绎推理推得的结论就是完全可靠的，演绎推理是一种严格的推理方法。比如，三段论推理就是演绎推理的一种，三段论推理就是指从某类事物的全称判断——大前提，特称判断——小前提，得出一个新的、较小的全称或特称判断——结论的推理。一般在实际的推理过程中，三段论中的大前提都省略，这会使学生体会不到其中的三段论推理。

（三）数学逻辑推理能力的培养

数学逻辑推理是学生学习数学、进行思考的基本能力，对于学生数学逻辑推理能力的培养，可以从以下两个方面进行：

1.加强数学活动的过程教学，提高学生的合情推理能力

教师可以通过创设相应的教学情境，或者适当的学习活动，尽可能使学生亲身体验数学概念的形成过程；还可以通过精心设计和组织教学过程，引导学生积极主动地参与到公式、定理、法则、性质的发现、探索及推导的过程中；也可以在习题课中，通过暴露解题的思考过程，解释自己在解题过程中思路受阻及产生错误后是如何调整思维方式的，帮助学生逐步掌握探索的方法以及解题的规律，培养和发展学生自我调控的能力。

2.进行演绎推理的训练，提高学生的演绎推理能力

（1）结合具体教学内容，介绍或讲授一些必要的逻辑知识

掌握一定的逻辑知识，对于培养与发展学生的逻辑推理能力具有重要意义。如果学生缺少逻辑知识，那么对于数学内容中含有的逻辑成分就理解不透彻，在这种情况下学生去学习推理往往只是照本宣科地使用逻辑法则，有时还会发生逻辑错误，妨碍自身逻辑思维和逻辑推理能力的发展。所以，让学生学习和掌握一定的逻辑知识，可以帮助学生形成自觉使用逻辑规则的习惯，减少或者避免逻辑错误的发生，提高学生的逻辑思维能力与推理能力，

对于培养与发展学生的逻辑思维能力和演绎推理能力也是具有重要意义的。

（2）在运算中培养学生的逻辑推理能力

学生在学习代数这部分内容时，可以认识到"运算也是推理"。教师应强调不要只是记忆运算的步骤，而是要理解和掌握运算的依据，这不仅有利于提高运算的准确性，还有利于学生逻辑推理能力的培养；还要强调把计算步骤与运算依据结合起来，培养学生"说理"的习惯和能力，从而提高学生的逻辑推理能力。

（3）有层次、分阶段地培养学生的逻辑推理能力

在平面几何的教与学的起始阶段，教师可以通过对直线与线段以及角等基本概念的教学，训练学生依据直观图形做出言必有据的判断；再通过对相交线、平行线、三角形等有关内容的教与学，训练学生根据条件推出结论，会用数学符号表示命题的条件和结论，使学生掌握证明的步骤以及格式；进而在全等三角形的教与学之后，训练学生能够进行完整的推理论证的能力，使学生逐步掌握推理技能；再在上述基础之上，进行复制问题论证的训练，培养和发展学生的逻辑思维能力和逻辑推理能力。

数学教育的初衷不是要学生被动地接受知识，而是让学生养成一种积极的思维习惯。在教学活动中，如果能让学生参与探究、思考、推理活动，使其在发现的过程中体验快乐，将学习变成乐趣，主动地去吸收、探求知识，进而抓住问题的本质，加深知识理解，并启发新的思考，不仅有利于学生数学推理能力的培养，也有利于取得事半功倍的教学效果。

## 第四节 高中生数学运算能力素养的策略

数学运算是高中数学核心素养六要素之一，它主要包括：使学生能够理解数学运算的对象，理解和掌握数学运算法则，探究数学运算方向，并能够根据不同的问题选择相应的数学运算方法，设计程序，求得结果等。在培养高中生数学运算核心素养的过程中，要培养学生进一步发展数学运算能力，运用数学运算方法解决现实生活中实际问题的能力，发展学生的数学思维，使学生养成严谨求实的科学态度。

## 一、明确数学运算的对象

明确运算的对象，是快速准确进行数学运算的关键。明确运算的对象，对运算的方向和路径的确定起到了保障作用。所以，在高中数学运算能力核心素养的培养中，首先要训练学生对运算对象的把握。

## 二、理解和掌握数学运算法则

理解和掌握数学运算法则是逐步形成运算技能、发展运算能力的基础。在数学教学中，教师对于运算法则的讲授要透彻、清晰，以便学生的理解和掌握。只有掌握了数学运算法则等相关知识，才能使学生在进行运算时明确运算的方向，开阔思路。掌握运算法则是为进行运算提供依据，也是保障正确运算的前提。数学运算法则的掌握，离不开对一些基本概念的理解与运用。

## 三、探究数学运算的方向

学生运算能力提升的标志不在于运算本身，而在于运算方向和运算思路的确定。所以教师在教学过程中，要注重带领学生对运算方向与运算思路进行探究，以提升学生的数学运算能力，从而培养学生的数学运算核心素养。

## 四、根据不同问题选择相应的数学运算方法

能够熟练使用和选择数学运算方法，对提高学生的数学运算能力具有重要意义，对于提高学生的运算速度也是十分必要的。数学运算方法一般有换元法、数形结合法、常值代换法以及解析几何中的设而不求法等。

能够熟练使用和选择数学运算方法，不仅对提高学生的数学运算能力具有重要意义，对于学生数学运算核心素养的培养也是很有必要的。

## 五、使学生掌握数学运算的程序性

数学运算具有一定的程序性，学生如果没有掌握数学运算的程序性，就不能合理完成数学运算。

掌握运算的程序，就相当于摸清了运算的规律，这样进行数学运算时就提高了运算的合理性以及自觉性，有利于学生数学运算核心素养的培养。

# 第七章 高中数学教学的创新

## 第一节 高效课堂教学实践

### 一、新课程对高中数学课堂效率的要求

对于如何创建好高效的高中数学课堂教学模式，新的课程标准要求学生、师生之间通过数学活动进行互动、交流，从而得到共同、全面的发展。针对如何在有限的课堂活动时间内，促进学生对数学知识的理解、对数学方法及思想的掌握并能灵活应用，使得学生在数学认知能力和思维发展方面得到较大提高，学生能够在学习中愉快的接受数学知识并加强挑战与提高竞争能力，新课程标准下要求高中数学课堂在实施过程中应把握好以下几方面：

第一，教师对教学目标必须明确；第二，学生能够自主预习并在预习过程中发现问题；第三，小组内部、小组之间对发现的数学问题可以展开合作学习；第四，结合课堂实际能对课堂知识加以拓展延伸；第五，师生能够对当堂课的课堂活动进行总结与评价；第六，生活数学与数学在社会生活的价值得到体现。因此，在一线从事高中数学教学的教育工作者需要在数学课堂落实过程中深刻地贯彻这些理念，这样才能让新课程目标得到顺利的实现，才能让学生成为真正的受益者，让我们的教育得到更好的发展与进步。

新课改之后，新课程标准对高中数学高效课堂提出了以下几个方面的标准：

第一，教学目标层次性：明确教学目标是高效课堂的前提和依据，根据高中数学教材的难易程度和学生的水平分层次设置基础目标，发展目标和高层目标。

第二，教学环节完整性：情景设置要生动，课堂活动中学生要积极主

动地参与才能使课堂教学高效，教法指导要具体，课堂小结要有规律，创新作业要有拓展。

第三，教学评价激励性：课堂教学的主体是学生，关键要通过激励学生来提高学生的学习积极性。激励又分为负效应、点效应、短效应及长效应。负效应即教师行为失态，教学失控，讲课时无人理睬；点效应指的是只对个别学生有效地激励；短效应指的是只对部分学生在短时间内有效地激励；长效应指对学生长期有效地激励。教师要避免负效应和点效应，优化短效应和长效应。

第四，教学过程自主性：学生在教师积极引导、点拨过程中，可以积极主动地参与到课堂活动中来，达到教师、学生之间保持一个有效互动过程。

第五，教学氛围和谐性：指课堂的氛围和情调，良好的氛围可以促使学生更好的学习。在老师的指导下学生只有动手、动脑、互动，能达到新课改的要求。作为教师应当充分理解学生并能对他人的教学结果进行反思，通过课堂参与让学生获得对知识学习的积极体验与感受。

## 二、高效课堂的相关定义

### （一）高效的定义

"高效"是对课堂教学活动实现的"质量"与"价值"的判断，是在教学活动中效果、效率、效益达到最大化状态。教学效果是针对现实的教学活动结果和预期的教学目标吻合程度方面的评价。教学目标不是一成不变的，是会随着教育价值观等的发展而发展变化的，教学目标是现阶段基础教育教学的目标，不带有永恒性。教学效率往往用经济学的方法表达：教学效率＝教学产出（效果）/教学投入，或教学效率＝有效教学时间/实际教学时间。教学效益是指在教学活动中的收益和教学活动的价值的全面实现，换句话说，就是指对既定教学目标与特定的社会和个人的教育需求吻合程度方面的评价。社会和个人的教育需求不仅仅包括学生的需求，还包括教师、教育资料等课堂构成要素的需求，是比较广泛的。"高效"就是指这三个方面都达到最佳的状态，即课堂教学活动的理想状态。

### （二）高效课堂

"高效课堂"，是指在常态的课堂教学活动中，通过教师的正确引导和学生的积极主动的思维过程，在单位时间里高效能、高效率地完成既定教学任务，促进学生能力发展最大化的课堂教学模式。高效课堂的基本要求：教学设计精当、教师讲课精练有效、学生的主体作用充分发挥、分层教学落实到位、师生关系和谐融洽、教学目标与预期效果较一致。高效课堂的关键是学生，围绕这个关键重新构建两个关系：由传统课堂教学关系中的"唯教"到"唯学"，由传统课堂上师生关系中的"唯教"到"唯学"，也就是教师的目标在于服务学生的成长，课堂上最宝贵的教学资源是学生，"两唯"中的核心是学和学生，倡导"让学习发生在学生的身上"。高效课堂应具备三大特性：主动性、生动性和生成性。高效课堂是把新课标的三维目标加以具体化变成可操作的，即实现了从知识到兴趣，再到能力提升，最终抵达智慧的飞跃，简单地说，是立足于"学会""会学""乐学""创学"。高效课堂是在追求"四维目标"的基础上，实现更高层次的教育模式，即要求超越原有的知识技能、过程方法、情感态度价值观的三维目标，提升到通达智慧的层面。要求的正是智慧，如果课堂只能给学生知识却不能最终形成智慧，那课堂纵然能够实现"三维目标"，仍旧是有缺陷的，而高效课堂恰好能够较好地补上这个漏洞。高效课堂把"自主、合作、探究"当作研究重点加以阐述和发展，在课堂环节上要求做到有"预习、展示、反馈"，在学习方式上转变为"自学、互学、群学"。高效课堂的核心是"学习能力"的提升。因而高效课堂认为是素质教育的"素质"，其主要内涵就是学习能力，课堂教学一旦仅有知识而离开了对学习能力的培养，这样的课堂是低层次的甚至是应试的课堂教学。高效课堂倡导以培养学生的学习能力为出发点，锻炼学生的自主参与能力——让学生能够动起来，与知识直接对话。这个过程就是"学习"，学习就是经历，即要经历失败、反馈、矫正。

### 三、高中数学高效课堂的构建

（一）高中数学高效课堂模式的内涵及具体阐述

高中数学高效课堂，结合高中数学的以下几个特点：教学内容和方法的抽象性、严密的逻辑性、知识的系统性和运算的准确性，使学生能够通过课前预习，对课堂所学知识有充分的掌握，在课堂上解决自己所遇到的疑问，而课后则是对课堂知识巩固，将课内与课外进行完美的结合，达到真正的高效课堂。

教学模式就是结合学生的特点和教学素材、目标的特点，在科学的教学理论指导下，设计出合理的教学过程，并给出相应的教学策略和教学方式。教学模式把教学理论抽象出来结合具体的教学经验，为教育工作者提供有效的教学策略和方法。

把以上两个概念结合高效课堂的概念，就得到高中数学高效课堂教学模式的含义，即在每一节数学课上，要结合数学学科的特点，为达到学习效果的高效，设计出的教学过程结构及其相应的教学方式、教学策略。

它的具体阐述如下：

将一节课 45 分钟大致分为三大块，时间划分比例为 5：1：2。

第一环节大概占半个小时时间，此环节要围绕学习目标，由教师组织，各小组学生充分展示互动，产生大讨论，此环节是本节课的主体。展示课上教师要设计恰当的情景引燃学生的激情，激发学生求知的欲望，让学生的展示像干柴烈火一样熊熊燃烧。

展示环节的主体是学生，是学生与学生相互提出问题、小组合作讨论问题、得出结果展示问题的重要环节。在这种课堂上，每个学生都是平等的，每个学生都有发言权，每个学生都能有自己的想法，每个学生都能说出自己的想法。这是一种充满竞争而又非常和谐的课堂，这是一种充满活力、充满生机的课堂。教师要对学生活动及时做出评价，及时引导、点拨学生。教师要尊重每一个学生，要根据学生的课堂表现，灵活地做出调整。展示环节不仅是对知识的展示，更是对知识的升华。

此环节的展示内容主要是针对新知识的预习情况的一个反馈，小组可以通过讲解、小品、相声、话剧、情景剧、快板、歌谣、打油诗等等不同的形式把知识展示出来，共同分享学习成果，其中还有学生的点评、纠错、总结。对于一节展示课来说，在短短的半小时内，有如此多的学生参与，有如此多的思维碰撞，有如此多的情感体验，再加上老师的有效点拨、积极评价鼓励和学生的即兴发挥、临场应变，无不显示出这节课之和谐、之高效。

中间环节大致 5 分钟，这个环节的主要任务就是反馈，进一步检查落实情况，全面提升学生的知识、能力、情感等。根据当堂所学内容灵活进行检测，使学生对知识掌握更牢固。

最后 10 分钟的查漏补缺，根据不同课堂的进度及难易程度，此环节时间比较随机，可由老师及学生随机分配，以达到数学课堂的真正高效。

（二）高中数学高效课堂模式的标准及原则

基于将数学的内涵建立在广义的文化意义上，进而对数学课程性质和课程目标做出全新的定位。围绕数学课程标准的十大理念，高中数学高效课堂教学模式的标准由此制定，这是广大教师必须明确的。在实施高效课堂教学模式时要遵循以下几个重要原则。

1. 科学性原则

数学本身就是一种科学，根据数学的含义可知，数学是关于量的科学；数学是关于演算的科学；数学是关于论证的科学；数学是关于模式的科学。任何模式的实施都必须以科学性为前提，也是本模式实施的最基本原则。构建高效课堂教学模式的理论、流程以及课堂所用的学案等都必须是可信的、科学的。模式的实施过程必须符合学生的认知规律，以先进的教育理论为指导，教学目标要明确，教学内容要准确，教学重难点要突出，教学设计要符合学生的认知与能力。教师掌握科学性原则不仅可以树立正确的数学观和数学教育教学观，还可以把这种数学教育的价值传递给学生。所以，教师在应用高效课堂教学模式时无论在程序的实施上还是内容的选择上一定要有科学性。

2. 创新性原则

创新已成为现代教育的代名词，高效课堂教学模式正是为了提高课堂效率，改变以往以老师讲解为主的灌输式教学现状，建立以"老师为主导、以学生为主体的"课堂教学的教学模式。不仅是教师在教学过程中的模式、方法、活动有所创新，更重要的是要注重培养学生的创新意识。这种意识的培养正是数学教育的重要任务，我们在平时数学教学中要重点体现出来。数学创新意识是在建立了一定数学知识体系和数学方法体系之后所形成的一种数学发现意念或动机，是一定数学情境下的灵感，为了更好更有效激发学生的创新意识，教师在教学过程中应做到以下几点：①激发学生的问题意识，教师要根据所授内容，提供一些利于学生思维发展的问题情境，引导学生多思考、多提问，还要有效引导学生，使他们主动积极地去解决提出的问题，从而培养学生解决问题的能力；②注重学生的合情推理，教师在教学过程中要启发学生去考虑知识的来龙去脉，引导学生观察材料，通过类比、分析、归纳、概括和猜想规律，进而加以合理的验证；③发展学生的思维模式教学过程中，教师要给学生足够的空间，让学生思考数学知识及数学方法，交流自己的想法，总结得出结论，布置任务要适度，要布置适合学生能力的任务，让学生不断体验成功的喜悦，最终，学生能形成自己特有的思维模式。

### 3. 趣味性原则

高中数学是一门逻辑性非常强，并且非常抽象的学科，课堂是学生获得知识的重要场所，教师应该在课堂的方方面面提高趣味性，把学生的兴趣吸引过来，让学生都喜欢上数学。教师在教学过程中应该做到以下几点：①创建温馨和谐的课堂，学生只有在轻松、和谐、温馨、平等的环境下，才能提高学习兴趣，才能促进思维发展，才能对数学充满热情；②教师诙谐幽默、平易近人，学生都喜欢诙谐幽默的老师，老师的幽默感可以驱赶数学课堂的沉闷乏味，可以打开学生的思维，活跃课堂气氛，从而可以促进数学高效课堂的顺利实施。

### 4. 情感性原则

情感是人对客观事物的内心体验，也是对客观事物是否满足主观需要的评价的放映。传统的课堂模式过于注重知识的传授，忽视学生情感的体验。实施新课改以来，越来越多的教师和课堂开始重视学生能力的培养和情感态度与价值观的培养。每节课的学习目标都是三维目标，都会体现每节课的情感态度与价值观。教师在教学过程中应该做到以下几点：①不但重视在学习过程中引导学生进行积极的情感体验，还要从数学学习之外的活动中不断寻找体验的源泉；②重视学生在数学学习中不断探索、猜测，培养学生积极科学的态度和观念，丰富学生数学学习的情感体验；③不仅培养学生养成独立思考的态度，还要培养师生之间、生生之间的合作学习，让学生体验自学、对学、群学的不同感受。

### 5. 参与性原则

现在课堂教学提倡以学生为主体，老师为主导，课堂上要充分调动学生的积极性，让学生全身心投入课堂中去。只有学生主动参与到课堂中去，才能实现真正的高效课堂。学生的主动参与，不仅能激发学生的学习兴趣，还能提高学生的学习效率，培养学生积极向上、充满自信的生活态度。

### 6. 教育性原则

教师的职责不仅是教书，更重要的是育人。我们所实施的高效课堂教学模式不是为了让课堂有多么的华丽，有多么新奇，而是想利用这种模式创建一种温馨和谐的环境，能够让学生在这种模式下发现自己的优点，找准自己的定位，能够在每一节课都体现出自己的价值，能够在合作中学习知识，能够在探究中完成任务，能够师生之间互相尊重，学生之间互相帮助，能让学生感受到整个班级就是一个集体就是一个家庭，把每一名学生都培养成充满自信、积极向上的好人才。

（三）构建高中数学高效课堂的策略

构建高中数学的高效课堂，需要教师准备的和学生做的内容非常多，可从以下几个方面做起：

1.教师的高效教学

（1）准确把握课堂容量

高中课堂一节课就是 45 分钟的时间，一节课的课堂容量有多大，需要我们准确把握。课堂容量就是教师在课堂上讲解的内容量。对教师来说，课堂容量越大，越容易完成教学进度；对学生来说，课堂容量越小，掌握知识越彻底，理解课堂内容越准确。准确的课堂容量有一个标准，就是一个学期的教学进度，分解到每节课中的内容量。它应该是教师的课堂容量的最小值，否则就不能完成教学进度。每一个学生每一节课都有一个可接受的最大容量，这个最大容量就是教师的课堂容量的最大值，超过这个容量，学生接受不了，教师讲解等于不讲。如何把二者有机地结合起来，找到二者的一个平衡点，既能完成教学进度，又能让学生很好地接受，是每一个教师应该考虑的问题。这个平衡点，就是这节课的准确的课堂容量。

教师首先要在学期开始就对本学期的教学计划和教学进度心中有数，并且将教学进度细化到月、到周、到日，这是教师讲课的标准容量，课堂容量或大或小都不能偏离它太远。然后区分教学内容相对于本班学生的学习难度，最好对每一周、每一节课的难度都心中有数，这样教师就可以根据学习难度合理安排教学容量，学习难度低一些的可以增加容量，学习难度高的可以让容量减少一些；也可以将学习难度高低搭配，让每个课堂都有起伏，每一节课都充满激情。教师还需要了解学生课堂能接受的最大容量，教师的课堂容量以不超过学生课堂能接受的最大容量为前提。所以教师需要经常与学生沟通，了解学生的学习情况，了解学生学习的第一手资料；不间断地批改学生的作业，了解学生对课堂内容的接受程度和接受潜力；需要不断地有意识的改变课堂容量，观察学生的课堂最大接受容量。课堂容量不是一成不变的，要根据学生的课堂反应随时进行调整，根据学生的变化而发生变化的课堂才是高效的课堂，这样的课堂容量才是准确的课堂容量。

（2）高效组织课堂教学活动

教师在课堂上高效地组织教学是决定课堂高效的主要因素之一，那么教师应该如何来组织课堂呢？

学习是学生的事情，是其他任何人包括教师在内不能代替的，只有学生自己才能解决，所以有效地调动学生的学习积极性就是高效的组织教学。高中数学是一门理论性比较强、比较抽象的学科，和现实的实践生活联系的不多，要想调动学生的课堂学习积极性，就需要动脑筋想一些方法。

（3）有效的教学方法

教无定法，教无常法，没有固定的教学方法，只要学生接受，就是有效的教学方法。一个教师也不能只有一种教学方法，随着教学内容的不同、学生的不同，教师就要采用不同的教学方法。但是教育教学是一门科学，是有规律的，是有方法的，哪种教学方法更有效？可以从以下几点来探讨：

第一，不管采用哪种教学方法，都要以学生为中心，这是素质教育的要求，是信息时代的要求。现代社会已经进入信息时代，各种新知识、新技术、新学科层出不穷，在学校学习的内容只是人生所要掌握内容的一部分，在学校的学习必须要为后学校时代的学习提供方法。这就要求教师在学校不仅教给学生知识，还要教给学生如何掌握知识，只有以学生为中心，围绕学生进行教学，以学生为主体，才能达到这种要求。教师在课堂上不管采用发现式教学法、启发式教学法、合作教学法等的哪一种教学法，都要围绕具体学生的思维逻辑特点进行，制造有利于学生学习数学的教学情境，帮助、启发学生进行知识的再发现、再创造。教师不仅是知识的传授者，也是学生学习的引导者、组织者和合作者，从某种意义上来说，后者的意义更加重要。学生之间的组织、合作能力与学生的再发现、再创造能力就是学生的素质，是学生离开学校后立足社会的关键。

第二，每个班级里都有五十多名学生，每个学生都有不同的思维逻辑特点，都有自己的学习方法，都有自己的学习之路，教师要因材施教，根据学生的特点进行教育。课堂上只有一个教师教学，只能讲解一遍，几十个学生听同一节课，怎么因材施教呢？这就要求教师充分了解班内的每一个学生，课堂上所讲内容尽量适合大多数的学生，或者是适合所有学生的大多数内容，剩下的小部分内容或者小部分学生可以利用作业或课余辅导来解决。

（4）精心选配适合学生的分层作业

现在的高中学生从高一开始就出现了"课堂认真学习、课下被动地应付作业，每天都很累却收获很小"的现象，以至于有的学生出现了学习倦怠现象，逐渐失去了对数学的学习兴趣。

2.良好的课堂环境

（1）愉快高效的课堂氛围

课堂氛围是课堂教学的土壤，只有土壤肥沃，成功的种子才能茁壮成长。教学，就是教与学，教师的教，学生的学，无论是教还是学，都要在课堂氛围这个环境中才能生根发芽。课堂氛围也需要教学双方当事人教师和学生来共同创造、共同维护，二者缺一不可。

（2）和谐的师生关系

金无足赤，人无完人，教师和学生都是普通人，都有普通人身上的缺点和短处，如果把这些都看在眼里、记在心上，教师和学生之间就没有办法相处，也不可能互相学习了。

如何使教师和学生之间和谐相处呢？那就要求教师和学生都要互相谅解，互相包容。教师要习惯于学生有缺点，没有没有缺点的学生，教师都希望自己教的学生聪明、勤奋、遵守纪律、尊敬师长，事实上是不可能的。班内的学生来自各个不同的家庭，有不同的家庭教育背景。高中是一个中间教育阶段，是小学、初中教育的延伸。高中学生是一个半成品，带着小学、初中教育的各种习性，经历过不同的学校的不同的班级的管理、培养，经历过许多教师的不同的教学风格的学习，也经历过许多教师的不同的管理风格的熏陶，很多学生的学习习惯、学习方法、学习思维已经形成，已经非常习惯于某一种管理模式、某一种教学方法、某一种学习方法，不同学校的学生、不同班级的学生、不同教师教过的学生的习惯是不一样的。这些事实，教师要看在眼里、记在心里，对这一切要坦然地接受。

3.学生的高效学习

（1）充分的课前预习

充足的课前准备是课堂高效的前提。教师要为学生布置明确的预习作业，让学生的预习活动变得充实而有效，防止预习不到位而引发的课堂教学阻塞。进入高中伊始，学生面对繁重的数学课堂学习会有一定的畏难情绪，教师要利用课前预习环节，引导学生通过自主学习掌握一些基本概念，比如，映射、集合、函数等，让学生了解这些概念之间的关系，以及他们之间的异同。学生在充分预习的基础上，会对教师的讲解分析有更清晰的认识，同时，也能与教师的教学思路保持一致，不至于被某个小问题绊住，阻碍学生思维的发展。这样课堂教学效率自然能够得到保证，高效课堂也有了必要的基础。

（2）全程参与

无论教师的讲解还是学生的交流合作、探究发现、做题反思，都需全程参与，以达到更新旧知、构建新知识体系的目的。

（3）高效的学习方法

学生的学习方法是在教师的指导下，根据自身的思维特点和学习习惯，在潜移默化中培养起来的。由于每个学生的外部环境、自身特点存在差异。因而他们的学习方法也不尽相同。为此，教师要结合所学内容的知识特点和学生的个体差异，有针对性地指导每个学生的学习方法。

（4）师生互动，培养学生创新思维能力

教师的"教"和学生的"学"是相辅相成、相互作用的，在课堂上还应强化师生互动，努力培养学生的数学思维能力和思维品质，提升学生的创新思维能力。同时，加强发散思维训练，培养学生的创新能力，打破墨守成规的思维定式，培养学生的创造性思维意识与能力。教师可通过一题多解和一题多变的方式来培养学生的发散性思维，在教学中用一题多解可变单向思维为多向思维，这一方法对培养学生思维的灵活性和创新能力是比较有效。

**四、数学教学模式设计**

数学教学过程是一个多方面、多层次、多因素组成的完整而复杂的过程。教学过程中各要素及其之间的相互联系，相互作用，构成一定的结构，从而形成一定的教学模式。教学模式是指在一定的教育思想、教学理论和学习理论指导下，在某种环境下展开的教学活动进程的稳定结构形式。数学教学模式是数学教学理论与数学教学实践相联系的中介。每一个教师在教学实践中都会有意识或无意识地采用一定的教学模式进行教学。教学模式的形成有两种类型：一种是从大量的教学实践中总结规律，再上升到理论而形成的"实践—理论"归纳型模式。另一种是从现代数学教学理论、数学方法论、数学哲学等理论科学模仿演绎，再应用到教学实践中而形成的"理论—实践"演绎型模式。但无论采取哪一种类型得到的教学模式，都必须经过课堂教学实践的检验。

（一）几种常用的数学课堂教学模式

1.课堂教学模式的认识

课堂教学模式是在一定的教学理念指导下经过实践经验总结，获得的面向特定类型的教学主题，为实现特定教学目标，整合课堂教学各种要素形成的相对稳定并具有显著结构特征的教学程式。我们可以从以下几个方面来理解课堂教学模式的内涵：①课堂教学模式本质上是一种教学程式。即课堂教学模式是一种可操作性强、有明确的操作步骤的理论结构和实践结构，因而表现出一些显著的结构特征和程式。②课堂教学模式在操作层面上是课堂教学各种要素的整合体，具有一定的整合性。课堂教学模式在明确的目标导向下，教学主体通过教学媒介，按照一定的方法、策略和原则，将教学内容承载于系列教学活动中，形成特有的教学流程。③课堂教学模式是经过理论论证和实践打磨而形成的理论和操作体系。没有经过理论论证的操作步骤仅仅是经验总结，还不能纳入教学的理论体系；没有经过实践打磨的操作程式也仅仅是不成熟的理论构想。所以要形成一套可操作性较强、具有教学成效的课堂教学模式，需要经受科学的理论推演和周密的实践考查的双重检验，表现出一些成熟的特征。④课堂教学模式的使用受特有的教学内容、教学目标等因素的限定。不同的教学内容有不同的教学目标，使用的教学模式也会有差异。对于不同的教学主体，使用的课堂教学模式相同，其他教学要素类同，其教学成效也可能会有较大差异。因此，不能盲目复制式地使用某些课堂教学模式。由此可以看出，课堂教学模式具有结构性、整合性、成熟性、限定性等特征。

2.几种数学课堂教学模式评介

教学模式的研究层出不穷，比较关注的教学模式有讲练结合式教学模式、探究式教学模式、引导发现式教学模式、讨论交流教学模式、自学辅导教学模式、复习总结教学模式、学案教学模式、直接教学模式、合作学习教学模式、个别化教学模式、主体性教学模式、"活动—发展"教学模式、情绪调节教学模式、交往教学模式等。

数学课堂教学模式是遵从数学教学规律，针对数学知识教学而具有数学学科特征而使用的课堂教学模式。数学课堂教学中比较基本的教学模式有讲授式教学模式、讨论式教学模式、活动式教学模式、探究式教学模式、发现式教学模式等。另外，在教改实验中产生了一些在全国范围内影响较大的数学课堂教学模式和方法，如"尝试指导、效果回授教学法"模式、"GX实验"模式、"数学开放题"教学模式、"情境—问题"数学教学模式、"自主—合作—探究"数学教学模式、"学案"教学法教学模式、应用式数学教学模式等。这些数学教学模式是在大力推进素质教育和创新教育的形势下，为提高课堂教学成效，由我国数学教育界特别是广大一线的数学教师更新观念，对传统的一些数学课堂教学模式进行改革，经过长期的教学实践探索总结提炼出来的，取得了广泛的影响和巨大的成功。下面简单介绍一些数学教学模式。

（1）"协作—探究"数学教学模式

21 世纪是信息技术飞速发展的时代，现代信息技术将延伸到社会的各个角落，给现代教育注入新的活力，越来越多的新型教学媒体和手段用于教育活动中，这些技术手段的应用已悄然让教育理念、教学模式、教学管理等方面发生了变革。"协作—探究"数学教学模式就是一种基于现代信息技术手段而构建的新型教学模式。

① "协作—探究"数学教学模式的含义

"协作—探究"教学模式就是教学协作与协作学习为主要教学方式的教学模式，这个模式的重心在于协作学习（collaborative learning），它是一种为了促进学习、由某些学生协作完成某个给定学习目标的教学方法。基于网络的协作学习是指利用计算机网络以及多媒体等相关技术，由多个学习者针对同一学习内容彼此交互和合作，以达到对教学内容有比较深刻的理解与掌握的过程。其核心是让一群学习者"共同"去完成某项学习任务，可以是问题解决，也可以是专题研究，还可以是个案设计。在这种方法中，学习者以多人为单位进行学习，以提高学习的效率。在协作学习过程中，学习者之间保持融洽的关系，相互合作，共享信息和资源，共同担负学习责任，完成学习任务。与个别化学习相比，协作学习有利于促进学生高级认知能力的发展，并有利于学习者健康情感的形成。

②"协作—探究"数学教学模式的构建与使用

"协作—探究"教学模式适用于具有一定探究性、研究性的数学问题。该教学模式中协作方式是关键，协作方式主要有以下三种：

1）协同

小组同学为了完成教师布置的任务，相互讨论，并对学习任务进行分工合作，他们对学习内容的理解和领悟在与同伴的沟通与协作中逐渐形成。

2）竞争

小组学习完成后，组长要向教师及全班同学展示本组研究的成果，然后进行小组间相互评价。这样，通过引入竞争机制，能够很容易地调动学生的学习兴趣和注意力，为完成学习任务，他们会在整个学习过程中全神贯注地查阅资料，积极地与本组合作者讨论、协商，以便较快较好地完成学习任务，学习效果比较显著。

3）角色扮演

我们都有这样的体验：对某个问题给别人做了详细讲解之后，自己对该问题往往会有新的体会与理解。在课堂中，不同的学生分别扮演学习者和指导者的角色，学习者负责解答问题，而指导者则检查学习者在解题的过程中是否有错误。当学习者在解题过程中遇到困难时，指导者帮助学习者解决疑难。在学习过程中，他们所扮演的角色可以互换。在互教互学方式下，学生可以通过与本组和其他组成员进行交流，共同探讨问题的过程，彼此之间互教互学，使得每位学生都可以在这种模式中尽量体验到更多的东西。

社会建构主义理论认为，个体的认知活动必然是在一个社会环境中得以实现的，特别是必然有一个反复、交流、改进、协调的过程。人类的知识是在同社会的交互活动中所获得的。利用计算机能有效地跟踪学生的学习过程并迅速做出反应的特点，教师可设计如下教学环节：提出课题，明确任务—分组研讨，制定方案—自主实验，相互合作—小组汇报，适时点拨—师生交流，多向交流—畅谈体会，共同提高。

这种教学模式将信息技术与数学教学整合起来，协作与交流的原则贯穿整个过程，小组成员为解决本课的问题必须进行交流与协作，必要时寻求教师的指导；各组的汇报与交流为学生提供不同的思维过程以及问题的不同解决途径，以拓宽学生的视野，提高学生进行研究性学习的实践能力；小组成员重视分工合作解决问题，促使学生必须主动独立思考，然后与同学讨论，共享学习资源；激发学习者的参与感、认同感与归属感，消除个别化学习的孤独感，使得学生在协作学习中得到鼓励和支持，从而积极发挥主观能动性。在这种教学模式中，网络作为促进学生自主学习的认知工具和情感激励工具，为学生提供了研究内容的知识框架和一些必要的数学软件，为学生的自主和协作学习创设了良好的情境。同时，网络又是生生之间、师生之间交流的平台。教师将学生分组后，学生通过网络提供的专门讨论区进行讨论，教师通过网络观察学生的学习情况，以便随时进行辅导和帮助。在学习完成后，各小组通过网络向教师及全班汇报本小组的学习成果，教师和全班同学进行评价。网络为学生的学习提供了便捷的交流条件，学生之间的隔膜被消除，学习效果得以提高。

计算机并不是万能的，事实上也并不是所有的数学内容都适合用计算机进行辅助教学，必须从数学教学的要求出发，分析教材、学生、媒体三者的特点，对实现教学目的有帮助的就用，没帮助的则不用。同时，在使用过程中要熟悉多媒体操作，设计好课件形式，考虑学生的反应，以达到预期的效果。

③ "协作—探究"数学教学模式的构建理论

1）建构主义教学观

数学学习是一种能动的建构过程。学生认知结构的发展是在其认识新知识的过程中伴随着同化和顺应的认知结构的不断再建构过程，是新水平上对原有认知结构进行的延伸。现代教育技术中多媒体和网络的许多特性都与建构主义不谋而合，建构主义学习观的要点就是利用学习者已有的知识结构，让它对不同的知识内容进行同化或顺应，从而完成对知识的掌握。根据建构主义学习观，我们可以利用现代教育技术构建一个知识网络，但并不将其全部展示出来，而是通过学生自己摸索、联想，将知识之间的联系逐渐展开，这样，既发挥了学生的主体性，提高了学习兴趣，同时又兼顾了知识的完整性和系统性。

2）教学过程最优化理论

教学过程最优化不是一种特殊的教学方法或教学手段，而是科学地指导教学、合理地组织教学过程的方法论原则。现代教育技术就是运用现代教育理论和现代科技成果，通过对教与学过程和教与学资源的设计、开发、利用、评价和管理，以实现教学优化的理论与实践。也就是说，在全面考虑教学规律、教学原则、教学任务、现代教学的形式和方法、教学系统的特征以及内外部条件的基础上，教师对教学过程做出的一种目的性非常明确的安排，是教师有意识地、有科学根据地选择一种最适合于某一具体条件的课堂教学的模式和整个教学过程的模式，组织对教学过程的控制，以保证教学过程在规定的时间内发挥从一定标准来看是最优的作用，获得最大效果。

数学教学的本质是"数学活动的教学，是教师和学生的双边互动、交流的过程"，但数学不同于其他学科，它具有严谨性、抽象性的特点。在数学教学中，应用教学设计理论，结合数学学科和学生学习数学的特点，将数学教学理论、教学设计理论和现代教育技术进行整合，可以构建多种教学模式，它们在教学的不同阶段能分别发挥重要作用，创设更适合于学生学习的环境，以取得最佳的教学效果。

（2）"双主四环"数学探究教学模式

①"双主四环"数学探究教学模式的内涵

狭义的探究专指科学探究或科学研究；广义的探究指一切独立解决问题的活动。基于广义的认识，我们认为"双主四环"探究模式就是指教师在教学过程中引导学生以问题为出发点，以获取知识、方法、情感体验等为目的，开展情境设疑、探究交流、提炼巩固和评价延伸四个环节的活动的试教过程结构及其教学策略体系。"双主"即教师为主导，学生为主体。具体地讲，教师"主导性"体现在设疑、导思、点评、概括、示例、总结等，学生"主体性"体现在感知、思考、论证、交流、练习、巩固、创新等。整个模式的本质还体现出情境（或拟情境）的问题性、学习的过程性、结果的开放性等特点。

②"双主四环"数学探究教学模式的结构

基础教育改革的一条根本理念是"以学生为本"，教学模式的构建理应立足于此。"双主四环"数学探究教学模式在构建上的具体体现包括以下三个方面：第一，以"构建共同基础，提供发展平台""倡导积极主动、勇于探索的学习方式""注重提高学生的数学思维能力""强调本质，注意适度形式化""注意信息技术与数学课程的整合"等新课程基本理念为基准；第二，以发展认识论创始人皮亚杰的"学习是一种能动建构的过程"的建构主义理论以及弗赖登塔尔强调的数学"再创造"思想为导向；第三，以数学学科特点以及学生学习特征为参照。在这些理念下，我们构建了"双主四环"数学探究教学模式。

"双主四环"数学探究教学模式与"三线五环节"课堂教与学活动模式的理念相暗合，都体现了教学过程中"教线""学线""问题线"的相互作用，有效提高了课堂教与学的效率。当在课堂教学中围绕一个主题探究时，过程与结果往往不是完全像课前预设的，对探究的过程也不能完全预设，它体现一定的灵活性。从课堂教学程序上来说，"双主四环"数学探究教学模式可以作为整堂课的教学环节；从微格训练角度来说，"双主四环"数学探究教学模式可以作为一堂课某个微观的问题细节；从教学方法角度来说，"双主四环"探究模式也可以看成一种教学方法。它包容了讲授式教学的优点，中学数学中某些无法或不易让学生探究的问题得以顺利实施，从而提高教学效率，并保持一定的课堂容量。

"双主四环"数学探究教学模式的实施要注意以下原则：

1）因材施教原则

应在学生共同发展的基础上面向全体学生，并关照个别差异。对探究的水平较高或较差的学生要提出不同的要求。

2）学习方式多样化原则

对于适合开展探究式教学模式的题材，应提倡多样化的学习方式及其相互促进，在探究过程中要强调学生之间的合作与交流（学生间的相互倾听）。在学生活动中不仅要强调尽可能地动手，更要强调动脑。

在探究教学的过程中，要辩证地处理学生自主与教师指导之间的关系，师生充分发挥"双主"作用，即教师的主导作用和学生的主体作用。探究中教师既要充分倾听学生，又要给予适当的点评和引导，并以此促发和引导学生的探究活动。

3）重过程、重体验的原则

教学中，以学生探究活动为主线，课堂组织的重心不在探究的具体结果，而在具体过程。教师要珍视并正确处理学生已有的个人知识和原始概念，引导学生积极反思；要珍视探究中学生独特的感受、体验和理解；要珍视学生从探究过程中体验到的挫折与成功，强调探究的逐步推进过程。

4）信息技术辅助教学的原则

应给探究式学习的开展提供足够的支持条件，把探究式学习与现代信息技术（如多媒体与互联网）相结合。

从"双主四环"数学探究教学模式的应用效果来看，教师与学生的"双主"作用得到有机的协调，改变了单一的讲授式模式，并把讲授式的优势与探究式的优势进行了很好的整合，提高了教学效率，说明该模式的应用有一定的价值和使用空间，值得推广。

（3）数学研究性"四点一心"教学模式

数学研究性"四点一心"教学模式是以问题、阅读、总结与应用作为四边形的四个顶点，探究作为该四边形的中心，统揽研究性教学的全局。其中问题是起点，阅读是手段，探究是中心，总结是升华，应用是目的。

"四点一心"的五个环节有着密切的关系：

第一，问题促使学生产生了强烈的好奇心、求知欲，要想把问题搞清楚，就需要主动去阅读。当然，在阅读自学的过程中学生也会发现新的问题，引发继续阅读，深入钻研。探究因问题而存在，问题的解决离不开探究，探究是问题解决的基本途径，只有基于问题的探究才是有效探究，基于探究的问题才是有效问题，问题既是探究的内容，也是探究的手段。数学问题的提出、问题的抽象简化、问题的系统化等都离不开总结。应用帮助发现问题、筛选问题、优化问题。

第二，阅读有利于发现新的问题，深化对问题本质的理解。阅读可帮助学生学习和借鉴他人的研究思路、方法、经验。数学阅读可以培养学生的元认知和总结能力，总结可以使阅读自学获得的知识经验形成新知识网络。

第三，探究是问题、阅读、总结与应用的中心，贯穿于研究性教学的始终。探究是发现问题和解决问题的基本途径，探究能带动学生的阅读自学、总结提炼和应用拓展。

第四，总结是学生对学习材料的内化，是学生研究成果的提炼，也是学生研究获得的心理体验的升华。总结包知问题的总结、阅读的总结、探究的总结和应用的总结等。

第五，通过问题展开阅读、探究、总结，获得的新体验、新知识需要反馈应用于实际，要么是解决新的问题，要么是应用于新的情境，在新的问题情境中进入下一个循环。

对一个有研究价值的数学问题进行研究性教学，可以采用数学研究性"四点一心"教学模式。一般遵循如下步骤：①提出问题研究的起点；②解决问题——研究的重点；③推广问题——研究的难点；④提炼总结——研究的成果。

数学研究性"四点一心"教学模式的使用可以向课前和课后延伸。课前应提出问题（课前多长时间由具体内容和学生情况而定），先让学生思考并做一些知识方面的准备，教师可作必要的提示，如指出几个研究的方向和一些探究的方法；课堂教学是研究性教学的核心环节，课堂上教师组织并以未知者的身份参与问题解决和问题推广的过程，课堂研究的重点是引导学生从多角度开展思路分析与探索，课堂研究应让学生主动参与问题解决的探索过程、思维过程，课堂上教师应留足时间让学生交流和分享各自的探究成果，在问题基本解决后，教师应引导学生对问题进行推广和拓展，这样，学生的思维就有了更大的空间。课堂上教师还应关注现场产生的新问题，对于新问题及其解决，学生是很感兴趣的；课后应让学生对研究成果进行总结和反思，并让学生对课堂上产生的新问题进行思考与探究，还可以让部分学生在教师的指导下写出研究的心得体会或小论文。

数学研究性"四点一心"教学模式的使用非常灵活，具有一定的开放性和包容性。该模式中的五个基本要素中的任意两个要素都可以组成一个相对独立的研究性教学的子模式，并且在具体的课堂操作中因为时间和学生情况的限制可以采用片段探究策略。这样，该模式的使用就更加灵活机动、节省时间、易于操作，可以降低研究性教学的难度。当然，数学研究性"四点一心"教学模式并不是每节课都可以或者适合使用的，要根据学习内容、学习任务、学生情况等来确定。

（4）"导学讲评式"数学教学模式

"导学讲评式"数学教学模式简称"DJP"数学教学模式。它是指学生在教师的引导和帮助下，在自主学习、探究学习内容、初步建构知识意义的基础上，通过与同伴的交流、讲解和师生的评析过程，获得对数学知识意义的深入理解、数学思想方法的体验与感悟、数学活动经验的丰富与积累，从而使学生增进数学素养，提高数学文化修养，形成和发展数学品质，达到学会学习、学会交流、学会思考、学会探究、学会评价的目的。

"DJP"数学教学模式是一种"基于学生的学"而构建的教学模式，"导学""讲解""评价"是这种教学模式的核心要素，也是其主要教学环节（"D、J、P"分别是"导、讲、评"汉语拼音的第一个字母）。其中的"导学"结果直接构成了随后的"讲解"过程，而对"讲解"过程进行的"评价"活动，不仅深化了对讲解内容的理解，而且可以促成新一轮"讲解"，使得数学学习更贴近学生发展的需要。"DJP"数学教学模式不仅仅是模式，也不仅仅是单一的教学方式，其中有启发式教学、探究式教学，还有教师的讲解接受式教学等，它整合了多种成功的教学方法，开拓了一种对教学模式与教学方式的研究的新视角。

"DJP"数学教学模式是以"三先三后三促进"的"24字方针"为基本理念（即"先学后教，以教促学；先思后启，以启促思；先讲后评，以评促化"），包含示案导学、讲解交流、精讲评析、练习巩固、反思拓展五个主要环节，促进学生获得对知识意义的深入理解、数学思想方法的体验与感悟、数学活动经验的丰富和积累，从而引导学生自我增进一般科学素养，提高数学文化修养，形成和发展数学品质，使学生最终实现学会学习、学会合作、学会思考、学会探究、学会评价的"五会"目标的教学模式。

"DJP"数学教学模式本质上是一种学案教学模式，它从理念、操作、评价等多方面强调学生的主动参与性，是一种以学为中心的教学模式。目前，"DIP"数学教学模式已推广应用于多门学科课程的课堂教学中，并取得很大成功，在全国范围内，乃至国际上都产生了一定影响。在该教学模式中，学案起着非常重要的作用，认为"学案是学生学会学习的灯塔、是学生主动发展的通道、是学生走向成功的阶梯"。

（二）MM 教育方式

MM 教育方式，即 Mathematical Methodology 数学方法论的教育方式，是指运用数学自身的思想方法指导数学教学和数学教学改革的一种数学教育方式。

1. 关于 MM 教育方式的产生背景

新世纪更替之际，现代高新技术迅猛发展，将人类发展推向了新阶段。数学它已将艺术、科学和文化融为一体，以崭新的面貌改变着人们的思维和生活方式，数学已然是人类的重要组成部分。

2. 关于 MM 教育方式的理论依据

MM 教育方式提出的理论依据是数学方法论的内涵及数学教育与数学方法论的关系：从本体论的角度看待，数学具有两重性，就内容来说，它具有明确的客观意义，是思维的能动反映，任何数学模型都有其现实原型，它是人们所发现的；就形式结构来说，数学只是创造性思维产物，并非客观世界中的真实存在，它是人们所发明的。数学上的每次重大发现或发明都会使数学在方法论和认识论上有重大性的进展突破，同时数学思想方法会有革命性变革，而数学方法论就是一门专门以数学的思想方法作为研究对象的数学分支。数学方法论的研究对象是数学的发现发明，数学的创新，数学的思想方法，数学的发生发展规律等。从数学方法论角度看，数学不仅是一门系统的演绎科学，同时是一门实验性的归纳科学。因此，数学教学应充分体现这两个方面，使学生受到全面的数学教育。数学思维具有抽象与形象双重性质。数学抽象思维主要是进行逻辑推理，形象思维则是进行合情推理，合情推理的具体形式有观察、实验、联想、类比、猜测及不完全归纳等。它们不仅在数学发现上起着重要作用，而且在社会生活中亦有广泛应用。因此，数学不仅仅是一门工具科学，更应该是一种文化形态，并将其致力于提高人们的一般文化修养。数学方法论从理论上给数学教学指出了唯一正确的方式。

3. 关于 MM 教育方式的特色

MM 教育方式的本身特色，归纳为八点：第一，目标与方法配套，是对数学教学全过程的改革；第二，具有鲜明的数学特色；第三，坚实的理论基础和严格的实验验证；第四，具有可操作性；第五，具有可行性；第六，具有普适性；第七，具有可持续发展性；第八，具有现代教育方式的特征。

4.关于 MM 教育实验方案

MM 教育实验的基本操作表和 MM 指标体系表。MM 教育方式采用了八个可控变量来落实数学的科学技术和文化教育两个功能，并对 MM 教育方式的实施作了进一步的说明。

5.关于 MM 教育方式的评价问题

对于教学评价，既要重视过程又要重视效果；考卷和其他资料相结合评价；考卷分数与背后反馈的信息相结合；定性与定量相结合；主观与客观相结合。对于教师自身的评价，可通过三个方面进行：一是个人素质，可从观念的转变情况，知识的转变和丰富情况及能力的增进情况三个方面进行；二是教学设计和课堂教学评价，可通过阅读教案，听说课和观摩课堂等途径进行；三是评价物化成果，如教案，教学论文等对于学生，可通过以下途径进行综合评价：相关素质情况的专题测试；运用各种考试的资源；学生自我评价及他评；学生日常生活表现；学生参加数学课外活动情况。

关于 MM 教育方式的产生背景、理论依据、教育特色、MM 实验操作、评价问题等都属于理论层面的研究，其研究已经比较成熟系统化了。MM 教育方式与新课标比较研究的论文还屈指可数，尤其是与义务教育数学课程标准的比较几乎没有，因此在这方面还很有研究的价值。

6.MM 教育方式的再认识

（1）MM 教育实验的简介

MM 教育方式就是：在数学教学中，教师遵循数学本身的发现、发明与创新等规律，遵循学生身心发展和认知的规律，力求使教学、学习和研究同步协调发展，引导学生不断地自我增进一般科学素养，提高社会文化修养，形成和发展数学品质，全面提高学生素质。这种教育方式又简称"2238"教学法：教师在教学的全过程中，充分发挥数学教育的两个功能，自觉地遵循两条基本原则，瞄准三项具体目标，恰当地操作八个变量，从而达到全面提高学生素质的目的。数学教育的两个功能指技术教育和文化教育。两条基本原则是教学、学习、研究（发现）同步协调原则和既教证明，又教猜想的原则。三项具体目标为引导学生自我增进一般科学素养，提高社会文化修养，形成和发展数学品质。八个变量分别是数学的返璞归真教育、数学美育、数学发现法教育、数学史志教育、数学家人品教育、合情推理教学、演绎推理教学、一般解题方法教学。

（2）MM教育实验的关键词语说明

教学全过程不仅仅是我们熟知的课堂教学，而是指更广义的教学过程，它包括教学班的组织加工，教师对学生的学法培训，教师的备课，制订教学计划，课堂教学，课内外辅导，作业处理，学生考试、日常等评价及课外活动指导。

两个功能：技术教育和文化教育。数学既是科学技术的基础和工具，又是一种文化。在科学发展的进程中，数学的作用日益凸显。高新技术的基础是应用科学，而应用科学的基础是数学；随着计算机科学技术的快速发展，数学兼有科学与技术的双重身份，现代科学技术越来越表现为一种数学技术。因此，数学具有技术教育和文化教育的功能。在教学过程中，充分发挥这两个功能，有意识地在每个教学环节中实施渗透，"软硬兼施"，既教"硬的"数学知识，又渗透"软的"数学思想、数学原则和数学精神。

两条基本原则：教学、学习、研究（发现）同步协调；既教证明，又教猜想。教师的教学过程，也是学生的学习过程，两者统一于数学研究和数学发现过程。一个教学班，当学习和研究数学时，就组成了一个小"数学共同体"跑，师生在这个共同体里交流讨论，合作研究学习，这样的方式不仅能学习数学，还能培养合作精神，研究意识。数学具有两重性，既是严谨的演绎科学，又是实验性的归纳科学，即演绎推理与合情推理相辅相成。既教证明，又教猜想，按数学发生发展的过程进行教学，不仅易于学生理解接受，增加了数学的趣味和学习的情趣，而且有利于发展学生的直觉思维能力和创造能力。

三项具体目标：引导学生自我增进一般科学素养，提高社会文化修养，形成和发展数学品质。这是从"学生的素质"中提取出来的，是数学教学能够达到的三项目标。任何一门学科教学都承担着两项任务：教养和教育。教养即进行本学科相关知识，相关技能的教学；教育即培养人的发展和全面提高学生素质。人受教育的基本任务是要从一个自然人变成社会人，"会做人"是其最重要的素质，它是种综合素质，不单属于某个学科品质，也不是某个学科能独立培养出来的，而是所有学科共同的结果。因此，每个学科都要承担相应的责任，数学也是如此。

八个变量是带有方向性、原则性特征的策略，而不是具体的教学方法。

下面具体解释每个变量。

数学的返璞归真教育：就是按照数学发生发展、发现发明的原本过程进行教学；引导学生从日常事务的具体问题中感知数学对象，将具体问题数学化。"生物发生律"告诉我们，个人的认识过程，总要大体重复人类认识的历史过程，因此这个过程一般比较容易理解接受。再者，这个过程也能让学生经受锻炼，丰富经历。在教学过程中，要尽可能地设计一个大致可信的自然的知识生长过程，让学生经历数学家的研究道路，密切联系生活实际，将数学知识生活化，培养学生的数学意识知识应用能力。

数学美育：数学美就是数学中美的东西。数学的历史，从一定意义上来说，是追求真善美的历史，是人们对数学美追求的结晶。就数学本身而言，是壮丽多彩、千姿百态、引人入胜的……认为数学枯燥乏味的人，只是看到了数学的严谨性，而没有体会出数学的内在美。数学美是数学中奇妙的有规律的让人愉悦的美的东西。数学的美概括起来有简洁美、和谐美和奇异美，具体的又有符号美、抽象美、统一美、对称美、形式美、无限美、变中之不变、凡中之不平凡等等。美的感觉是需要培养的。教学过程中，数学教师应运用审美原则，引进美学机制，引导学生感受数学的美，激发学习兴趣，自我增进审美意识和审美能力，增强鉴别美丑的能力，培育美好的心灵和高尚的道德情操。

数学发现法教育：真正的学习是自己的发现。在学习中，通过各种学习方式，像数学家那样去发现研究问题，并解决问题，成为知识的发现者，进而发展思维能力和创新精神。数学教学担当着培养学生创造性思维和创造能力的任务，在教学过程中，应努力为学生创造探索发现的机会和条件，揭示创造活动，促进真正意义上的学习，培养数学机智。

数学家人品教育：数学家人品大体包括他们高尚的道德情操和崇高的人格以及他们渊博的学识、丰富的思想和独到的治学之道。教学目的是让学生了解数学家的成长经历，了解数学家的成败缘由，体味他们的奉献精神，学习他们的道德情操，感受他们的治学态度和人格魅力。

数学史志教育：数学是历史地形成的。数学史对数学教育的作用有：帮助理解数学，数学家发现数学时是火热地思考着的，而呈现的则是冰冷的美丽形式，教师要揭开这层形式化外衣以显现数学的本质，让学生体会数学的内涵；提高对数学的宏观认识；为数学教学设计提供一定的指导；能凸显数学的文化价值同。其教育内容如下：数学概念、符号、工具、方法产生发展的历程，背景材料和发展的一般规律，数学思想方法的发展过程，特别是数学史上的几次危机，几次大事件，几次大阶段；现代数学发展的形势。通过这些使学生了解数学的来龙去脉，数学的本质，数学的整体概貌，数学的整体价值。

演绎推理教学：演绎推理是从一般性的前提出发，通过推导得出具体结论的过程。演绎推理的前提和结论间具有蕴含关系，是必然性推理。数学具有严谨的公理演绎体系。数学是一门演绎的精密科学，主要是运用演绎论证，达到数学的真理性。进行演绎推理教学，就要做到扎扎实实地进行概念教学，教会基本的运算、解方程、变形、求值和逻辑推理，了解推理论证的实质，了解数学公理结构的基本形式。

合情推理教学：数学需要演绎推理，也需要合情推理。合情推理是根据已有的条件知识推出可能性结论。数学是双重逻辑结构，具有归纳的一面，而合情推理正是建筑在归纳的基础上。数学科学结论的发现往往发端于对事物的观察、比较、归纳、类比。合情推理的实质是发现，合情推理能力的培养有助于发展学生的创新精神。在教学过程中，我们可以尝试观察、实验、归纳、类比、联想、猜想、推广、限定等合情推理方法，按数学发展的本来过程进行教学，做到易理解，有趣味，学习科学的探索方法，增进一般科学素养。演绎推理与合情推理既不相同又相辅相成，教学中应当做到两者兼顾。

7.MM 教育实验与数学课程标准的比较研究

MM 教育是一种具有鲜明数学特色的数学教育方式，是 MM 实验理念的提升。MM 实验是"贯彻数学方法论的教育方式，全面提高学生素质"的数学教育实验。数学课程标准是规定数学这一学科的课程性质、课程目标、内容目标、实施建议的教学指导性文件。MM 实验的发起人、构思者及实践者徐沥泉等人曾将 MM 实验与高中数学课程标准进行比较研究，具有现实意义。因此本书认为将 MM 实验与数学课程标准进行比较仍具有现实意义，具有可比性。下面将从性质、基本理念、目标、评价方法四个方面比较 MM 实验与数学课程标准的异同之处。

（1）MM实验性质与数学课程标准课程性质意义的比较

MM实验是运用数学本身的思想方法指导数学教学和改革的一种数学教育方式。数学课程标准的课程性质是实施该课程的意义概述。MM实验性质表述：在数学教学中，贯彻MM教育方式，提高学生的一般科学素养，增进社会文化修养，形成和发展数学品质，从而全面提高学生素质；同时培养和造就集教学与科研于一身的数学教师。数学课程标准课程性质：数学课程是培养公民素质的基础课程，使学生掌握必备的基础知识和基本技能，培养学生的抽象能力、推理能力、创新意识和实践能力，促进学生在情感、态度与价值观等方面的发展，为学生未来生活、工作和学习奠定重要的基础。两者共同强调要提高学生的素质，着眼于培养学生的能力，服务于学生的未来发展。数学基础知识和基本技能是数学品质的一部分；一般科学素养包含抽象能力、推理能力、创新意识和实践能力；社会文化修养含有情感、态度与价值观等方面。两者性质几乎吻合。稍微不同之处是课标课程性质是从学生角度出发提出来的，培养对象是学生，而MM教育实验不仅服务于学生，同时服务于教师自身的发展。

（2）MM实验基本操作理念、基本原则与数学课程标准课程基本理念的比较

MM实验的基本操作是：教师合理地按照MM的教育方式组织教学，充分发挥数学的实用和文化教育两个功能；自觉遵守教学、学习、研究（发现）同步协调和既教证明，又教猜想原则；瞄准三项具体目标；自觉恰当地操作数学的八个变量，最终达到全面提高学生素质的目的。

MM基本操作表中蕴含的教学原则归纳如下：①数学教学中的德育原则，即操作好数学的返璞归真教育和数学史志教育两变量；②美育原则，即操作好数学教学中的美育变量；③数学教学中充分暴露数学思维活动过程原则，即操作好数学发现法教育变量；④数学家学习激励机制原则，即操作好数学家优秀品质教育变量；⑤既教证明又教猜想原则，即操作好合情推理教学与演绎推理教学两变量；⑥一般解题方法教学原则。教学·研究·发现——同步协调原则与既教证明又教猜想的原则最能体现MM实验特色，其中既教证明又教猜想的原则又是MM实验最根本的原则，它在教学与研究中起着画龙点睛的作用。

MM 实验中的三个目标的实现，可以说是获得了良好的数学教育，并最终全面提高学生的素质，与课标总纲要求如出一辙。教学过程中，八个可控变量的选取要依据课程内容，而课程内容的选择要注意处理好过程与结果，直观与抽象，直接经验与间接经验，层次性与多样性四个关系。课程内容要反映社会需要，贴近学生实际，即贯彻数学的返璞归真教育。MM 状态变量的实现程度得益于教师教与学生学两者关系处理得当与否。教师教与学生学两者关系的处理可依据 MM 基本操作表中蕴含的教学原则。MM 实验中的微观操作隶属于数学的思考，数学学习方法。通过数学家优秀品质教育可以有效地培养学生的数学学习习惯。数学课程标准课程基本理念是个文本概要，理念引导，而 MM 实验基本操作表则提供了具体可行的实际操作机制，可以将两者进行有机融合。

（3）基于比较研究的 MM 教育实验的再认识

基于上述比较，我们发现 MM 实验与数学课程标准在性质、基本理念、目标及评价方法上殊途同归。特别是两者的性质、基本理念几乎吻合。两者的目标和评价方法稍有不同，而这些不同之处却恰好弥补了两者的不足，两者可以相互融合促进。MM 实验符合数学思维和数学教育规律，符合基础教育的基本理念，代表了当前教育改革的正确方向，能有力地使数学教育课程改革呈健康发展状态。在实施新课程中，可以在新课标的指引下，结合实际教学情况，切实落实 MM 教育实验，有效地促进学生的全面发展，最终实现素质教育。

（三）数学教学模式的建构与创新

1.数学教学模式的选择

选择数学教学模式必须首先熟悉常用的数学教学模式，了解它们的功能、结构和适用范围，既知道各种数学教学模式的优点，又知道它们的局限性。例如，讲练结合教学模式可以在较少的时间内接受较多的信息，让学生通过练习掌握数学的基本技能，但不能充分调动学生的主动性和积极性，培养学生的能力也不够理想。引导发现模式有利于培养学生发现问题、分析问题和解决问题的能力，但需要花费较多的时间。其他各种数学教学模式也都是有利有弊。因此，必须根据自己教学的实际情况选择合适的数学教学模式。通常可以从以下几个方面考虑：

（1）根据数学教学目标进行选择

每一节课都有特定的教学目标，不同的教学目标需要不同的数学教学模式。教学目标主要是掌握基础知识和基本技能的课，常常采用讲练结合模式。教学目标主要是培养发现和探究能力的课，常常采用引导发现模式。

教学目标主要是培养实践能力的课，常常采用实践活动模式。教学目标主要是培养交流、表达能力的课，常常采用讨论交流模式。教学目标主要是培养自学和独立思考能力的课，常常采用自学辅导模式。

（2）根据数学教学内容进行选择

各种教学内容都有各自的特点，难易程度也不尽相同，有的是概念，有的是定理、公式和法则，有的是例题。教师必须根据不同的数学教学内容选择相应的数学教学模式。

学习数学的基本概念和基本技能的课，一般选用讲练结合模式。

学习数学定理、公式和法则的课，一般选用讲练结合或引导发现模式。学习内容比较容易理解和掌握的课，一般选用自学辅导模式。

学习容易产生混淆的数学知识，以及容易产生争议的内容的课，一般选用讨论交流模式。

学习实践内容比较丰富、可以进行操作的课，一般选用实践活动模式。

（3）根据学生情况进行选择

由于在数学教学活动中，学生是学习的主体，因此学生情况是选择数学教学模式的重要依据。每一个班级中学生的年龄、知识基础、认识水平、学习动机、学习能力、学习风格和学习态度各不相同，必须根据他们的特点选用相应的教学模式。

学生的数学知识基础比较好、自学能力也比较强，通常选用自学辅导模式或引导发现模式。学生年龄比较小，认识水平比较低，如有可能尽量选用实践活动模式，一般少用讨论交流的教学模式。

（4）根据教师特点进行选择

每一个数学教师都有自己的特长、数学素养和教学风格，这也是选择数学教学模式的依据之一。有的教师对数学教学内容有透彻的理解，又善于用生动的语言表达自己的思想，这样的教师运用讲练结合教学模式往往效果比较好。有的教师洞悉数学思想发展的脉络，又善于启发学生的思维，这样的教师运用引导发现模式就比较适当。

上述几方面的依据可供选择数学教学模式时参考，但不是绝对的。因为没有一种万能的数学教学模式，也没有一种数学教学模式可以适用于各种情况，更没有一种数学教学模式是最好的。对某一种教学目标、某一类数学教学内容、某一个班级的学生，也不限定只用一种数学教学模式，有多种模式可以选用。因此必须全面地、具体地、综合地考虑各种有关的因素，灵活地进行选择。而且在很多情况下，一节课需要同时选用多种数学教学模式，互相配合，交替运用。

2.发展教学模式不断改革创新

教学模式的运用是一个继承与发展的过程，也是一个不断创新的过程。构建创新教育的教学模式体系是教学改革的需要，但是从教学改革的眼光看，需要我们不断发展教学模式，突破教学模式，逐渐过渡到"无模式"教学，为学生的个性发展提供充足的机会和条件。我们在继承与发展的过程中，要注意不断发挥自我优势，形成和树立带有个性的教学风格，推动教育理论和教学改革的深入开展。

3.素质教育的中学数学教学模式

随着素质教育的深化，广大教育工作者在实践的基础上构建了许多新教学模式，作为基础学科之一的数学学科，新的教学模式更是不断涌现。通过长期的课堂教学实践及调查研究，在众多教学模式中，遴选出几种在课堂教学过程中行之有效的教学模式，现逐一介绍，以供参考。

（1）发现式教学模式

①发现式教学模式的含义

发现式教学模式是指学生在教师的指导下,通过阅读、观察、实验、思考、讨论等方式，去发现问题、研究问题，进而解决问题、总结规律，成为知识的发现者。这种模式在教学活动中，教师不是将既有知识灌输给学生，而是通过精心设计的一个问题链，激发学生的求知欲，最终在教师的指导下发现问题、解决问题。

②发现式教学模式教学目标

学习发现问题的方法，培养、提高创造性思维的能力，发展学生的探究思维能力，让学生从已知事实或现象中推导出未知，形成概念，从中发现事物发展变化的规律性，并培养学生的科学态度和独创精神，掌握科学研究的方法。

③发现式教学模式的效能

第一，可以提高学生智慧的潜力；第二，可以使学习的外部动机向内部动机转化；第三，有助于所学知识保持记忆；第四，学会发现的探究法。

发现法教学模式在一定教学条件下（如教材适合运用"发现法"，学生思维活跃，能力较强，对所学内容有一定知识储备等）是一种有效的教学模式，它对发展学生归纳思维、直觉思维和迁移能力，使学生牢固掌握知识，形成科学探究精神和习惯是有价值的。但是这一教学模式也有许多局限性，如费时费力、适应面窄等。

（2）自学—指导教学模式

①自学—指导教学模式的含义

自学—指导教学模式是在教学过程中，学生通过自学，进行探索、研究，教师则通过给出自学提纲，提供一定的阅读材料和思考问题的线索，启发学生进行独立思考。

这种教学模式的特点是学生的自主性、独立性较强，可以让学生在自学中学会学习，掌握数学学习方法。

②自学—指导教学模式的教学目标

自学—指导教学模式通过学生自学，促进自学能力的提高，并形成学科间迁移，最后达到各学科全面发展，在教学过程中的思维规律，在进行知识技能训练的基础上更重视学生自学能力的培养，发展思维水平，同时重视非智力因素的作用。这一模式可以充分让学生主动参加，提高师生之间交流的程度和效果。

③自学—指导教学模式的效能

第一，有助于所学知识保持记忆；第二，"先学"培养了学生独立学习的能力；第三，培养了学生的知识迁移能力；第四，学会自学的探究法。

（3）活动—参与教学模式

①活动—参与教学模式的含义

活动—参与教学模式是通过教师的引导，学生自主参与数学实践活动，密切数学与生活实际的联系，掌握数学知识的发生、形成过程和数学建模方法，形成数学的意识。

活动—参与教学模式主要有以下几种形式：①数学调查；②数学实验；③测量活动；④模型制作；⑤数学游戏；⑥问题解决。

②活动—参与教学模式的教学目标

在这一教学模式中，教师让学生通过自己的实践学习教学，尽可能让学生在阅读、讨论、作图、制作模型，以及实验、调查等实践活动中学习数学，让学生主动参与。让学生积极活动是这一教学模式的一个显著特点。

这一教学模式的目标是积极培养学生的主动参与意识，增进师生、同伴之间的情感交流，提高实际操作能力，形成用数学的意识。

这种丰富符合思维的基本规律，既发展了学生的思维能力，又有利于学生理解掌握知识，形成完善的数学认知结构。

③活动—参与教学模式的效能

第一，注重直观性，容易提高学生的学习兴趣；第二，课外活动更重视培养兴趣，提高自学能力和实际操作能力；第三，不断提供给学生实践的机会，学生能探究知识，发展能力。

（4）分层次教学模式

①分层次教学模式的含义

分层次教学模式是将学生按照一定标准（通常是学生的学业成绩、能力倾向）划分为不同的层次，给予不同的教学，实行与各层次学生的学习能动性相适应、着眼于学生分层提高的教学模式。

②分层次教学模式的教学目标

分层次教学模式是以"面向全体，兼顾两头"为原则，以教学大纲、考试说明为依据，根据教材的知识结论和学生的认知能力，将知识、能力和思想方法融为一体，合理制定各层次学生的教学目标，这一模式的教学目标可分为五个层次：①识记；②领会；③简单应用；④简单综合应用；⑤较复杂综合应用。对于不同层次的学生，教学目标要求不一样：A组的学生达到①～③；B组的学生达到①～④；C组的学生达到①～⑤。

③分层次教学模式的效能

根据学生的数学基础、学习能力、学习态度、学习成绩的差异和提高学习效率的要求，结合教材和学生的学生可能性水平，再结合学生的心理特点及性格特征，将学生分成三层，A层是学习有困难的学生；B层是成绩中等学生；C层是学习很好的学生。在教学各个环节中施行分层次，不仅教学目标层次化，而且课前预习课堂教学过程、课堂例题练习和作业、课堂小结要层次化，真正实现教育民主化的思想。

1）补偿认知缺陷

在教学新知识前，对各层次学生学习本节课新知识所必备的基础知识进行了解，并针对各层次学生存在的不同认知缺陷在课前或课中给予补偿。

2）明确分层目标

根据大纲、教材的要求及内容，综合班级里各层次学生的已有水平，制定与各层次学生认知水平"最近发展区"相吻合的分层教学目标。

3）分层讲授新知

对于新知识的教学，需要按照"认知的不平衡"将认知目标分为不同的层次，使学生在层次不断深入的教学中完善、深化对该技能的掌握。

4）自主作业，分层反馈

教师给各层次的学生以多样的、适当的、有针对性的鼓励。留不同层次学生的作业，并进行不同层次的反馈。

（5）探究式教学模式

①探究式教学模式的含义

探究式教学模式是在教师指导下学生以探究的方式主动获得知识和运用知识解决问题的过程，而不再是复制教师的思维和知识的过程。就过程和结果而言，这种教学模式更注重过程。在数学教学中，主要是指学生在教师的引导下，通过多种途径、方法主动探究知识、获取知识、应用知识、解决问题，学生是真正的思考者、探究者，教师则是组织者、引导者、参与者。

②探究式教学模式的教学目标

探究式学习是一种开放性学习。在这一过程中，学生不再是被动接受知识，而是主动参与知识的形成过程，学生的学习兴趣被极大地激发，思维的独立性、研究技能和创新精神得到更好的培养。学生在课堂教学氛围中自己探索、辨析、思考，自己去历练，相互间讨论协作，学习情绪处于最佳状态，通过探索知识的奥妙来尝试成功的甜蜜，从而使学生发现自我，认识自我，为其终身教育打下坚实的基础。

③探究式教学模式的效能

探究式教学模式强调学生的参与性、主动性、学生思维能力的创造性等，着重于全面提高学生的素质，特别是科学素质，使学生在受教育过程中主动、轻松，视学习为乐趣，所以探究式教学是实现素质教育的一个主要的教学模式。下面详细研究数学探究式课堂教学模式。

4. 数学探究式课堂教学模式的研究

数学探究性学习是在动态的教学过程中以问题为载体，创设类似知识发生发展的情境，让学生自己去体验、感受发现知识的再创造过程，使学生领略数学对象的丰富、生动且富于变化的一面，进而形成数学知识、技能和能力，发展数学对象数学情感、态度和思维等方面的品质。探究式教学模式在概念型和简单规律、法则的教学中用得较多。

（1）数学探究式课堂教学模式的目标

①知识目标

通过数学探究性学习使学生获得必要的数学基础知识和基本技能，理解基本的数学概念、数学结论的本质，了解知识产生的背景、应用，体会其蕴含的数学思想方法，提高数学分析问题、解决问题的能力。

②情感目标

通过数学探究性学习课堂教学过程的每一个互动环节，让学生体会学习数学的乐趣，保持强烈、持久、稳定的学习动机，坚持对数学学习持积极、乐观、向上的态度。通过充分的自主探究、合作交流、积极思考，提高学生交流和处理信息的能力，树立学数学的信心，锲而不舍进行钻研的精神和科学态度。

③应用创新目标

数学学习的本质是学生的再创造。数学探究性学习的课堂教学过程中要注意紧密联系生活的实际，从学生的生活经验出发进行教学，善于引导学生把生活经验上升到数学知识，培养学生应用数学的意识，鼓励学生积极进行创造性的思维活动，培养探索与创新精神。

（2）数学探究式课堂教学模式的特点

①开放性

数学探究式课堂教学进行的是一种开放性的学习，在同一主题下，由于个人兴趣、经验和研究活动的需要不同，研究视角的确定、研究目标的定位、切入口的选择、探究工程的设计、研究方法的运用等具有很大的灵活性，从而实现目标开放、过程开放、结果开放。它强调的是富有个性的学习活动过程，关注的是学生在这一过程中获得丰富多彩的学习体验和个性化的创造性表现。学生在这种学习中将培养起开放性思维，这对培养学生的创新精神尤为重要。

②探究性

探究性是数学探究性学习的课堂教学的核心。它主要是指人积极自觉地认识和行动，并且以一种选择与参与的态度主动地适应和改造客观世界的行为。过去学生的学习在很多情况下是在接受外界的被动刺激下完成的，或者是在一定的压力下进行的（这种压力一般来自教师、家长和考试制度），这就谈不上学习的主动性、积极性，也就不会有较高的学习效率。而在探究性学习中，由原来"教师带着知识走向学生"变为"教师带着学生走向知识"，把学习的权利"还给"学生。学生主动参与，主动求知，通过自己的思考、探索，求得解决问题的思路与方法，充分发挥学生的学习的主动性和自主性，形成一种稳定而持久的学习内驱力，更好地实现自我知识的建构。

③主体性

主体性主要是指主体支配自己权力的意识及能力，集中表现为自尊、自立、自强等自我意识以及自我激励、自我调控、自我评价能力等。从产生疑问到提出疑问，是学生自主性的充分体现，教师要有机地引导学生勤思考、多分析，以培养学生解决问题的能力，使其获得成功体验，不断激励自己，认识自己，为主动学习奠定基础。学习是学习者所进行的活动，学习归根结底应由学习者来完成，靠教师的压服、强迫是很难奏效的，教师不能用自己对知识正确性的认知作为学生接受它的理由，也不能用科学家、课本的权威来压服学生，学生对知识的接受只能靠他们自己来完成。数学探究性课堂教学进一步强调学生的主体作用，把学习的权利真正还给学生，让学生真正成为学习的主体，实现自主学习。

④创造性

实现探究性学习的课堂教学鼓励创造的学习，其目标是培养学生的创新意识、创造性思维能力和动手实践能力，而创造性是主体发展的最高表现。

对学生而言，学习的结果是通过增加独力思考、求新求异、发挥想象力、积极动手研究，利用实现的眼光，理解问题中潜在的数学特征，识别蕴含于日常生活、自然现象和其他学科中的数学关系，并把它们提炼出来进行分析，然后综合运用所学知识和技能加以解决，从而产生的从未有过的想法、见解，具有自我实现的创造性。在这个学习的过程中体现出的就是探索精神和求异思维。

（3）数学探究式课堂教学模式的分类

①数学概念课的探究式课堂教学模式

概念的获得大致有两种方式：一种是概念同化方式；另一种是概念形成方式。前者的教学过程简明，可以比较直接地学习概念；后者的教学过程用得更多一些。事实上，数学概念既是逻辑分析的对象，又是具有显示背景和丰富寓意的数学过程，因此必须让学生从概念的现实原型、概念的抽象过程、数学思想的指导作用、形式表述和符号化的运用等多方位理解一个数学概念。

1）数学概念课的探究式课堂教学模式的理解

近年来，学生的学习过程是一种有层次的建构。其中"活动"阶段是学生理解数学概念的一个必要条件，通过活动让学生亲身体验、感受直观背景和概念间的关系；"过程"阶段是学生对"活动"的思考，经历思维的内化、概括过程，学生在头脑中对活动进行描述和反思，抽象出概念所特有的性质；"对象"阶段是通过前面的抽象认识到了概念本质，对其进行压缩并赋予形式化的定义和符号，使其达到精致化，成为一个思维中的具体的对象，在以后的学习中以此为对象进行新的活动；"图式"的形成是要经过长期的学习过程进一步完善，起初的图式包含反映概念的特例、抽象过程、定义及符号、经过学习建立起与其他概念、规则图形等的联系，在头脑中形成综合的心理图式。

2）数学概念课的探究式课堂教学模式说明

第一，数学概念是抽象的，但都有其客观的物质基础，通过创设情境，呈现刺激这一环节，就是为概念的形成提供"物质基础"。对学生来说，"数学现实"就是他们的经验，所以结合学生的实际和学生的认知规律或学生关心的事物，可以提高学生对数学知识的直接体验，激发学生的学习兴趣，这需要教师根据具体的教学内容创设合情的、合理的、有针对性、有目的性的情境。

第二，学起于思，思起于疑，疑则诱发探究。数学概念的学习不是由学生直接接受课本或教师的现成结论，而是教师引导学生亲自参与的丰富、生动的数学活动过程。在这一过程中让学生充分地自主活动，或独立思考，或分组讨论，使他们有机会对呈现的刺激模式进行观察、分析、对比、发现、归纳，对刺激模式的属性进行充分的分化、比较，进而培养学生从平常的现象中发现不平常性质的能力。

第三，在分化、比较各种属性的基础上引导学生对刺激模式中的共同属性进行抽象，并从共同特征中抽象出概念的本质属性，概括形成概念。这一过程，就是明确概念的内涵和外延的过程，是学生思维的再创造过程，这是探究性学习活动的重要环节。

第四，概念形成后，教师要采取适当的措施，使学生认知结构中的新旧概念分化，以免造成新旧概念的混淆，新概念被旧概念所湮没。另外，应及时把新概念纳入已有的概念体系中，使之与学生已有的认知结构中的有关概念建立联系，同化新概念，并立刻巩固新概念。巩固概念是一个不可缺少的环节，这也是知识向技能转化的关键。巩固的主要手段是应用，在应用中求得对概念更深层次的理解。

第五，当学生逐步学会形成概念的方式后，要引导学生在学习过程中自行定义概念。并能检验和修正概念定义的过程，又是一个概念应用的过程，从中可看出概念的本质特征是否已被学生真正理解。

②数学命题课的探究式课堂教学模式

数学命题的教学是获得新知的必由之路，也是提高数学素养的基础，因此它是数学课的又一重要基本课型。

1）数学命题课的探究式课堂教学模式的理解

命题课教学中，进行语言要准确，论证要严格，书写要规范。命题证明的思路宜采用"分析与综合相结合"的方法，即假定结论成立，看其应具备什么充分条件或从已知条件出发，看其能推出什么结果，即前后结合进行分析。还可考虑是否需要添加辅助元素（线、角、元等），把欲证的问题作分解、组合或其他转换。公理、定理、公式是几何学的重要组成部分。

2）数学命题课的探究式课堂教学模式的说明

对于每个环节，针对教材内容和教学实际，可赋予不同的内涵，采用不同的形式。

第一，创设情境：要求教师根据教材的特点，找准知识的生长点，精心设计问题。根据不同的教学内容，设计的问题可以是实际问题也可以是数学问题，或模型演示，通过具体的启发性、探索性和开放性的问题引起学生的认知冲突，激发探究兴趣。

第二，分析猜想：公式、定理课的教学，不能只满足于结论的证明与应用，而应鼓励学生以探索者的姿态出现，去猜想，去探索它们的发现过程。这一环节要充分发挥学生的主动性，引导学生通过实验、观察，运用类比、联想、归纳、综合等方法去探索、去研究，在学生的主动参与中，使问题逐步得到解决，在问题解决的过程中，引导学生不断猜想，不断发现新问题，获得新知识、新方法。教师可以根据不同的教学内容，引导学生去猜想结论，猜想规律，猜想策略。

第三，论证评价：在这一环节中，教师要引导学生对自己的猜想进行评价，去验证自己结论的合理性，并给出严格的逻辑证明，应鼓励学生尽可能用自己的方式完成证明。在学生经过探究，找到思路之后，不要急于证明和应用，要给学生提供一个展示思维过程的机会，讲出自己的思路，并反思自己的思路是怎样想到的，使更多的同学受到启发，相互借鉴，并讨论能不能用别的方法来证明促使学生思路发散。

第四，推广应用：定理、公式的运用是必不可少的一环。前面三个环节是从实际问题出发，经过分析探究、逐步形成理论。而这一环节则是运用理论来指导实践，让学生学会用数学知识解决实际问题。这正体现了"实践—理论—实践"的哲学思想。通过这一环节，引导学生进行反思小结，对知识进行整理，规律进行总结，思想方法进行提炼，最终形成自己的观点。

③数学解题课的探究式课堂教学模式

1）数学解题课的探究式课堂教学模式的理解

解题过程并不是"题海战术"的实施。学生会把问题和类型联系起来，如果学生死抠解题类型，就不会思考其中的数学意义，这个过程主要是记忆和操练，这样，学生的思维空间就缩小了，虽然发展了解题技能，但没有发展学生的数学理解和思考能力。事实上，解题教学应由教师提供良好的教学情境，引导学生思考情境中的问题与运算意义的联系，让学生经历思考、讲述、探索与再创造，在这一过程中获得对概念的进一步理解，进而发展数学思维和能力。数学解题过程中解题者的主动探究是一种主动、积极的探索式学习。

2）数学解题课的探究式课堂教学模式的说明

第一，解题课的重点是习题的处理，其中选题是重要环节，是教师备课的重点。一般认为，教学中的好题，需要启发性，便于学生参与，又具有趣味性、典型性、挑战性、开放性、探索性。典型性指题型有代表性，思路方法具一般性，联系知识具广泛性；探索性是指类型开放，面孔新颖，思路灵活。难易统一，是指有的问题表面上易，形式上易，但实质上不易，对能力要求高，解答易出错；有的问题表面似难，但若抓住本质，实际不难。

第二，尝试解答是探究性学习课堂教学模式的重要环节。这里的尝试是指学生主体的探究活动，强调学生是学习的主体，立足让学生去探索、发现、创新。教师可根据情况就反向性问题给以引导，一般不对具体题目进行提示，把教师的"导"转化为学生的"思"，避免用教师的所谓代替学生的思维。引导学生自己完成去伪存真、去粗取精的工作，找准问题的本质，设计或选择正确的解题方法。教师应该指导学生保持良好的心态，始终用高强度、高质量的思维进行探究活动。如果思维出现明显的偏差，应坦然面对，并逐步学会及时调整思路，避免出现过分焦虑。解题的探究过程是个创造的过程，要善于运用联想、归纳、转化、数形结合、换元、配方等常用的数学思想方法，动手做、动眼察、动耳听、动笔写，逐步提高探究能力。

第三，探究深化包括归纳交流和变式训练两种途径。归纳交流主要发生在学生集体中，发生在个体与个体之间。在教师的指导下，学生主体可以进行一些局部的或全方位的交流活动。在交流中，学生互相借鉴探究过程的思路，共同分享探究活动的成果，互相传递彼此的智慧。一题多解、多解归一是手段而不是目的，重点不在解法的数量上，而在于开阔思路。教师要抓住这一环节，引导学生真正把问题弄懂弄透，掰开揉碎，使其成为切实有效的锻炼思维的手段。在交流过程中，还应引导学生分析探究过程中失误的原因，找到避免这种失误的方法，做到"吃了一堑"，就要"长上一智"。归纳交流还应规范和优化解题思路和步骤。

第四，习题课的反思小结，重在使知识纳入系统，使方法得到提炼，使解题思路得以开阔。小结既可由对本节习题课重点内容进行回顾补偿，还可在短短的结语中设置悬念，为后续教学埋下伏笔。

5. 创新型数学教学所带来的积极作用

新课程理念的核心是创新，创新既是时代发展的客观要求，又是实施数学教学改革的重要手段。中学数学教学正处于学生学习承上启下的关键时期，如何培养中学生的数学创新能力，对中学生的全面健康发展非常重要。数学教学的根本指导思想是提高学生的数学素质：包括数学观念、数学意识、数学思维、数学能力及基本的数学逻辑。而素质教育的核心在于对学生创新能力的培养。如何把数学知识与生产、生活实际结合起来，注重学生应用与创新能力的培养，是每一位数学教师必须思考的课题。下面谈一谈创新型数学教学模式所带来的积极作用。

（1）创设良好的学习情境，激发学生学习的主动性、积极性

数学教学应从学生实际出发，创设有助于学生自主学习的问题情境。只有当主体意识到是其自身在影响和决定学习成败的时候，才能促进主体的主动发展。

因此，教师必须精心创设教学情境，有效调动学生主动参与教学活动，使其学习动机从好奇逐步升华为兴趣、志趣、理想以及自我价值的实现。因此，在创造性的数学教学中，师生双方都应成为教学的主体。

（2）鼓励学生自主探索与合作交流

解决问题的关键是教育内容的革新、教育观念的更新和教学方法的创新，学生的学习只有通过自身的探索活动才可能是有效地。教师应引导学生主动地从事观察、实验、猜测、验证、推理与合作交流等数学活动，从而使学生形成对数学知识的理解和有效的学习策略。

（3）注重开放问题的教学

数学作为一门思维性极强的基础学科，在培养学生的创新思维方面有其得天独厚的条件，而注重开放问题的教学，又可充分激发学生的创造潜能，尤其对学生思维变通性、创造性的训练提出了新的更多的可能性。所以，在开放问题的教学中，选用的问题既要有一定的难度，又要为大多数学生所接

受，既要隐含"创新"因素，又要留有让学生可以从不同角度、不同层次充分施展他们聪明才智的余地。

（4）尊重学生个体差异，实施分层教学，开展积极评价

教师在调控教学内容时必须在知识的深度和广度上分层次教学，尽可能地采用多样化的教学方法和学习指导策略。在教学评价上要承认学生个体差异，对不同程度、不同性格的学生提出不同的学习要求。

作为一位教师要建立一种平等、信任、理解和相互尊重的和谐师生关系，营造民主的课堂教学环境，学生才会在此环境中大胆发表自己的见解，展示自己的个性特征。对于有困难的学生，教师要给予及时的关照与帮助，要鼓励他们主动参与数学活动，尝试用自己的方式去解决问题，发表自己的看法，并及时肯定他们的点滴进步，从而增强学习数学的兴趣和信心。

（5）创设和谐愉悦的课堂氛围

创新教育与传统教育的不同就在于改变了知识、能力、创新在教育过程中的性质和地位，所以"教师难教，学生难学，考试难考，成绩难以提高"，其根本原因就是我们当前的数学教学违背了数学本身特有的学科性质，只是进行机械教条的知识灌输和技能训练。

教师必须精心创造教学情境，创设宽松、和谐、多变的课堂氛围，使学生勇于创新、主动创新。对学生中具有独特创新的想法要特别呵护、启发、引导，不轻易否定，切实保护学生"想"的积极性和自信心，这对学生的创新能力会起到积极的推动作用。教师就教学内容应设计出具有探究性、趣味性、适应性和开放性的情境性问题，并对学生适时进行指导，给他们提供自主学习、自由探究的时间和空间，让学生有机会创新。

（6）激励学生自主探究与合作交流

数学教学是数学活动的教学，是师生之间、学生之间交往互助与共同发展的过程。学一个活动最好的方法是做。所以说自主探究与合作交流是培养创新精神与创新能力的重要途径。由于学生之间存在着各种差异以及学生学习活动的独立性和学习内容的开放性，导致了当面对同样的问题时，学生中会出现各种各样的思维方式，产生各种不同结果，有些甚至是出乎意料的。

教师让学生在独立自主的基础上进行合作，能为学生提供更多参与交流讨论的机会，能满足学生充分展示自我的心理需要。同时，通过生生互动，

使学生看到问题的不同侧面，对自己和他人的观点进行反思和批判，从而建构起新的更深层次的理解。

（7）运用求异法，旨在创新

"求异"是在分析解决问题时，不拘泥于一般的原理和方法，不满足已知的结论，而运用与众不同的思维方式，标新立异地提出自己新见解的一种方法。首先，教师要挖掘教材，引导学生从多方面去分析问题，形成自己独特的见解。其次，引导学生逆向思维。教师应当注意引导学生敢于"反其道而思之"，让思维向对立的方面发展，从问题的相反方向深入地进行探索，树立新思想，创立新形象。

数学课堂教学是培养学生创新能力的主要阵地。在教学过程中，教师必须给学生创新的机会和足够的时间，必须设置具有挑战性、开放性、探索性的问题，通过让学生寻找解决问题的独特策略和最佳策略的途径，把他们创新的潜能开发出来，让他们的创新精神和创新能力得到培养。

**五、数学教学方案设计**

通过对数学教学内容的分析、学生情况的分析和数学教学目标的编制，解决了"教什么""教给谁"和"为什么教"的问题，接下来就要考虑"如何教"的问题，即数学教学方案的设计问题。数学教学方案的设计包括确定数学课的类型、选择数学教学模式、设计数学教学顺序、设计数学教学活动、设计数学教学媒体等。

（一）课的划分与数学课型的确定

数学课的类型有各种不同的划分方法，通常分为以下几种：新授课、练习课、复习课、测验课、讲评课、综合课，等等。不同类型的课有不同的功能，有不同的教学过程、结构和教学策略，因此数学教学方案设计首先要确定课的类型。

课型的确定必须以课的划分为前提。数学教学是有计划地按年级划分成为若干个单元进行的。根据教学任务，每个单元又划分成一定数量、可教、可学的单位，通过每一节课的教学活动的积累完成整个教学任务。课的划分一般这样进行：首先，根据教材的内容、例题和习题的数量，结合学生的实际情况，确定单元教学课时数；其次，对本单元的教学内容以课时为单位进行划分；最后，在确定每一课时内容的基础上，列出每一课时的课题。显然，课的划分确定了每一课时的教学任务。

对于每一节课而言，需要在数学教学内容分析和学生学习情况分析的基础上，根据不同的教学任务选择相应的课型。例如，要学习新的数学概念、定理时，一般选择新授课；要使学生掌握某种技能，可采用练习课；等等。

（二）数学教学顺序设计

1. 数学教学顺序概念

数学教学顺序是指数学教学过程进行的前后次序，即先做什么，后做什么。它包括以下三个方面：

第一，数学教学内容的呈现顺序。它是指数学知识和技能出现的前后次序，即先教什么内容，后教什么内容。

第二，教师活动顺序。它是指教师进行教学活动的前后次序，即教师先进行什么教学活动，后进行什么教学活动。

第三，学生活动顺序。它是指学生进行学习活动的前后次序，即学生先进行什么学习活动，后进行什么学习活动。

这三条线是相互联系、相互配合、同步进行的，必须整体进行设计。数学教学内容呈现的顺序是主线，应围绕数学教学内容呈现的顺序，设计教师的活动和学生的活动。因此，我们主要讨论数学教学内容呈现顺序的设计。

2. 数学教学顺序设计

数学教学内容呈现顺序的安排，是在数学教学目标分析的基础上进行的。数学教学目标分析是从终点目标出发，通过分析得到一系列先决技能，最后分析起点能力。而数学教学内容呈现顺序正好相反，从起点能力出发，经过一系列先决技能，最后到达终点目标。

不同类型的学习结果需要不同的学习条件，需要不同的教学顺序。下面分别讨论几种类型学习结果的教学内容的呈现顺序。

（1）学事实的呈现顺序

数学事实主要是指数学符号、数学概念的名称和数学命题的内容等。一般有两类：一类是一个数学事实与另一个数学事实几乎不存在逻辑的联系，这类数学事实在教学顺序上先学什么，后学什么，关系不大；另一类是数学事实相互之间有一定的逻辑联系，因此就要按照逻辑顺序安排教学顺序。

（2）数学概念和原理的呈现顺序

一个数学概念、原理在数学教学过程中的呈现方式一般有以下几种：

①从简单到复杂，从特殊到一般

如果学习内容的概括程度高于已经学过的数学概念和原理，是上位学习，那么可以采取由浅入深、由易到难、从特殊到一般、从已知到未知、从较简单的先决技能到较复杂技能的呈现顺序，将数学教学内容排成一个由低到高的有层次的系统。例如，数的概念的学习，是从自然数开始，接着学习有理数，再进一步学习实数。最后学习复数。

②由一般到个别，不断分化

如果学生原有数学概念或命题的概括程度高于将要学习的数学概念或命题，是下位学习，那么可以采取由整体到部分，由一般到个别，不断分化的顺序安排数学教学内容。例如，棱柱概念的概括程度高于斜棱柱、直棱柱的概念，直棱柱概念的概括程度高于正棱柱的概念，按照由一般到个别的顺序，学生先学习棱柱的概念，然后再进一步学习斜棱柱、直棱柱的概念。

③用类比的方式

如果新的数学概念和命题与认知结构中原有的数学概念和命题是并列关系，是并列结合学习，那么可以采取类比的方式呈现教学内容。例如，学了等差数列之后学习等比数列，可以先把等差数列的定义、等差中项、通项公式、前 n 项和公式一一列出，然后将等比数列与之进行类比，就可得到等比数列的定义、等比中项、通项公式、前 n 项和公式。

④从实践到理论，从感性到理性

有些数学概念、原理可以采用从生产和生活中的实例出发，通过实践操作活动，逐步从具体问题中抽象出来，再将它们应用到实践中去解决实际问题的顺序呈现教学内容。例如，轴对称的概念，先从人的左右手、一双鞋子等实际例子出发，抽象出这个概念，然后得出轴对称的性质，再将这些概念和性质应用到实践中去解决一些实际问题，如在河边修水泵站使它到两个村子所用水管最短，等等。

⑤发现学习

在学习时，教师不把教学内容直接告诉学生，而是向他们提供问题情境，引导学生对问题进行探究，并由学生自己搜集证据，让学生从中获得发现。

它的一般步骤是：创设问题情境，提出要解决的问题；学生利用教师和教材提供的材料，对问题的解答提出假设；从理论或实践的角度检验假设，学生有不同的观点，可以展开讨论或辩论；对讨论或辩论的结果做出总结，得出结论。

（3）数学技能的呈现顺序

数学技能的教学顺序一般分成认知、分解、定位三个阶段：

①认知阶段

讲解与技能有关的知识和操作要领、注意事项，示范整个技能的进程。

②分解阶段

把整套程序分解成若干局部的单个动作呈现给学生，让学生逐个学习。

③定位阶段

在完成对分解动作呈现的基础上，将整套程序按顺序呈现给学生，学生通过模仿、尝试掌握整套程序，再通过一定的练习达到自动化，形成熟练的技能。

（三）数学教学活动设计

1. 教学目标设计

教学目标在教学设计以及教学实施过程中起着向导的作用，是课堂教学活动的出发点、中心和归宿。合理的教学目标能使教师明确自己应该"怎么教"和学生应该"怎么学"，使教学活动沿着确定的方向有效地进行。

（1）教学目标概述

①教学目标

教学目标是教学活动预期达到的结果，是学生通过学习以后预期产生的行为变化。它表现为对学生成果及终结行为的具体描述。在教学活动开始之前，教师必须明确学生学习结果的类型，并且用清晰的语言陈述教学目标。但是在当前的数学教学设计中，很多数学教师忽视教学目标，主要存在以下几个问题：

第一，认识不到教学目标的重要性，认为教学目标是个形式而已，可有可无。在进行数学教学设计时，根本不考虑教学目标，直接设计教学过程。导致教学没有方向，也没有明确要达到什么结果。

第二，不知道如何确定教学目标，在编写教案时，照抄课程标准或教学参考书。

第三，教学目标定得太笼统、太空泛、太模糊、没有针对性，不是太高，就是太低。有的只有知识目标、技能目标，没有能力目标和态度目标。

第四，用"教师做什么"的词语陈述教学目标，以教学要求代替教学目标。陈述的是教师的行为，而不是学生通过学习后行为的变化。如将教学目标陈述为"使学生掌握……""培养学生……"等等。

产生上述这些问题的原因是很多数学教师不了解教学目标的功能，不知道怎样编制教学目标。认为编制教学目标没有什么用处，是形式主义，多此一举。实际上，教学目标是教学设计的依据。对教学方法的选择，师生相互作用的活动安排，教学效果的测量和评价都起着定向和制约作用。只有明确教学目标，教学才能有的放矢。确定教学目标是教学设计的核心问题。

②教学目标的功能

教学目标有以下几种功能：

1）导向功能

组织教学活动首先要进行教学设计，制订教学计划，而教学计划的制订则要以教学目标为依据。教学目标是教学活动的预期结果，对教学过程有指引作用，能使教学中的师生活动有明确的方向。教学目标发挥其导向功能，可以使师生把精力集中到与目标相关的事情上，排除干扰。

2）评价功能

在教学过程中要根据教学目标进行形成性评价和终结性评价，根据教学目标编制测试的材料。评价一节课的好坏，也是要根据教学目标的达成度评价教学的质量。教学目标是测量和评价教学效果的尺度和标准。

3）指导功能

教学目标确定以后，教师就可以根据教学目标选择教学方法、教学策略、教学媒体，开展教学活动。

4）激励功能

在教学过程开始前，向学生明确而具体地陈述教学目标，能引起学生的注意，激发学生对学习新内容的期待和达到教学目标的欲望。从而调动学生学习的积极性和主动性，激励学生努力学习。

（2）核心素养下的教学目标新解读

①三维目标的知识本质分析

从哲学的视角可以看出，哲学从理性主义知识观到经验主义知识观再到实用主义知识观，从不同的角度对知识做了不同的分析，目的也是为了综合，为了得到一个关于知识的整体观。从哲学家的回答中可以看出：A.知识是客观存在世界的反映；B.知识是主体认识客体的思维方法；C.知识是主体、客体相互作用的系统；D.知识本身具有逻辑构成形式性和可分析性；E.知识具有内在统一性；F.知识具有工具价值与社会属性；G.知识是通过"自我系统"作用而被认识的，自我系统是具有能量的。

哲学通过宏观的视角让我们看到了知识的来源、性质与价值。而认知心理学则从微观的角度为我们了解知识的本质铺平了道路。受哲学思想的影响，心理学也经历了从客观主义、主观主义到两者相结合的三个阶段。认知心理学对知识理解的核心思想是知识主体与客体对象相互作用的知觉建构。知识本身就具有主客观双重属性，这是一种综合性的知识论。认知心理学将知识划分为陈述性知识、程序性知识。它将知识、技能和智力三个概念统一起来，有助于指导教学策略的设计。同时，认知心理学派的信息加工理论将知识看作是信息，将人类的学习过程看作是主体对信息进行加工的过程，认为学习者信息加工的方式决定了他们学什么、什么时候学、怎样学以及如何应用等，强调学习者的个人主观能动性以及学习者的原有认知结构对新知识获得的影响。这个定义也为我们提供了一条获取知识的方法：不断地交互。唯有个体与环境不断地交互，才能获得更多、更好、更新的知识，个人原有的知识库也才能不断地增加。从宏观来看就是将知识的学习看作是三个维度的对话实践：建构客观世界意义的认知性、文化性实践；建构人际关系的社会性、政治性实践；建构自我修养的伦理性、存在性实践。这也是三维目标提出的课程价值意义。

1）知识与技能

现代认知心理学的研究表明，技能、能力的本质都是知识，只是知识不同的表现形式而已，技能、能力归根到底是认知心理学知识分类中的程序性知识与策略性知识的掌握和运用。技能就是程序性知识，它在学习初期以陈述性知识的形式出现，即表现为概念、规律、原则等"是什么"的知识，培养技能就是将陈述性知识转化为程序性知识，即将它与使用特定的概念、规律、原则的条件"为何、何时、何地"相结合变成"怎么用"的知识。当学生能用程序性知识解决日常生活中的各种问题的时候，其程序性知识就转化为了策略性知识。策略性知识是指"为什么"的知识，它是关于思考方式以及思维方法的知识，它与认知策略直接联系，所以一旦掌握，并能自觉地、熟练地、灵活地运用，那么它就转化成了能力。所以三维目标中的知识与技能目标从认知心理学广义知识论的角度讲都可以认为是知识目标。具体来讲，三维目标中的知识与技能目标应该包括陈述性知识、程序性知识和策略性知识目标。

2）过程与方法

质料是从经验中产生的，形式（各种范畴）则是头脑固有的、先验的，如因果性、必然性、时间和空间等先验的认识形式，质料只有靠先天形式去整理才具有条理性和规律性。这与认知心理学认为"人类是信息的加工者；心理是一个信息加工系统；认知是一系列心理加工过程；学习就是获得心理表征"的认识是一致的。在认知过程维度根据认知过程由简单到复杂分成记忆、理解、运用、分析、评价和创新六个层次。知识维度包括了四个类目，事实性知识、概念性知识、程序性知识和反省认知知识。《教育大辞典》认为，"过程"包括三个方面，一是知识的原创过程；二是知识的认识过程；三是知识的应用过程。"方法是指为了实现一定的目的，按一定程序所采取的行为方式的总和；是认识世界、改造世界的各种具体方式、手段的通称。方法的选择，须符合客观世界发展规律，才能取得效果。掌握科学方法，是人们认识世界和改造世界的前提。"如果知识与技能是质料，那么过程与方法应该是"形式"，以此将三维目标的"过程与方法"目标理解为知识学习的认知维度可能更科学些。

3）情感态度与价值观

认知理论把学习者的思想、信念、态度和价值观等看得非常重要。认知心理学家发现情感领域可能确实控制着认知，即该目标对知识与技能、过程与方法目标具有明显的动力调控作用。心理学研究表明态度由认知成分、情感成分和行为后果所构成，人的各种行为受态度的影响很大，态度能以多种多样的方式被习得，它必须有一些行为表现手段。即在学习某种经验的实践过程中，当学生在自己的思想、信念、态度和行为方面产生了认知不一致或不协调时，他就力图获得一致，但是其结果可以表现在"学生行为后果"上，体现在对自身、对别人和对事物的态度上。就态度和价值观的关系而言，许多研究者对它们不加区别，另一些研究者认为，价值观是表示得到社会广泛承认的社会性态度的名称。在个人的发展过程中，不同类型的价值观，或许代表了不同的文化程度，可能在个人的行为选择中会变得明显起来。从教育的角度来看，将价值观与社会性态度联系起来更符合教育本身的功能。所以情感是个体性态度，价值观是社会性态度，情感态度价值观是一个从个体性态度不断向社会性态度的内化过程；而当态度的认知成分与情感成分结合在一起，则构成了学习的动机，不同的学习动机就会产生不同的学习行为和结果。同时，情感与人的社会性需要有关，是人类特有的高级而复杂的体验，具有较大的稳定性和深刻性，明确学生的需要可以帮助教师找到最适合的激励措施，充分调动学生学习的内驱力。

综上所述，新课程三维目标的实质是由三个维度构成知识维度、认知维度和情感态度维度。"三维目标"的提出代表了一种整体的知识观，"知识与技能"代表了知识的客观属性，"过程与方法"代表了知识的过程属性亦即认知属性，"情感态度与价值观"代表了知识的动力属性。这"三维目标"相辅相成，相互作用，共同构成了整体的学习目标。

②落实三维目标的教学要求

落实三维目标，就是要从三维目标出发对具体的教学活动提出一些总体要求，这是一个实践的问题。

1）形成知识教学的整体策略

第一，在知识类型、知识性质与教学策略之间建立匹配关系。

教学活动的合理化建立在知识分类精细化的基础之上。"知识"是概括程度比较高的概念，事实上，人们在掌握不同类型知识的过程中，采用的学习方式存在很大的差异。笼统地谈论知识的掌握，在实践中会遇到许多无法克服的困难。提高课堂教学效率，就是要根据每一种类型知识本身的形成规律，采用相应的教学策略，组织教学活动。传统的课堂教学在实现知识目标时存在突出问题，就是教学策略的单一性和盲目性。

知识（广义）划分为：陈述性知识和程序性知识。有研究者在此基础上进一步把广义知识的学习划分为习得、巩固与转化、迁移与应用三个阶段。

另外，学科知识的性质对于教学策略的选择也具有直接的规定性。研究者们认为，科学知识具有客观性、明确性、普遍性、中立性，人文知识则具有情境性、缄默性、个体性、价值性。科学知识的教学应以组织有意义的接受式学习为主，而语文等课程可能要更多地采用体验式的教学策略。当然这里还只是泛而言之，不同学科、同一学科不同内容板块的知识形态都可能是不一样的，知识教学的目标和策略也应当学科化、具体化。

第二，在知识的呈现方式与教师的能力结构之间建立匹配关系。

知识的呈现就是把静态的教材内容展现出来。知识的呈现包括感知形式的选择和组织形式的选择两种操作。同样的知识内容可以采用不同的感知形式呈现出来。比如，我们可以让学生阅读课文，也可以把课文转化成视听形式；可以用口头描述的方式呈现某一个知识对象，也可以用实物直观的方式呈现某一个知识对象。同样的知识内容也可以采用不同的组织方式呈现出来，所谓"处理教材"，指的就是对教材中的知识内容进行独特的组织。

另外，教师在呈现知识内容方面的能力结构各不相同，既有自己的长处，也有自己的不足。比如，有些教师擅长口头表达，有些教师擅长通过书写来表达，有些教师擅长细致讲解，有些教师擅长旁征博引。教师呈现知识的能力直接影响着知识教学目标的达成，影响着教学的效果。通常情况下，在处理教材、呈现知识的时候会自然地采用扬长避短的策略，利用自己擅长的一面组织知识进行教学。扬长避短策略是一种匹配的策略，强调的是发挥自己的能力优势，提高教学的效率。

但是，从教师个人专业发展的长远角度来看，在处理教材、呈现知识方面关注并努力改变扬长避短策略十分重要。这不是要求教师故意用自己不擅长的能力组织教学活动，而是强调在"扬长"的同时能够自觉地去"补短"。这也应看作追求匹配的策略，它强调通过持之以恒"补短"的努力，在自身能力结构与知识呈现方式之间，建立更加全面的匹配关系。采用扬长避短策略是自然而然的事情，但在扬长避短策略基础上力求能力结构更加完美，则要求教师具有较强的专业发展的自觉意识。一旦克服了自己能力上的不足，教师原有的教学风格就会跃升到更高的水平，就能在处理教材、呈现知识方面进入到游刃有余的教学新境界。

2）组织多样化的学习

"过程与方法"维度教学目标的实质就是要让学生学会学习。为了实现学会学习的目标，可以组织学生在教学过程中进行学习反思，或者组织学生学习有关学习方法的知识。这些措施固然重要，但是对于日常的教学来说，更重要的是对学生的学习方式进行多样化设计，让他们在多样化的学习环境中，形成有关学习的直接经验。

第一，共性学习与个性化学习相统一。

在班级授课制的组织形态下，全班同学肯定会有共性的学习过程，但学习是非常具有个性化色彩的，知识对于每一个个体来说，都有其特别的意义。因此，怎样让学生进行有个性的学习，怎样让共性的学习与个性化的学习相关联、相协调、相统一，这是需要认真考虑的。课堂教学的素质教育就是把面向全体与面向每一个鲜活的个体相结合，坚持共同基础与促进学生充分发展相结合。在教学实践中，可以有意识地注意三个方面。其一，让所有学生都参与到学习过程中，防止部分学生被边缘化；其二，注意不同层次学生的学习，让知识基础处于同一层次的学生得到"面"上的照顾；其三，如帮助一些特殊学生制订个性化的学习方案，使他们在原有基础上都得到较好的发展。

第二，接受学习与探究学习相统一。

转变学习方式是新课程的重要特点之一。但这种转变，更多是强调从被动到主动，从一元到多元。如果用对立、割裂的思维讨论不同的学习方式，认识和实践都会陷入僵局。其一，要从教学以学生发展为目的的意义上统一认识。尽管学习方式背后暗含的是思维方式、生活方式，但其手段意义更为明显。从目的意义上看待学习方式，应当建立学习方式群的概念，应当用关系性思维理解学习方式。适切性是学习方式应用的灵魂，怎样适切则要"具体情况具体分析"。其二，要在学习方式的根本价值取向上寻求包容。自主、合作、探究共同的价值取向主要包括解放主体、互助合作、走向开放、学会探究，这些思想应当影响、引导所有学科的教与学，以及所有学习方式的应用。如果接受式学习也能关照到这些，学者们所担忧的"人学空场"就不会出现。其三，学习方式的运用要有整合意识。这种整合可能是兼容渗透的，也可能是在不同学习阶段中互为转换的。关键是运用适切性和整合有效性。

第三，个体学习与合作学习相统一。

合作学习是新课程倡导的重要的学习方式，课堂教学应当提倡"多向互动"的合作文化。这里包含理念形态上合作主体的相互尊重，合作者的责任感和合作精神；组织形态上的师生合作、生生合作；结果形态上成果的形成与共享。但个体学习是基础，没有高质量的个体学习，就没有高质量的合作学习；合作学习是提升，高质量的合作学习使个体学习的困惑得以消解、问题得以解决。在某种意义上，课堂教学就是个体学习与合作学习相互促进的螺旋上升过程。

第四，课内学习与课外学习相统一。

课堂学习始于课外，结于课外。课堂教学往往是从解决学生学习中产生的矛盾与困惑入手的。课后的温习与拓展、迁移与巩固，是课堂学习的自然延伸。高质量的预习是课内学习的一种铺垫，一种预设，一种自练，可以大大提高教学的起点。例如，在组织针对具体课文的课外阅读时，教师可以有意识地引导学生在课外用与主题相同、相似的文章进行类同式阅读，用与主题或形式相异、相对的文章进行对比式阅读，用精读的方法选择文本进行迁移式阅读。这时，传统的学习环境就得到了改变，在学习过程中学会学习的意义就开始显露出来。

3）用审美的规律重塑课堂

成功的教学总是具有审美的特征，它能够为学生个性的和谐发展带来丰富的影响。和知识与技能、过程与方法这两个改革目标不同，情感态度与价值观的养成更多地依赖美的熏染。长期以来，不少教师在课堂教学中过度的、推理式的目标设计，使得教学过程几乎变成了一个演算过程，人与人之间自然的、和谐的交往关系完全被抽离出来。这样的课堂在达成认知的目标时也许是有效的，但是在丰富学生的情感、态度和人生意义方面，却很难展现出应有的魅力。因此，要发展学生的情感、态度和价值观，教师自身应该形成一种审美的感受力，并由此出发，遵循审美规律，重塑课堂教学。

第一，用美的眼光重塑自我。

教师在美学世界中，是多重角色的自然综合体，他是一个审美主体，应当具有发现美的眼光，去挖掘学生纯洁、向上的心灵美，去发现教学琳琅满目的内在美，去打开丰富多彩的生活世界美；他是一个审美客体，他的内蕴之美是哺育学生精神成长的重要源泉；他是一个审美中介，教学技巧的适切美、娴熟美，以及对学习主体的生命关照，在某种意义上是教学手段与教育目的的统一体。在新课程中重塑自我，最为重要的是态度的积极变化。态度是一个人在工作的过程中经常表现出来的，比较稳定的态度特征会使他的人格、情感染上一层特殊的色彩。拥有一种积极向上的态度，我们就会不懈追求人生境界，就会注重陶冶情感品质，就会发展、提升审美能力。我们就会成为学生开卷有益的教科书，成为他们获得教养的重要途径。我们的教学行为就会洋溢出我们内心对生活的真诚微笑，使学生感受到生活的阳光。这就可以理解为审美的教育，理想的教育。

第二，恰当处理情感教育。

美育即情育。恰当处理情感教育，其一，要把握"高情感"与"低情感"的联系与区别。人们把包含着伦理道德、创新智慧、审美趣味的，有助于生存智慧不断发展、不断更新、不断升华的，和高科技派生的新的文明生活方式共生、共亲，又具有向导意味的情感，称之为"高情感"，而把那些涂抹在实质信息上的情感色彩，称之为"低情感"。在教学过程中，要紧扣高情感的贯通与深化，又要注重发挥以美启真的作用，尽可能达成高情感与低情感的统一。其二，要把握不同学科课程情感教育的特质。学科课程知识体系蕴含的思想对学生情感态度与价值观的形成具有深刻的影响。其三，要关注情感共鸣。共鸣，作为物理学的概念，指两个振动频率相同的物体因共振而发生的现象。作为教学过程的心理现象，往往指教师与学生，或者是师生与课文情境中的人物，形成了强烈的感应交流，达到了情感体验的高潮。

（3）数学教学目标的设计及表述

①数学教学目标设计的过程

1）学习数学课程标准

首先要通过学习数学课程标准，了解数学教学的目的、数学教学的内容和教学要求，明确数学教学的原则和测试评估的方法和要求。对整个数学学科教学的目的、要求、内容和方法有一个总体的了解。

2）明确单元教学目标

因为课时教学目标是单元教学目标的子目标，所以在设计课时教学目标前，必须先明确本单元的教学目标，将单元教学目标进行分解。在此基础上，结合本课时的教学内容，制定本课时的教学目标。

3）明确本课时教学的具体内容和要求

在熟悉这一课时教材的基础上，领会它的编写意图，并进一步对本课时学习内容的类型进行分析。弄清这段教材中有哪些数学事实、数学概念、数学原理、数学问题类型、数学思想方法、数学技能、数学认知策略和态度。再进一步根据单元教学目标、教材的深度和广度，例题、习题的要求和难度，确定每一个学习内容所要达到的水平。

4）分析学生的基本情况

通过对学生情况的分析，了解学生的起点能力、心理特点和学习风格，为设计教学目标提供依据。可以从五个方面分析学生的需求：A.学生在学习（或工作）中遇到了哪些困难；B.学生想要学习的内容和内容的重要性顺序；C.学生现有的基础；D.学生的情感、态度或意向；E.学生希望采用哪种培养方案或方法。

因此，教学目标的设计必须考虑到学习者的差异。传统的教学中往往要求学习者从同一起点出发，在共同的教学目标下，进行相同的教学活动；在共同的教学方法的指导下，以相同的速度前进，要求学生达到相同的终点，这样的做法往往事与愿违。实际上，学习者的学习能力和水平是有差异的，教师在设计教学目标时要尊重学生的个体差异。

②数学教学目标表述

数学教学目标表述的基本方式可分为两类：一是采用结果性目标的方式，即明确告诉学生学习的结果是什么，可使用"了解（认识）""理解""掌握""灵活运用"等明确的、可测量的、可评价的结果性目标动词来描述，刻画的是知识技能的理解、掌握程度和运用水平，这种方法指向可以结果化的课程目标，主要应用于"认知"领域。二是采用体验性或表现性目标的方式，即描述学生自己的心理感受、体验，或安排学生表现的机会，所采用的行为动词往往是体验性的、过程性的，可使用"经历（感受）""体验（体会）""探索"等过程性目标动词，刻画的是数学活动水平。这种方式指向无结果化的或难以结果化的学习内容，主要应用于"情感""动作"领域。常用的行为动词在记忆水平方面有"知道""了解""认识""感知""识别""初步体会"等；在解释性理解水平方面有"说明""表达""解释""理解""领会""归纳""比较""推测""判断""转换""初步掌握"等；在探究性理解水平方面有"掌握""推导""证明""研究""选择""决策""解决问题""会用""总结""设计""评价"等。

教学目标应当从学生的角度出发进行设计，行为的主体是学生，而不是教师；应该围绕"学生在学习之后，能干些什么"，或者"学生将是什么样的"来描述；必须描述所期望的现行的教学成果，而不是很远的未来；表达语言要清晰，清楚阐述经过教学学生将会有哪些变化，会做哪些以前不会做的事情，以使目标成为有效教学的反馈，同时为检查学习效果提供依据；应按照教学内容来确定教学目标。如学习"函数概念"第一课时，开始学习常量、变量、自变量和函数的概念，对这些概念的意义只要求达到"了解"的水平，在有关的实际问题中能够识别即可，并不要求达到"理解"的水平。对于过程性目标，在这一课时内也不应有过高的要求，能在学习过程中"初步感受"事物的运动变化和相互联系，尝试对变量的变化规律进行初步预测即可。

2. 教学活动设计

划分课时和确定课的类型、选择数学教学模式、设计教学顺序，是对数学课堂教学的整体设计。在完成总体设计之后，还必须对数学教学过程中的每一个阶段、每一项具体的教学活动进行设计。数学教学活动的设计主要有：导入设计、问题情境设计、提问设计、例题设计、习题设计、讨论设计和小结设计。

（1）导入设计

①导入的概念

导入是教师在一个新的教学活动开始时，将学生引入一定的数学学习情境的教学行为方式。它一般运用于数学教学活动的起始阶段（包括一个完整的教学过程、一节课或一个教学片段的起始阶段），是组织教学活动的一种基本技能。

课堂导入是教师引导学生参与学习的过程和手段。它既是课堂教学的必需环节，又是教师必备的一项教学技能；既是学生主体地位的依托，又是教师主导作用的体现。恰当的导入有利于营造良好的教学情境，集中学生的注意力，激发学习兴趣，启迪学生积极思维，唤起求知欲，为取得良好的教学效果奠定基础。

②导入设计的原则

1）针对性原则

导入的针对性原则包含两个方面：其一，要针对教学内容进行设计，使之建立在充分考虑与教学内容有内在联系的基础上，而不能游离于教学内容之外；其二，要针对学生的年龄特点、知识基础、学习心理、兴趣爱好等差异程度进行设计。引入新课时选用的材料必须紧密结合所要学习的课题，不能脱离教学主题，更不能引用与课题不相关、有矛盾的材料。

2）趣味性原则

心理学的研究表明，令学生耳目一新的"新异刺激"可以有效地强化学生的感知态度，吸引学生的注意指向。在教学过程中，一般要求导入做到新颖有趣，能唤起学生的注意，激发学生的学习热情。当然也要注意"一堂课之所以必须有趣味性，并非为了笑声或消耗精力，趣味性应该使课堂上掌握所学材料的认识活动积极化"。学习数学必须要付出艰苦的劳动，教师要在导入中让学生以新知发现者的愉快心情把兴趣转化为稳定的内在动力。

3）多样性原则

导入应根据不同的教学内容、不同的教学对象、不同的数学课型灵活多变地采用各种方法，做到巧妙新颖，因为千篇一律、单一方法会使学生感到枯燥呆板。

4）简洁性原则

导入不是中心环节，它是为中心环节服务的。课堂导入时间不宜过长，否则会影响新课的学习。教师在引入新课时应言简意赅，力争在最短的时间内集中学生的注意力，一般用3～5分钟就要完成新课过渡。如果导入时间过长，就会显得冗长，就会影响课堂教学进度。

③导入的方法

1）旧知导入

数学知识之间有着密切的联系，表现出极强的系统性。旧知识是新知识的基础，新知识又是旧知识的发展和延伸。学生学习数学知识的过程实质上是新知识与已有认知结构中的旧知识建立联系的过程。学生对与新知识联系最紧密的旧知识的理解和掌握的程度，必然影响新知识的理解和掌握。这就要求教师在课堂导入时找准新旧知识的连接点。具体的做法是：以学生已有知识为基础，引导学生温故而知新，通过提问、练习等教学活动，提供新旧知识的联系点，从"旧的"过渡到"新的"，从"已知的"拓展到"未知的"，既巩固了旧知识，又为新知识的学习做了铺垫。

例如，在教学"多项式除以单项式"时，可先出示一组多项式乘单项式，要学生解答并要求说出计算方法。然后把上题中的乘号改成除号，问学生现在属于什么算式，学生回答：多项式除以单项式。老师再问：你们能借用多项式乘单项式的方法去解决这个问题吗？这样，就很自然地进入了多项式除以单项式的学习。

从新旧知识之间的联系引入，不仅可以较好地调动学生的学习需要，唤起学习的内驱动力，也为在新的学习中培养学生的比较、分析、抽象、概括、表达能力打下基础。

2）直接导入

直接导入是紧扣教学目标要求，直接给出本节课的主要内容、基本结构及知识之间的关系来导入新课。这种导入能使学生迅速定向，对本节课的学习有一个总的概念和基本轮廓。

例如，在教学"整式的加减"时，可以这样来导入：我们已经学习了整式的相关概念、合并同类项法则、去括号和添括号法则，本节课，我们将运用概念及法则来学习整式的加减运算。

直接导入具有简洁明快的特点，能在很短的时间内就引起学生有意注意，帮助学生把握学习方向。凡属学生所熟知的事物或一点就可以大致了解的教学内容，可采用直接导入法。

3）类比导入

类比导入是以已知的数学知识类比未知的数学新知识，以简单的数学现象类比复杂的数学现象，使抽象的问题形象化，引起学生丰富的联想，调动学生的非智力因素，激发学生的思维活动的一种导入。

例如，在学习反正弦函数之后学习反余弦函数，如何定义反余弦函数就可以类比反正弦函数；学习等比数列可类比等差数列；解对数不等式可类比解指数不等式；用向量法求二面角可类比求两直线的夹角；等等。

运用此方法一定要注意类比的贴切、恰当，两种知识之间导入要有较强的可类比性，才能使学生同中求异、异中求同，深刻理解并掌握知识。

4）设疑导入

设疑导入是根据中学生喜好追根求源的心理特点，一上课就给学生创设一些疑问，创设矛盾，设置悬念，引起思考，使学生产生迫切学习的浓厚兴趣，诱导学生由疑到思，由思到知的一种导入方法。

引入新课时教师要善于提出问题，设置疑问。实践证明：疑问、矛盾、问题是思维的启发剂，而学生的创新思维恰恰从疑问和好奇开始。教师通过设疑布置"问题陷阱"，制造悬念，能起到以石激浪的作用，刺激学生的好奇心，引起学生的积极思考，从而形成一种学习的动力。

运用此法必须做到：一是巧妙设疑，要针对教材的重点和难点，从新的角度巧妙设问，构成一定的悬念；二是所设的疑点要有一定的难度，否则难以引发学生的兴趣，要能使学生暂时处于困惑状态，营造一种"心求通而未得通，口欲言而不能言"的情境；三是以疑激思，激发学生的思维，围绕疑问，步步深入领会问题本质。

5）练习导入

练习导入是先根据新课的教学内容和目标设置一定的练习，以引起学生的注意，使学生产生压力感，迫切希望学习新的数学内容的一种导入方法。

值得注意的是，练习题的形式可以多种多样，根据不同内容精心设计，将会对新知识的教学产生良好的效果。

6）情境导入

情境导入是指根据教学内容的特点运用语言、图片、音乐等手段，创设一定的情景渲染课堂气氛，使学生在潜移默化中进入新课学习的一种导入方法。在设计情境导入时，教师要从实际生活出发，引出里面所包含的数学问题，引发学生的思考，从而点出新课。

情境导入设计时需要注意：情景的设置要从贴近学生生活的事例或是学生耳熟能详的典型事例出发。若学生对这个情境不熟悉，他们即使想思考也无从下手。只有贴近他们，他们才会自始至终围绕问题，步步深入领会问题本质，收到较好的教学效果。

7）实践导入

实践导入是通过直观教具进行演示实验、组织学生进行实践操作、利用计算机等电教手段，使学生进入新课学习的一种导入方法。实践导入能使抽象空洞的教学内容具体化、形象化，能给学生留下深刻的印象。这种导入方式，可促使学生自己动手、动脑，主动去探索知识，发现数学真理。

总之，数学课的导入方法很多，其关键是要创造最佳的课堂气氛和环境，充分调动学生内在的积极因素，激发他们的求知欲，使他们处于精神振奋状态，注意力集中，为学生能顺利接受新知识创造有利的条件。

（2）数学问题情境的设计

数学教学设计的中心任务之一是设计出一个或一组问题，把数学教学活动组织成提出问题和解决问题的过程，让学生在解决问题的过程中做数学、学数学，增长知识，发展能力。数学问题在数学教学设计中的作用不仅仅是创设出一个数学问题情境，使学生进入"愤"和"悱"的状态，更重要的是为学生的思维活动提供了一个好的切入口，为学生的学习活动找到了一个好的载体，从而给学生更多的思考、动手和交流的机会。

①数学问题情境设计的原则

1）问题要具体明确

提出的问题必须目的明确，紧紧围绕教学目标，而且要非常具体。这样学生才能理解问题的含义，才有可能来探索、思考和解决这些问题。这是数学问题情境设计最基本的原则。

2）问题要切合学生的实际

教师在细致地钻研教材、研究学生的思维发展规律和知识水平的基础上，提出既有一定难度又是学生力所能及的问题。

3）问题要有新意

为了激发学生的求知欲，提高学生学习的兴趣，在设计问题情境时，必须选择新颖的问题。

4）问题要有启发性

设计的问题要能够引发学生的思维，对学生构成一定的挑战，使学生产生学习的需要。

②如何创设数学问题情境

1）以数学故事和数学史实创设问题情境

它可以吸引学生的注意力，激发学生的学习兴趣。如勾股定理的开头可简介其历史。

2）以数学知识的产生、发展过程创设问题情境

让学生了解数学知识的实际发现过程，学习数学家探索和发现数学知识的思想和方法，实现对数学知识的再发现过程。这种方法尤其适用于定理教学和公式教学。如，三角形内角和定理、锥体体积均可用实验观察使学生发现结论；平行线的性质定理和判定定理，可以通过平行线的作图或者通过度量同位角来发现；数的运算律，可通过一些具体实例的计算结果来发现。

在抽象概念的教学中，要关注概念的实际背景与形成过程，帮助学生克服机械记忆概念的学习方式。比如函数概念，不应只关注对其表达式、定义域和值域的讨论，而应选择一些具体实例，使学生体会函数的确能够反映实际事物的相关变化规律。

3）以数学知识的现实价值创设问题情境

数学具有广泛的应用性，因此，如果我们在数学教学中能恰当地揭示数学的现实价值，让学生领会学好数学的社会意义，就能在一定程度上激发学生的学习兴趣，有利于学生的学习。

4）以数学悬念来创设问题情境

设置悬念是利用一些违背学生已有观念的事例或互相矛盾的推理造成学生的认知冲突，引发学生的思维活动，激发他们的学习兴趣。

5）以数学活动和数学实验创设问题情境

让学生通过动脑思考、动手操作，在"做数学"中学到知识，获得成就感，体验学习数学的无穷乐趣。

（3）提问设计

①提问及其作用

提问是教学的一个重要环节，是师生之间进行交流的常用手段，是师生相互作用、相互问答、检查学习、引发疑问、促进思维、巩固知识、实现教学目标的教学行为方式。提问具有两个基本特点：其一是师生共同参与教学活动，使教、学双方在教学中都能处于主动地位，信息传输具有多向性；其二是教学信息的反馈及时、准确，可增加授课的针对性。

提问具有以下作用：A.促进学生学习，引导和组织学生参与教学活动；B.在教会学生怎样发现问题、提出问题并掌握思考问题和有效地解决问题

的方法方面发挥着积极作用；C.促进学生及时复习、巩固所学的知识，并且能够把新旧知识联系起来，系统地掌握知识；D.能够加强师生之间的相互作用，及时调节教学活动。

②提问的类型及其结构

这里所讲的提问是指课堂教学中教师提出问题，并要求学生给予明确回答的提问。依据所提问题性质的不同，可以将其分为以下几种类型：

1）回忆性提问

要求学生回忆所学过的数学知识或生活中的现象、事实等，对问题做简单的思考、回答。例如，"函数是如何定义的？"学生回答这个问题，只要求其能准确叙述函数的定义就可以了。回忆性提问一般用于课堂教学的开始或对某一问题论证的初期。目的是检查学生掌握知识的情况，使学生通过回忆所学习的数学概念或数学事实等，为新知识的学习提供材料。

2）理解性提问

要求学生用自己的语言对概念、事实、结论或解题过程等进行叙述或解释说明。如关于"根据函数的定义，确定一个函数的基本要素是什么？""函数作为一种映射，它的特征是什么？"等提问。

3）应用性提问

建立一个简单的问题情境，让学生运用学过的知识和技能解决新问题。

4）分析性提问

要求学生识别条件与原因，或找出条件之间、因果之间的关系，能有效地组织自己的思想，组织自己已有的知识，对问题进行分析。

5）创造性提问

要求学生根据已有的知识，对问题进行分析综合、推理论证，提出创新的见解或预见事物的发展方向。

6）评价性提问

要求学生对结论或解决问题的思想、方法做出评价，对有争议的问题给出自己的观点。

课堂教学中，一个完整的提问过程应该由引入、陈述、介入、评价四个环节构成。引入阶段，即教师采用不同的方式使学生对提问在心理上有所准备。陈述阶段，即教师用清晰、准确的数学语言明确提出问题。介入阶段，即教师在学生回答问题受到阻碍或遇到困难时，要以不同的方式鼓励、诱导学生做出回答。评价阶段，指教师可以用不同的方法评价学生的回答，必要时可以将问题引申。

③提问设计的原则

为使提问能够达到预期的效果，在进行提问设计时，需要遵循以下原则：

1）趣味性

在设计提问时，教师最好能以学生感兴趣的方式提出问题。设计具有趣味性的问题，能够吸引学生的注意力，引发学生积极思考并主动参与到问题解决中，同时可以使学生从困倦的状态转入积极的思考氛围。

2）目的性

设计的提问问题，应该服务于教学目标、教学内容，每个问题的设计都是实现特定的教学目标、完成特定的教学内容的手段，脱离了教学目标、教学内容，纯粹为了提问而提问的做法是不可取的。

3）科学性

为保证课堂提问的科学性，提问要做到：直截了当，主次分明，难度适中，语言规范，表述准确。

4）启发性

学生对教师提出问题的回答不仅需要记忆，还需要分析、对比、归纳、综合，这无疑会启发学生的创造性思维。

5）针对性

提问要从学生的实际情况出发，符合学生的年龄特征、认知水平和理解能力。有针对性地提问要求：问题难易适度，能够面向全体学生，吸引多数学生参与，适当兼顾两头。

6）顺序性

即按教材和学生认识发展的顺序，遵循由浅入深，由易到难，由近及远，由简到繁的原则对问题进行设计。先提理解性的问题，然后是分析综合性的问题，最后是评价性的问题。这样安排提问可以大大降低学生学习的难度，层层推进教学活动，提高教学的有效性。

（4）数学例题的设计

数学例题是帮助学生理解、掌握和运用数学概念、定理、公式和法则的数学问题，是教师用作示范的具有一定代表性的典型数学问题。它是把数学知识、技能、思想和方法联系起来的纽带，是对知识、技能、思想和方法进行分析、综合和运用的重要手段。

数学例题具有引入新知识、解题示范、加深理解和提高学生的数学能力等功能。因此，在数学教学设计的过程中，要重视对数学例题的设计。

数学例题的选择一般应具有目的性、典型性、启发性、科学性、变通性和有序性。课本上的例题一般具有典型性和示范性，但设计时不排除对课本例题的深入剖析、改造与深化。

数学例题的设计，通常按以下步骤进行。

①例题的选择

通过对教材的分析，知道了教材中例题的数量和要求，然后对照教学目标和学生的实际情况，考虑需要补充哪些内容和要求的例题。再根据例题设计的原则，选择适当的数学问题作为补充例题。

②例题的编制

若根据例题设计的要求，暂时找不到现成的、合适的数学题目时，就需要进行自编或改编。常用的方法有：

1）类比

运用类比的方法对原题的条件和结论进行改编，这样得到的新题的结构与原题类似。

2）特殊化或一般化

将原题中具有一般性的结论赋以特殊的值，或将原题中具有特殊性的结论一般化，可以得到新的题目。

3）引申和拓展

根据原题的已知条件，将原有结论做进一步的引申，可得到新的题目；或保持原题的结论不变，而改变题目的条件，可得到新题目；或可通过对原题从不同角度的联想，同时改变题目的条件和结论，也可得到新题目。

4）倒推

由题目预期的结果出发进行倒推，寻求实现结果的条件，从而编制出新题目。

5）逆向变换

把原来的题目作为原命题，将它的条件和结论互换构成逆命题，可编制出新题目。

6）组合

将几个不同的题目组合起来构成一个新的题目。

③例题的编排

例题编制好之后，需要按照由浅入深、由易到难的原则加以编排，使其尽可能发挥最大的功能，从而取得最佳的教学效果。例题的编排方式有以下几种：

1）一题多变式

从一个题目出发，由简单到复杂、特殊到一般，不断改变其中的条件和结论，将得到的问题编排成问题系列。

2）分类式

将某一内容的问题分成各种不同的类型进行编排。

3）递进式

按照知识内容要求的不断提高将数学题目进行排列。

4）同一条件式

在同一条件下设置不同的问题，按由易到难的顺序进行排列。

（5）数学习题的设计

数学习题按题型可分为封闭性习题和开放性习题，按使用方式可分为课堂练习、课外作业、单元复习、总复习参考题等。通过做习题可帮助学生加深和巩固知识，形成技能和培养能力，促进数学思考，获得解决问题的经验等。对每一类、每一道习题都要明确它的具体要求，把握习题的分量，确定习题的使用方式。

数学习题的设计除上述要求外，还应贯彻以下原则：①温故原则，即选择容纳尽可能多的知识点的习题；②解惑原则，即针对学生的学习误区设计习题；③普遍化原则，即设计能从中提炼数学通性、通法的习题；④适度原则，即习题的量和难度要适当控制，太多、太难不一定能取得好的效果；⑤多样性原则，即练习的类型、方式要多样化；⑥层次性原则，即练习必须要有层次、坡度，在编排时要由易到难，由浅入深，循序渐进，逐步提高。

（6）讨论设计

讨论是教师与学生、学生与学生之间的一种互动方式，通过相互交流观点，形成对某一个问题的较为一致的判断或评价。在讨论中，教师和学生可以获得对同一知识从不同侧面理解的信息，使学生更深刻理解数学知识。

讨论有以下功能：A.培养学生批判思维的能力；B.激发学生学习的主动性和积极性；C.培养数学交流能力；D.相互启发、共同提高。

数学课的讨论有师生之间的讨论、学生之间的讨论，有全班的讨论、小组的讨论、同桌的讨论。不论哪一种讨论，在讨论前教师都要确定并准确地表达有待讨论的问题。一般来说，可以这样来设计讨论的问题：A.选择一些容易混淆的数学概念，看来似是而非的问题，让学生通过讨论澄清错误的理解；B.选择一些答案、解法不唯一的数学问题，让学生发表不同的意见，提出各种不同的解法，相互比较，开拓思路；C.选择一些可能产生争议的问题，让学生争论和辩论，激发学生搜集新的信息，重新调整自己的思维方式，提出各种不同的观点，并且反驳对方的论点和论据，通过争论增进学生对问题的理解；D.选择一些具有一定思维深度，需要通过抽象、概括、分析、综合才能解决的问题，让学生通过讨论，发挥集体智慧，使问题得到解决。

在设计讨论问题时，还需注意以下几点：

①讨论的问题要切合学生的实际

学生已有知识、能力情况是讨论的起点。在准备讨论问题时必须注意问题难度以及学生的知识、能力水平，而且要考虑学生的动机，组织具有挑战性、激励性的问题，增加问题的不一致性，从而起到激发学生讨论的目的。

②给学生充分进行讨论的空间

在整个讨论中，要留给学生充分的讨论时间，使学生自由地思考，在体验中学习。教师完全不必也不能去干涉学生的讨论，除非学生的讨论完全偏离了学习活动的方向。在学生讨论时，教师应多看、多听、多感受而少说话，要及时肯定那些新颖的想法，同时记下学生发现的问题，在必要时给学生以鼓励和支持，为学生创造更多的创新机会和氛围。当学生陷于混乱和无谓的争论时，教师应强调指出互相矛盾的发现或说法，既不粗暴地加以干涉，又不能任其自然发展，而应当机立断，采取一定方法将讨论引到主题。教师同时要鼓励学生自由准确地表达自己在学习中的经历和感受，提出问题，解决问题，并对收集到的信息做出自己的解释。

③反馈调节

讨论课的反馈信息很多，教师不可能全部顾及。从内容上分，主要有学生学习兴趣的反馈、知识理解程度的反馈、掌握知识与运用能力的反馈、思维发展情况的反馈等。教师在教学中，应有针对性地采取调节手段，随时解决学生在讨论过程中所遇到的困难。

（7）小结设计

小结是在完成一个教学内容或活动时，对所学习的内容进行归纳总结，使学生对所学习的知识形成系统，从而巩固和掌握教学内容的教学行为方式。小结可由教师来进行，也可以由学生来做，还可由师生共同来完成。小结是课堂教学的重要组成部分，它可以起到画龙点睛、提炼升华、延伸拓展的作用。但是，在实际教学中，对小结往往不够重视，造成一节课"虎头蛇尾"，这是在教学设计中应该引起重视的问题。

一般来说，小结具有以下功能：A. 系统整理，形成结构；B. 突出重点，强化注意；C. 深化知识，提高素养；D. 启发思考，引导探索。

同时，小结设计还应遵循以下原则：A. 概括性；B. 简约性；C. 启发性。

小结常用的方式主要有下面几种：

①归纳式

这是一种最常用的小结方式。通过对一节课的主要内容进行系统的归纳，总结解题方法、主要步骤和注意事项。

②比较式

通过对数学概念、性质、定理和公式等进行比较，揭示它们的相同点和不同点，从而加深和拓展学生对数学知识的理解。

③规律式

对定理的学习规律、解题的思维方法和步骤所进行的小结。

④问题式

通过设计一系列问题，让学生在回答这些问题的过程中完成对所学内容的总结，并在此基础上，提出问题让学生课后进行思考。

⑤提升式

不仅总结数学知识，而且从认识事物的本质、研究问题方法的角度，对教学内容进行提升，数学思想方法的高度对本节课的教学内容进行小结。

（四）数学教学媒体的选择与设计

1.数学教学媒体的选择

教学媒体是在教学过程中传递和储存教学信息的载体和工具。传统教学媒体包括教科书、黑板、图示、模型和实物等，现代教学媒体包括幻灯片、投影仪、录像机、计算机和网络等。在数学教学设计中，必须重视教学媒体的选择与设计，因为它直接影响到教学信息的传输和表达的效果。

教学媒体在教学中具有重要作用，具体表现为：A.提供感知材料，提高感知效果；B.启发学生思维，发展学生智力；C.增强学习兴趣，激发学习动机；D.增加信息密度，提高教学效率；E.调控教学过程，检测学习效果。

在选择教学媒体时，通常需要遵循下列原则：A.目标性；B.针对性；C.功能性；D.可能性；E.适度性。

通常需要遵循下列原则：A.目标性；B.针对性；C.功能性；D.可能性；E.适度性。

在选择教学媒体时，一般可按以下程序来进行：A.确定通过阅读课本、看板书和听讲等能否掌握教学内容。如果能够掌握，就不要选择其他教学媒体；如果还需要视觉形象，则要考虑选择其他教学媒体；B.根据需要静止或运动来选择教学媒体。如果只要求静止，那么可以选择图片、投影仪、实物和模型；如果要求运动，那么可以选择录像机、多媒体；C.如果需要交互作用，那么选择计算机。

2.数学教学媒体设计

各种教学媒体有各自不同的设计方法，下面主要介绍板书、计算机辅助教学的设计。

（1）板书和投影的设计

板书和投影是教师在黑板上或用投影仪书写文字、符号、图表等传递教学信息的教学行为方式。由于数学教学内容具有符号化的特点，很多的数学定理、公式需要证明和推导，大量的数和式需要计算，还有许多的几何图形需要绘制，因此板书和投影是数学教学的一种重要教学手段，也是数学教师教学的基本功。

板书和投影在教学中具有以下基本功能：A.增强语言效果，加深理解记忆；B. 提示知识结构，了解逻辑联系；C. 形象生动直观，激发学习兴趣；D. 启发学生思维。

在进行板书和投影的设计时，应遵循下列原则：A. 简明扼要，重点突出。必须概括地写出教学内容，提纲挈领，重点突出，以简练的文字表达丰富的内容；B. 事前规划，合理布局。哪些内容写在什么地方，哪些内容要舍去，都要做到心中有数；C. 书写规范，示范性强。板书和投影字体要端正，符号、公式的书写要规范，画图要准确；D. 形式多样，启发思维。要注意使用文字、表格、形式，再加上色彩，吸引学生的注意力，启发学生的积极思维。

（2）计算机辅助教学的设计

计算机辅助教学（简称 CAI）是将计算机的功能用于教学的一种教学形态。在教学活动中，利用计算机及其技术模拟教师的教学行为、传导教学过程中的信息，完成教学任务。计算机辅助教学系统由硬件、软件两部分组成。其中根据教学目标和教学内容，利用计算机工具软件、写作语言和写作系统编制而成的软件就是课件。

①计算机辅助教学的特点

1）交互性

计算机辅助教学最突出的特点是计算机可以进行对话。计算机不仅能呈现信息，提出问题，而且能接受学生对指定问题的回答，并对回答做出判断和评价，提供反馈信息。计算机辅助教学有利于促进学生有效地学习。

2）信息表达优化组合

计算机辅助教学把文字、图像、动画、影像、声音等多种媒介信息集成和综合，内容丰富、直观形象、生动活泼，有利于激发学生学习的兴趣，提高学生学习的主动性。

3）有利于因材施教

计算机辅助教学的课件是以学生为主体进行设计的，它可以让学生按照自己的要求进行学习，为实现以学生为中心的教学活动创造环境。

②计算机辅助教学的基本模式

计算机辅助教学的基本模式是指利用计算机进行交互式教学活动的方式，通常有以下几种：

1）练习式

练习式是指通过反复练习而获得某种知识和技能。计算机向学生提出一系列问题，要求学生回答，并向学生及时反馈和强化。

2）辅导式

辅导式是指教师通过计算机和学生交互对话，辅导学生完成教学任务，实现教学目标。计算机通过分析学生的反应，给予适当反馈和强化。当学生出现错误时，还为学生提供补习内容和方法。

3）发现学习式

发现学习式是指将学生置于构造好的环境中，并提供探索、分析和掌握新的要领和原理的工具，让学生通过探索、猜想获得知识。

4）问题解决式

问题解决式是指通过计算机呈现的问题情境，让学生自己来解决问题。

5）模拟式

模拟式是指用计算机模仿真实的自然现象和社会现象。

6）游戏式

游戏式是指围绕某个教学内容，创造某种具有竞争性的潜在学习环境，通过游戏的形式达到教学目标，可以起到"寓教于乐"的作用。

③计算机辅助教学的课件类型

计算机辅助教学的课件有各种不同的分类方法，按照课件的功能和结构可以分成以下几种：

1）程序型

程序型课件是把教学内容分成若干小单元，各单元按事先编制的程序依次呈现的课件。

2）随机型

随机型课件的结构是由一个主程序和若干个子程序组成，其主程序阐述课件的教学目标、学习方法和教学项目，而子程序则具体呈现各种教学内容和教学策略。学生可以根据自己的学习需要选择课件上的教学内容，有利于发挥学生学习的主动性。

3）生成型

生成型课件是利用某种数据结构和算法，产生与学生知识水平相适应的教学内容的课件。它向学生提供的教学信息不是预先存储的，而是在课件运行过程中自动生成的。

4）智能型

智能型课件是使用智能计算机系统进行计算机辅助教学的课件。它能实现学生和计算机之间的自然对话，检测和理解学生犯错误的原因，并提出最佳补救方案。

④计算机辅助教学课件的设计要求

1）阐明教学目标

教学目标是教学及评价的依据，因此，必须清楚地阐明教学目标，使学生能把注意力集中在指定的学习行为上。

2）针对学生实际

课件是为特定的对象设计的，不同的学生要设计不同的课件，只有符合学生的实际，才能收到好的教学效果。

3）发挥交互作用

要认真做好提问内容、询问方式、练习测试内容、应答内容、反馈内容、辅导内容及交互界面的设计，使课件具有良好的交互性能。

4）提供多种反馈

对于提问的回答，练习或测试的解答要根据不同的学生，不同的内容提供多种形式的反馈。

（五）数学教学方案编制

在完成一系列数学教学设计工作以后，就要编制数学教学设计方案。数学教学设计方案既是数学教学设计的总结和书面记录，又是数学课堂教学的主要依据。这是数学教学设计过程中的一个重要步骤，必须认真地把教学设计过程的每一阶段所做的工作，在方案中具体地反映出来。

根据教学设计的过程，数学教学设计方案应该包括以下内容：A.课题；B.教学内容与学情分析；C.教学目标；D.教学重点、难点；E.教学模式；F.教学过程。根据教学设计的结果具体地写出教学过程，包括以下几方面：A.教学步骤。按照教学过程，结合教学内容呈现的先后次序，写出教学的步骤，即"先做什么，后做什么"；B.教师活动。对每一个教学步骤写出教师活动的内容和方式，即"教师做什么，怎样做"；C.学生活动。对每一个教学步骤写出学生活动的内容和方式，即"学生做什么，怎样做"；D.教学媒体。说明在哪些教学步骤需要使用教学媒体（除了教科书、语言、板书），教学媒体的种类、使用要求。即"使用什么教学媒体，怎样使用"；E.教学后记。教学结束后，写出自己的体会、经验、教训、认识以及对课堂教学的评价，为下一次教学做好准备。

# 第二节 信息技术与数学教学有效整合

## 一、信息技术与高中数学教学整合的现状

自教育部提出"班班通、堂堂用"的明确要求后，以"班班通"建设为代表的新一轮信息化环境硬件建设已在全国范围内基本完成，但硬件的建设完成，并不代表应用水平的提高。就目前数学教学的现实而言，还不能认为已经实现了信息技术与学科教学的有效整合。现代信息技术的应用很多情况下还是以教师为中心的传统教学模式加现代化手段为主。

目前，公认的信息技术教育应用大体经历了三个发展阶段：计算机辅助教学（CAI）阶段，主要是利用计算机的快速运算、图形动画和仿真等功能辅助教师解决教学中的某些重点难点问题，大多以演示为主；计算机辅助学习（CAL）阶段，计算机的教育应用逐步从辅助教为主转向辅助学为主，也就是强调如何利用计算机作为辅助学生自主学习的工具；信息技术与课程整合（IITC）阶段，在这一阶段，通过将信息技术有效地融合于各学科的教学过程来营造一种信息化教学环境，实现一种既能发挥教师主导作用又能充分体现学生主体地位的以"自主、探究、合作"为特征的教与学方式，从而把学生的主动性、积极性和创造性充分地发挥出来，使传统的以教师为中心的课堂教学结构发生根本性变革——由教师为中心的教学结构转变为"主导—主体相结合"的教学结构。

## 二、信息技术与高中数学教学整合的意义

首先，高中数学教学与信息技术整合有利于丰富教学资源。在高中数学教学中，由于数学自身具有较强的抽象性，学生在理解的过程中会加大难度，在与信息技术整合之后，教师可以利用信息技术中的百度等搜索引擎获取到相关的资源，从而为学生在对数学知识进行理解的时候提供帮助，而且

还可以利用信息技术加工数学资源。

其次，有助于演示和展示数学知识，将高中数学教学中的教学内容利用信息技术展示出来，可以增强教材的灵活性，打破传统教材的局限。如在"圆锥曲线"教学过程中，教材中的图形都是不可以变动的"死图"，二次曲线的形成过程很难通过这些图形看出来，而且由于教学中黑板、教师的画图技术等局限，导致很难将其形象的画出来，这就给学生的理解加大了难度，而在数学教学和信息技术整合之后，教师在讲解这方面内容的时候就可以使用多媒体技术生动展示出圆锥曲线的形状变化等情况，而且还可以展示出看似不相关的双曲线、抛物线、椭圆之间的内在联系形象地演示出来，以此来使学生掌握更多的数学知识。

最后，有利于加强学生之间、师生之间的交流合作，教师和学生可以利用信息技术的通讯功能、交流功能（如使用 MSN、微信等软件技术）等进行交流，针对学习中遇到的难点共同探讨，使学生及时地解决学习中的疑难，提升学习质量。

### 三、信息技术与高中数学教学整合的策略

#### （一）坚持整合的基本原则

信息技术整合高中数学教学的基本原则有三个方面，首先，是将信息技术与传统教学方式相结合，实现两者的优势互补，从而促进信息技术的高效利用；其次，对知识点的重要性进行划分和整理，帮助学生建立良好的学习顺序；最后，加强教师与学生的沟通交流。因为教学活动是教师和学生共同完成的，所以两者间的互动对教学质量有很大影响。

#### （二）使用连续化和动态化的图片教学方式

在高中数学教学的过程中，数学知识的抽象性较强，学生对数学教学中的图片一般有很高的兴趣。但是在图片处于静止状态下的时候，学生很难将注意力完全集中到图片上，所以要让图片尽量保持动态化和连续化，从而保证学生有效完成相关知识的学习。

#### （三）让学生的主体地位得以体现

学生是教学活动中的主要参与者，其在教学活动中占有绝对的主体地位。而在教师开展高中数学教学的过程中，经常会忽视学生的主体地位，导致学生失去对数学的兴趣，从而影响教学质量。所以，在使用信息技术整合

高中数学教学的过程中，教师必须要让学生的主体地位得到较好体现，从而为教学质量的提升创造必要的条件。

## 第三节 基于核心素养的高中数学教学

从宏观上看，几何和社会的发展是分不开的；从微观上看，也就是几何自身的发展，几何和人类认识世界、人类的自我提高密切相连。几何不仅仅是数学的重要分支，它还存在于我们现实空间的每一个角落。懂一些、学习一些几何，在人类历史的每一个时期都是必须而必要的。几何是人类生存和发展基本素养的重要组成部分。

一直以来，几何在教育中都占有重要地位，这或许还要早于"数学"作为一门学科而存在。在人类教育史中，几何不但是作为对"空间与图形的研究"，而且几何中的公理化思想、演绎逻辑推理等对人的教育发展也起到很大的作用。

几何有着丰富的教育价值，这是由几何的多样性所决定的。首先，几何有着多种多样的特征：直观性、操作性、演绎性、工具性等；再者，人们认识几何的角度是多样的：从视觉、结构、逻辑等方面，几何呈现出不同的形式。

在数学的发展过程中，数学教育也在不断地发展。作为人类教育中不可或缺的学科，数学在学校教育中占有显著的地位。无论什么时代，培养人才，除了认识文字之外，就是对数字和图形的把握；数学不仅是人类独特而有魅力的文化，更是作为社会成员所应该具有的素质之一。随着社会的发展，无论生活、工作或学习，都对人的素质有着新要求，也就是，人要在社会上生存，应该具有什么样的基本素养，才能适应社会的发展，才能得到进一步的提高，并为社会服务。在现代社会，人们要具备各种各样的素养，例如信息素养、科学素养、数学素养、阅读素养、政治素养等等。在这些素养中，培养人们具有理性思维的就是"数学素养"。具有一定的数学素养，对于提高全民族素质，为培养社会主义建设人才奠定基础是十分必要的。事实上，素养教育必须和学科相结合。对于数学素养而言，必须从具体的分支来探讨，结合具体的内容和学习领域，因此，在统计教育中已经提出现代公民应具有基本的"统计素养"。如果说统计具有很强的工具性，那么几何就是数学中最基础的领域之一。几何的特性使之容易接近而激发学习者的兴趣，同时它和具体的现实世界不可分离；学生学习数学，首先是数字，其次就是形状与空间，实际上，"形"在"数"之前，数字是对具体形象的一种抽象。几何是如此的丰富多彩，它不仅在数学中变幻无穷，而且与建筑、艺术、设计等都有着千丝万缕的关系。在数学素养的研究中，注重学生在几何方面的成就十分必要，这就是对学生几何素养的研究。

什么是素质？有学者认为，素质在心理学上是指人的先天解剖生理特点，主要是神经系统、脑的特性以及感觉器官和运动器官的特点。素质还指一个事物的主要成分的质量，就人来说，它是一个人的德、智、体几个基本方面的质量。这种认识强调了素质是人先天具有的特征。还有的学者认为，素质就是以人的先天禀赋为基础，在环境和教育影响下形成和发展起来的相对稳定的身心组织要素、结构及其质量水平。这种认识从人的先天遗传和后天培养两个角度来探讨，比较全面。另有学者从更宽泛的角度思考素质，认为它是时代的产物，是为适应社会发展的要求而具有的一系列品格。也有的学者认为素质就是一个人的品格、气质、修养、风度的综合水平。具体来讲，素质是什么，我们并不能完全把握。

素质不仅包括先天智力或能力，而且包括后天环境影响所形成的人在社会活动中表现出的稳定的、内在的品质。在基础教育中，应该更注重这种经过训练和实践而获得的技巧或能力的培养；也就是说，对学生进行素质教育包括开发学生的潜能、发展学生个性、培养学生德智体等各方面全面发展。如果把素质分为先天素质和后天素质，那么素养就属于后者。从现代教育学观点说来，我们更为重视的也是后天获得的素质——素养。

素质有什么特征呢？

首先是奠基性，它来自人的生存需要和社会对人的必然要求。

其次是和谐性（协调性），它使人主动、生动活泼，使人的个性得以充分地开发和发展。

再者是实用性（有效性），奠基性和这一特征互为因果，互相补充。

最后是发展性，素质随着社会的发展而发展，必须与一定社会的政治、经济、文化需求相适应。

也有学者认为，素质有下面几个特征：A. 内潜性。素质是人的潜能，遗传素质是与生俱来的，但环境与教育的影响也必须内化为人身心组织中的稳定因素才能视为素质的形成。人的素质外化必须通过一定的实践活动方能实现；B. 整体性。素质结构中的各种因素统一在一个人身上，存在于一个统一的结构之中，整体水平取决于因素水平及要素结构的整合。相对于群体而言，个体素质与群体素质是一个相互影响的整体；C. 稳固性。素质一经形成，就具有稳固的性质，并在各种活动中表现出来，具体而言就是在主体身上形成了一定的结构，即生理结构和心理结构。当然这种稳固只是一个相对的概念；D. 发展性。人的素质和一定社会的科学技术、生产水平以及精神文明程度相联系，是在各种因素的相互影响下逐步形成和发展的。

两种对素质特征的认识大同小异。除此之外，有人认为素质还有以下几个特征：遗传性与习得性的统一；相对稳定性与发展变化性的辩证统一；内在性与现实性的辩证统一；个体性与群体性的辩证统一，等等。

事实上，素养的内涵远比素质要丰富，例如人们常常提到：文化素养、科学素养、人文素养、艺术素养等。这里的"素养"就不只是后天训练和实践而获得的技巧或能力，而是个体在文化、科学、人文等方面的综合表现，包括知识、能力、思想、技巧，等等。

有学者指出：素养是个人与外界做合理而有效的沟通或互动所需具备的条件。其中"外界"包括人、事（组织、制度）及物（工具）；"合理"即蕴含了客观的价值判断；"有效"则意味着素养的水平是可以有程度性差异的；"条件"则包括了认知、技能（行为）及情意三方面。

这个定义是基于英文"Literacy"而创设的。联合国教科文组织对于Literacy有下面的定义：素养（Literacy）是这样一种能力：能够识别、理解、解释、创造、交流、计算并使用和各种情境相关的文字材料的能力。素养包括个体能够持续学习达到目标，发展他的知识和潜能，并能完全参与到广阔的社会中。在《韦氏词典》和《牛津词典》中，"Literacy"一词狭义的意思是指读和写的能力，而广义的意思则包含了一个人受教育的状况以及一般的技能。可以将其分为两类：第一类为传统的能力（Conventional Literacy），包括读、写、算和辨识记号的基本能力；第二类为功能性的能力（Functional Literacy），意指个人为经营家庭和社会生活及从事经济活动所需的基本技能，也可以定义为一个群体为其成员能达到其自我设定的目标所需的基本能力。个人为了适应社会生活，必须与外界做有效的沟通与互动，为此所需具备的基本能力就是素养（Literacy）。

## 一、核心素养

### （一）核心素养的内涵

高中所有课程的教学重点都应落实在思考教育、体验教育以及表达教育上。思考教育就是指通过带领学生学习专业课程帮助学生主动思考、正确思考、形成反思与总结的良好习惯；体验教育就是指带领学生经历正确的解题过程、总结容易犯错的解题经验，从而让学生体会到正确的解题方法，让他们少走弯路，在具体的题目中成长与进步；表达教育就是指在课堂上抽出一部分时间来让学生们进行交流和讨论，给学生当众讲述解题步骤的机会，并指出学生解题步骤中的不足。此外，还要针对具体题目的得分点进行讲解，让学生清楚地认识到哪些题目应该写哪些内容、哪些是关键点、哪些是不必要出现在卷面上的过程以及哪些是容易被少写的得分点。总之，核心素养在数学教学方面主要表现在数学方法的应用和解题思想的形成上，从问题提出到解决过程再到错误经验总结，应不断培养学生的自主思考能力与实际表达能力。

### （二）高中数学核心素养的内涵

数学核心素养包括真、善、美三个维度。通俗地说，数学的核心素养有真、善、美三个维度：理解理性数学文明的文化价值，体会数学真理的严谨性、精确性；具备用数学思想方法分析和解决实际问题的基本能力；能够欣赏数学智慧之美，喜欢数学，热爱数学。数学素养是指当前或未来的生活中为满足个人成为一个会关心、会思考的公民的需要而具备的认识，并理解数学在自然、社会生活中的地位和能力，做出数学判断的能力，以及参与数学活动的能力。

高中数学新课程定义数学核心素养为学生应具备的、能够适应终身发展和社会发展需要的、与数学有关的关键能力和思维品质，由此提出了把抽象思维、逻辑推理、直观想象、数学建模、数学运算、数据分析作为高中数学的六大核心素养，其实这就是针对学科教学提出了一个更高层次的目标要求，体现了数学学科的本质与功能目标，也就是育人价值。那么其功能目标是让学生会用数学的眼光观察现实世界，会用数学的思维思考现实世界，会用数学的语言表达现实世界。

## 二、数学素养

随着社会的发展，人们要适应新的环境和生活方式，就必须懂得数学。要正常地生活在 20 世纪不应用某种形式的数学是很困难的，也许是不可能的，在科技更加发达的 21 世纪，数学的重要性更加突出。

"为什么教数学"？最基本的原因是：数学可用来作为一种传递信息——表示、解释和预测信息强有力的手段。第二个重要的原因是：数学在其他领域的重要性和实用性。此外，还有一个原因是：数学的趣味性对很多儿童及成人所产生的吸引力。关于数学应用广泛性，亚历山大洛夫这样描述：

第一，我们经常地、几乎每时每刻地在生产中、在日常生活中、在社会生活中运用着最普遍的数学概念和结论，甚至并不意识到这一点。

第二，如果没有数学，全部现代技术都是不可能的。离开或多或少复杂的计算，也许任何一点技术的改进都不能有；在新技术部门的发展上数学起着十分重要的作用。

第三，几乎所有科学部门都多多少少很实质地利用着数学。

对于现代社会的运行，数学的读写能力（literacy）。这两种读写能力尽管不同，但却不是无关的，如果没有阅读和理解的能力，就不可能有数学上的读写能力……反过来，如果没有理解基本的数学思想的能力，也就不可能完全领会每天报纸上出现的现代文章。数学的基本能力所要求的不只是通晓算术，为了有信心地应付现代社会的需要，人们必须能够领会许多数学概念——例如机会、逻辑、图像等所包含的意思，因为这些数学概念渗透到每天的新闻和例行公事的决定中。

从社会进步对数学教育挑战的角度，描述了当时数学课程改革的背景。其一，数学内容的变化；其二，怎样学的变化；其三，民主的公民身份。他指出了公民具有一定数学素养的重要性。

在 21 世纪要取得成功必须能够进行统计地推理，具有概率思维、代数思维，能够进行数学建模、空间想象，提出问题并解决问题，要有数感，能够处理技术的更新换代的能力。这就是基本的数学素养。

TIMSS 研究中的"教所有人数学"就是所有人都需要数学素养。而

PISA 测试的就是阅读素养、科学素养和数学素养。

数学素养，被视为在现实背景下应用数学的一系列观念，最近在关于数学教育的课程讨论中处于显著地位。

然而，对于数学素养的界定或者含义，没有统一的答案。

对于"数学素养"，有着各种各样的认识。数学素养包括数学技能、数学态度和社会能力，具体包括数学价值观的树立、对数学充满自信、应用数学解决数学内部与外部的数学问题、数学交流和推理等。

数学是文化活动的基本工具，这种文化工具的普及性与不可替代性是 19 世纪数学现代化过程的成果，也是学校义务教育实施的成果。随着这种现代化过程的继续，数学已经成为国际交流的核心工具，同时也是与其他文化对话的媒介。

对数学素养的评价包括认知维度和内容维度，在数学内容中共有五项内容领域（八年级：算术、代数、测量、几何和数据；四年级：算术、模型和关系、测量、几何和数据）。它从三个维度来界定数学素养，分别是：数学内容、数学认知和数学教学目标。

世界经济合作和发展组织的国际学生评价项目 PISA 对数学素养如此定义：数学素养是一种个人能力，学生能确定并理解数学对社会所起的作用，得出有充分根据的数学判断和能够有效地运用数学。这是作为一个有建构的、关心他人和有思想的公民，适应当前及未来生活所必需的数学能力。PISA 认为数学对于学生来说，必须考虑他们不仅要有的数学知识，理解数学，同时还要能够积极使用他们掌握的数学来解决生活中遇到的问题。因此 PISA 对数学素养的评价中，数学情境是一个重要方面。和 TIMSS 不同的是，PISA 不仅关注学生对数学内容的掌握，还特别注重评价数学过程。它的三个维度：内容、过程和情境，实际上是将数学与现实、静态与动态结合在一起。PISA 指出，学生掌握的数学应该远远超过学校一贯讲授的数学技巧，数学在现实世界中的应用可能很少被注意到，所以 PISA 评价的重点就是从实际情境中抽象出其数学形式，将现实与数学知识和数学概念联系起来。

PISA 从学生应达到的数学能力出发，设计了六个水平级别，来测试学生数学熟练程度。PISA 的六个数学素养水平从高到低分别是：

水平 6（最高水平）：在对复杂的问题情境进行调查和模型化的基础上，

学生能够理解或提出相关概念，总结归纳并利用信息。他们能把不同的信息源及其表征联系起来并灵活进行转换。在这个水平的学生能够进行高级的数学思考和推理。他们能应用对问题的洞察力和理解，运用掌握的符号化的正式数学运算和关系，形成新的方法和策略以处理新的情境。在这一水平的学生能形成解决问题的方案并准确地进行交流，对他们的发现、对结果的解释、观点及其对原问题情境的适用性进行反思。

水平5：学生能够对复杂情境建立模型并利用模型解决问题，能确定其局限性并做出相关的假设。他们能对与这些模型相关的处理复杂问题的解决策略进行选择、比较并对其合理性进行评价。处于这个水平的学生能有效地利用广泛的、得到很好发展的思考和推理能力，合理联系的表征，符号化的正式的特征，和对这些情境的领悟。他们能反思自己的行为，能形成并交流他们的解释和推理。

水平4：学生能够有效地处理较复杂的具体情境提出的清晰模型，这些情境可能包括一些局限或要求做出一些假设。他们能选择和整合不同的表征（包括符号化的表征），直接把它们和现实情境的某些方面联系起来。学生能基于对实际情况的分析，较灵活地运用较好地发展的技能和推理。他们能提出解释，能基于他们的解释、论据和行动方案进行解释和答辩。

水平3：学生能够执行清晰地描述的过程，包括需要做出一系列决定的过程。他们能选择和应用简单的问题解决策略。在这一水平的学生能对不同信息源的表征进行解释和应用，并进行直接推理。他们能进行简短的交流，报告他们的解释、结果和理由。

水平2：学生能解释和识别不需要太多间接推测的情境。他们能从单一的信息源中找出相关的信息，使用单一的一种表征模式。处于这个水平的学生能使用基本的算法、公式、过程或套路。他们能进行直接的推理，对结果做出一些字面上的解释。

水平1（最低水平）：学生能回答熟悉情境中的问题，这些情境包括了所有的相关信息，提出的问题也很明确。他们能根据清晰情境的直接指示，确定信息并进行常规的操作。他们能执行显而易见的操作，并能立即仿效一定的操作。

数学素养的概念，特别是对生活在一个高科技经济社会的有批判思想的公民，应该包括：科学地解释信息；接受将影响社会的应用意识的教育；培养认识到数学模型可靠性具有局限性的意识。

另外，也有学者认为，一个人要具有的数学素养，应该是：A. 不断提高解决数学问题的能力；B. 使用数学评判现实世界的愿望与能力；C. 希望强化和数学相关的反思；D. 使自身能和数学区分的能力，以及应用有根据推理。

这些特征表明数学素养是数学和人类之间按照一定规则的连续对话，在这个过程中不应该只强调数学的工具性。从教育的视角来看，数学素养的核心部分应该强调四点：反映情境、反映意义、反映建模导向和背景导向、反映自我。

数学不仅是一大堆的公式、符号、定理，而是和自然、社会、文化等都密切相关的。作为不同的群体，对数学有着不同的要求，应具有不同的素养。对于正在接受教育的学生而言，他们要面对将来的许多挑战，具有一定数学素养对他们在未来的工作、生活和学习都是必不可少的；在学校教育中，学生通过学习数学获得必要的数学素养。

在基础教育阶段，培养学生具有一定的数学素养，必然要结合具体的数学使学生不断提高数学素养，例如从简单的识数到算术，解决实际中的问题；进一步，将具体的数字抽象，使用字母表示数；然后对字母进行运算，使用代数思考问题。但是，学生最早接触的是具体形象的实物和空间，对于实物和空间的进一步抽象，就是图形和空间，这就是几何。

正如我们前面所述，几何在人类发展史和教育中起着重要作用，因此，学生在数学的学习过程中必须具有一定的几何素养。

### 三、培养学生核心素养的策略

（一）精确把握数学内容的本质

作为教师自身，首先就要明确数学教材中所涉及内容的实质，这样才会让学生理解和掌握这些内容的本质，促进学生数学素养的提升。

（二）创设适合的教学设计

核心素养的培养过程侧重学生的自主探究和自我体验，更多地依靠学生自身在实践中的摸索、积累和体悟。因此，如何让学生积极地参与到数学教学过程，成为我们迫切需要解决的问题。

（三）创设问题情境，培养学生问题素养，为增强学生的核心素养奠定基础

新知识教学之前，为了激发学生的好奇心，启发他们的探究思维，在课堂教学中教师要善于利用合理的情境来设疑，从而将学生代入到探究活动当中，为培养学生的数学学科核心素养创造良好的条件。不同的数学知识概念需要创设不同的情境模式，并且创设的问题情境一定要科学合理。这里的"科学合理"是指：第一，要了解学生的学习情况，从而掌握学生的实际认知情况，通过分析数学知识的本质内容来创设有助于学生进行探究的合理情境；第二，设置的问题要有适当的思维量，让学生在探究的过程中有明确的探究方向与交流的需求，但是整个过程都需要学生真正付出努力才能获得收获，以便能够有效提升自己的数学学科核心素养。

（四）注重探究教学，增强学生探究素养，为提升学生的核心素养创造条件

高中阶段的复习课非常重要，一旦进入高三更会涉及不同的复习课程。传统的复习课是依靠教师讲解来帮助学生对知识的要点、注意点进行回忆与总结，然后利用经典的案例进行讲解，最后就是引导学生进行变式训练。实践证明这样的复习效果并不理想，没有充分体现学生的学习主体性，学生被动解题。高三阶段复习的内容非常多而且复杂，而教师也总是害怕学生见过的题目不够多，不停地加强技能型习题的训练，从而忽视了数学知识的本质结构，导致学生在考试过程中，来不及运用教师所传授的解题技巧与方法，就已经输在知识本质的漏洞上。

（五）采用想象力语言艺术，拓展学生数学思维，促进核心素养形成

在具体的高中数学教学中，教师如果善于使用脍炙人口的歌诀、充满时代气息以及贴近学生生活的语言，那么就能够将复杂抽象的数学定理与概念讲得更加通俗易懂，让知识更加生动形象，让学生持续处于学习的"开放期"，从而有效拓展学生的数学思维，逐步增强学生的核心素养。

# 第八章 高中数学学科课程改革与教学创新

## 第一节 高中数学学科课程与创新的目标

### 一、数学学科课程体系介绍

高中数学课程分为基础型课程、拓展型课程和研究型课程三个模块，而且三个模块的高中数学课程又分为必修课程和选修课程两部分。

研究型课程分为实践活动和课题研究两部分，主要由学校自行选定开展，但新课标中提供了一些可供参考的内容：如实践部分提供了集合的应用、实际生活中的几何问题、验证性数学实验等参考内容；课题研究部分提供了参数设计、数学规定的合理性研究、类比研究、正多面体研究等参考内容。

### 二、高中数学学科教学创新总目标与分类目标

（一）数学学科教学总目标

高中数学教学总目标是，使学生在九年义务教育数学课程的基础上，进一步提高作为未来公民和未来学习所必要的数学素养，包括：使学生学习必要的数学基础知识，形成基本技能，并体会其中的数学思想和方法；初步掌握关于数学抽象以及探索、应用的基本方法，形成基本的数学能力——能从数学的角度和运用数学的思维方式去观察、分析现实生活中的事物，会从中提出问题，并会运用所学知识和技能解决简单的问题，进一步培养学生的思维能力、运算能力、空间想象能力、解决实际问题的能力以及创新意识；知道数学对于社会发展和个人发展都有重要的作用，有一定的数学视野和数学文化素养，尊重理性精神，在数学探索、发现和创造的活动中获得成功的体验，在数学学习和实践过程中逐步养成一丝不苟的作风、精益求精的态度，进一步培养学生良好的个性品质和辩证唯物主义观点。

（二）数学学科教学分类目标

高中数学学科的课程目标划分成：知识与技能、过程与方法、情感态度与价值观这三类，据此将高中数学学科分类目标划分如下：

1. 知识与技能

掌握数与运算、方程与代数、图形与几何、函数与分析、数据整理与统计概率、实用数学、三角变换、参数方程与极坐标、空间向量及其应用、数学模型、数学史等板块的基础知识。

积极体会数学思想方法在进行数学思维和解决问题中的作用，进一步体验化归、数形结合、分类讨论、分解与组合等基本数学思想，掌握坐标法、参数法、逻辑划分与等价转换等基本数学方法。

能够按一定规则和步骤进行计算、画图和推理，能够通过听、说、写进行数学交流，在数学学习中进行自我规划、查阅资料、调控和改进，具备使用函数型计算器及简单数学软件等进行数学运算的基本技能。

2. 过程与方法

通过对数学学习的过程、数学思想和数学方法运用的体验，培养逻辑推理能力、运算能力、空间想象能力、探究能力、应用能力、创新能力、研习能力、批判思维能力、自我调控能力、交流与合作能力；掌握关于数学抽象、探索和应用的基本方法。

3. 情感态度与价值观

懂得数学是人类文化的重要组成部分，对世界数学文化有一定了解并持包容态度；懂得数学与人类生活有密切的联系，知道数学对个人发展和社会发展都有重大作用；形成正确的学习动机，提高学习数学的兴趣，增强学习数学的自信心和自觉性，积极进取，勇于克服困难。

对现实世界中的数学现象具有好奇心，会从数学的角度发现和提出问题，主动进行探索、研究和解决；对来自各方面的丰富信息，会从社会价值和数学价值的角度进行分析、判断、选择和应用。

通过积极参与数学学习和问题解决的活动，逐步增强主体意识、批判意识和合作意识，形成数学的应用意识和综合意识，养成批判性思维的习惯、一丝不苟的作风和锲而不舍的精神。

有一定的数学视野，了解社会发展和数学发展之间的相互作用；知道数学内容中普遍存在着的运动、变化、相互联系和相互转化的规律，加深对辩证唯物主义观点的体验。

# 第二节 高中数学学科主要教学创新模式

## 一、课堂教学模式的概念与特点

### （一）课堂教学模式的定义与演变

课堂教学模式是教学论发展中一个新的研究课题，教学模式的研究已经被越来越多的学者和专家关注。而了解教学模式的发展历史有助于人们对当代各种教学模式的理解，有助于人们把握教学模式的发展趋势。

1. 模式与教学模式

"模式"一词是英文 model 的汉译名词，model 还可译为"模型""范式""典型"等。"模式"一词是现代科学技术中的一个术语，是指介于经验与理论之间的一种知识系统，是再现现实的一种理论性的简化了的形式。把模式概念引入教育学理论中来，反映了现代教学论研究的一种新的发展趋势，即运用现代科学方法论，综合地探讨教学过程中各种变量间的相互作用及其多样化的表现形式，动态地研究教学流程中各个环节的构成样式及其具体的操作程序。将模式一词最先引入教学领域，并加以系统研究的人，当推美国的乔伊斯和韦尔。

教学活动的构成可以分为静态与动态两大部分。其静态结构主要是教师、学生、教学内容三个基本要素在教学活动中的地位、作用与相互作用。其动态结构则是教学流程中的组织方式与程序安排。任何一个教学活动的静态和动态结构形式，总是在一定的教学理论指导下，依据一定的教学目标构建的。由于教学理论或教学目标的不同，教学过程中诸要素的组合样式、教学程序的结构方式以及实施方法也不同。教学模式就是在一定的教学理论或教学思想指导下，通过教学实践抽象概括而形成的一种教学体系。它既不是纯粹的教学理论，也不是具体的教学方法，而是理论与实践的结晶，是把一定的理论转化为实践，又把实践提升为理论的桥梁。从本质上看，它属于教学方法论范畴。

2. 教学模式的演变

"教学模式"这一概念与理论是在 20 世纪 70 年代出现的。不过在中外教学实践和教学思想中，很早就有了教学模式的雏形。

古代教学的典型模式就是传授式，其结构是"讲—听—读—记—练"。其特点是教师灌输知识，学生被动机械地接受知识，书中文字与教师的讲解几乎完全一致，学生对答与书本或教师的讲解一致，学生靠机械地重复进行学习。

17 世纪，随着学校教学中自然科学内容和直观教学法的引入，班级授课制度的实施，首次提出了以"感知—记忆—理解—判断"为程序结构的教学模式。

19 世纪是一个科学实验兴旺繁荣的时期。只有当新经验与已经构成心理的统觉团中的概念发生联系时，才能够真正掌握知识。所以，教师的任务就是选择正确的材料，以适当的程序提示学生，形成他们的学习背景或称统觉团。从这一理论出发，他提出了"明了—联合—系统—方法"的四阶段教学模式。以后他的学生又将其改造为"预备—提示—联合—总结—应用"的五阶段教学模式。

以上这些教学模式都有一个共性，它们都忽视了学生在学习中的主体性，片面强调灌输方式，在不同程度上压抑和阻碍了学生的个性发展。所以在 19 世纪 20 年代，随着大工业生产的发展，强调个性发展的思想普遍深入与流行，传统的教学模式受到了挑战，应运而生的杜威的实用主义的教育理论得到了社会的推崇，同时也促进了教学模式向前推进了一步。

当然，实用主义教学模式也有其缺陷。它把教学过程和科学研究过程等同起来，贬低了教师在教学过程中的指导作用，片面强调直接经验的重要性，忽视知识系统性的学习，影响了教学质量。因此在 20 世纪 50 年代受到了社会的强烈批评。

随着科学技术的发展，教育面临着新的科技革命的挑战，促进人们利用新的理论和技术去研究学校教育和教学问题。现代心理学和思维科学对人脑活动机制的揭示，发生认识论对个体认识过程的概括，认知心理学对人脑接受和选择信息活动的研究，特别是系统论、控制论、信息加工理论等的产生，对教学实践产生了深刻的影响，也给教学模式提出了许多新的课题。因此，这一阶段在教育领域出现了许多新的教学思想和理论。与此同时，也产生了许多新的教学模式。

（二）课堂教学模式的特征与结构

课堂教学模式是教学活动的基本结构，每个教师在教学工作中都在自觉不自觉地按照一定的教学模式进行教学。了解课堂教学模式的特征和结构，有助于教师在教学过程中更好地发挥作用。

教学模式作为一个完整的功能系统，有其区别于其他系统的特征，课堂教学模式的主要特征包括以下几个方面：

1. 指向性

任何一种教学模式都是围绕着一定的教学目标设计的，而且每种教学模式的有效运用也都需要一定的条件。因此不存在对任何教学过程都适用的普适性的模式，也谈不上哪一种教学模式是最好的。评价教学模式的标准是在一定的情况下这种教学模式是否达到特定目标。因此，教学过程中在选择教学模式时必须注意不同教学模式的特点和性能，注意教学模式的指向性。

2. 操作性

课堂教学模式操作性的特点是指任何一种教学模式，都应该是便于把握、理解和运用的。教学模式如果不具有操作性，就难以让人把握、模仿和学习，以致教学模式难以发展到今天比较完善的层面。同时，教学模式是一个程序，是一套完整的系统，应用教学模式在一定层面上说就是要按照一定的程序和规范来进行教学活动。

3. 开放性

教学模式是随着教学实践、观念和教育理论的变化而不断进步着的。虽然教学模式一旦形成，其基本构架就具有一定的稳定性，但是，这并不意味着一种教学模式的构成要素、内部结构就不会发生变化。一个教学模式的形成初期，它只是一个雏形，很多东西还不完善，需要在实践中不断检验和完善。五段教学模式的发展历史充分说明了这一点。

4. 完整性

教学模式是教学现实和教学理论的统一，所以它有一套完整的结构和一系列的运行要求，体现了理论上的自圆其说和过程上的有始有终。它是一定教学理论的简要形式，又是一个完整的过程与体系。

## 5. 稳定性

几乎所有教学模式都强调了教学模式应具有相对稳定性。这是因为教学模式不是从个别的、偶然的教学实践中产生出来的，它是对大量教学活动的理论概括，在不同程度上揭示了教学活动的普遍性的规律。而且，从实践角度看，科学性、普遍性是稳定性的基础，只有具有稳定性，才有可行性。但是，教学模式的稳定性是相对的。一定的教学模式总是与当时的社会经济发展水平相一致的，总是和人们对教学的理解相关的。人们对教育的目的看法发生变化，教学手段随着科技水平的提升发生变化，教学模式也会不断地发生变化。

## 6. 灵活性

教学模式具有相对的稳定性，这并不否认教学模式具有一定的灵活性。教学模式的灵活性，一方面表现为对学科特点的充分关注，另一方面则表现为教学方法的多样化。由于教学模式中的程序需要起到普遍参照的作用。因此一般情况下教学模式并不涉及具体的学科教学内容，而只是对教学内容的性质提出特定的要求。同时，教学模式作为某种教学理论或思想在教学活动中的具体表现形式应受到学科特点、教学内容的影响和制约。因此不能不考虑学科特点、教学内容的主动适应。

## 二、常用课堂教学模式简介

### （一）掌握教学模式

#### 1. 概念界定

所谓"掌握"，其标准是某门学科教学结束时，学生应具备一套特定的知识及认知水平。在此总要求下，教师根据教学内容的内在关联，将其划分为若干小的教学单元，每个单元的内容事先做出分析研究，制定出所要达到的教学目标。在掌握教学中，教师对全体学生教每一个单元，及时地在教学中进行反馈和校正，保证学生对所学内容的掌握。掌握教学也称掌握学习。

概括地说，掌握教学模式是以能力优劣不等的学生集体为前提条件，以集体学习的教学方式为手段，寻求一种既能保持班级教学的优越性，又能解决传统班级中的"差生"问题，使每一位学生都能达到一定学习水平的一种新的教学模式。

2.操作程序

掌握教学的实质是：教师在了解学生和明确目标的前提下，以学生全部掌握为目的进行教学，而且学生是否可以进行下一步的学习，取决于学生经过反馈后显示的对前一段学习的掌握情况。因此，掌握教学一般分为四个阶段：教学准备、集体学习、适时反馈、及时矫正。

（1）教学准备

教师首先要对学生的基本状况有一个基本的了解，即教师要准备学生。教师要了解学生开始学习某个课题前所具备的认知水平，如学生所具备的相关知识、已有的认识水平等。这可以通过在新课程开始之前，教师通过测试对学生进行诊断性评价，了解学生具备了多少有关学习新课的知识以及学生的学习动机、态度、自信心等情况，以便在新的学习中为学生安排适当的学习任务，实行因材施教。

其次，教师要备教材。对教材的准备主要是指教师在了解学生的基础上，制定一个全面详细的教学目标。教师要把课程分解为一系列学习单元，并制定具体教学目标，同时，在对教材的准备过程中，教师还要根据每一单元的教学目标编制该单元简短的"形成性测验"试题，一般为15~20分钟，目的是评价学生对该单元内容的掌握情况。

（2）集体教学

掌握教学的集体教学与传统的班级教学有相同之处，但是相比较传统教学而言，它具有两个特点：一是要依据事先制定的教学目标双向细目表组织教学过程，以便控制教学的顺利进行；二是必须采用恰当的教学方法，这些方法要能够有利于开拓学生的思维，鼓励学生积极参与，强化学生知识等。

（3）适时反馈

掌握教学的一个关键，是教学过程中安排有多次的适时反馈。不管教师的工作多么有效，在课程或学期的每个阶段里，总有一些学生因为各种因素使学习落后，这就会影响他下一阶段的学习。而每次学期结束后的考试，显示的是每个阶段的落后的积累，这既不能反映学生的失误所在，又不能得到及时、有效的纠正。掌握教学要求在学生学习过程中适时进行反馈，把学生学习的落后及时地揭示出来，以便在以后的学习落后前就得到矫正。

（4）及时矫正

当测试达成度反馈信息获得后，应与教学目标双向细目表进行对照，找到学生没有掌握的内容以及学生未达到的水平，及时进行矫正。矫正的方法应不同于最初的集体教学的方法，可采用不同的教科书、练习册、参考材料、视听材料，或由教师重新教学或个别辅导，或由学生进行讨论及相互帮助等。同时在矫正工作结束后 2～3 天内，教师还需进行第二次测验，这是与第一次形成性测验平行或等值的。未达到掌握标准的学生只需做上次未做对的有关试题。把学生两次做对的试题的数量相加，如果达到了原先规定的掌握标准，便可以成为"掌握者"。

（二）范例教学模式

1. 概念界定

范例教学理论是以"知识迁移"理论为主要依据，运用系统方法整体研究教学内容，促进学生由"知"向"能"的发展。这种教学模式促使学生独立学习，而不是要学生复述式地掌握知识，要使学生所学的知识迁移到其他方面，进一步发展所学的知识，以改变学生的思维方法和行为能力，从另一角度讲，也能减轻学生的学习负担。

2. 教学原则

在范例教学模式中，要遵循基本性、基础性和范例性三个基本原则。

（1）基本性原则

强调教学应教给学生基本的知识结构与规律，包括基本概念、基本原理、基本规则、基本规律等，使学生掌握学科的知识结构。基本性指以某一内容为基础的规律性。基本性指基本原理，要求给学生提供的基本原理不是孤立的，而是使学生在更大范围的思想联系中来认识基本原理。

范例教学的核心就是选好范例，选择范例的目的是要从中掌握所学学科最基本的内容。从基本性原则出发，选择范例性的基本要素组织教学，正是避免机械性的教与学。范例的基本性包括两方面内容：首先，所选择的"个"例必须具有典型意义，能够反映出同一类内容的基本特征；其次，它是能给学生整体认知作用的材料，通过这一"个"全面反映某一带有规律性的东西。

（2）基础性原则

强调教学应从学生的基本经验出发，促进他们的智力发展，即教学应以学生的实际经验为基础，使学生在教学过程中获得更深化的新经验。基础性原则要求教学从学科转向学习者，要求教师更多地在学习者精神世界方面做工作，使他们掌握各种基本概念、基本结构和基本规律之间的关系。因此，基础性是基本性的更高一个层次。从这个原则出发，我们要使学生在教学中掌握"个"向"类"发展的认识内容，同时更注意实现"个"向"类"发展的过程和方法。

（3）范例性原则

范例性原则就是通过精选的范例使教学达到基本性和基础目标的原则。范例教学论认为，基本性和基础性是范例教学方式的实质，而范例性原则是使两种结构保持一致的媒介、桥梁。也就是说要设计一种教学结构，使教学内容与教学方法之间以及各种教学内容之间的联系结构化，通过这种教学使学生的兴趣和学习方法同各种教学内容的"最终结构"一致起来。范例性要求教师精选的教学内容具有代表性、典型性和开导性，使学生能以点带面，举一反三，触类旁通地掌握知识，实现学习的迁移和知识的实际运用。

（三）程序教学模式

1. 概念界定

程序教学模式是应用机器技术手段的一种个别化教学方式。它依靠程序编制者对学习过程的设想，把教学内容分解成若干个分项目，然后按一定顺序加以排列，对每个项目提出问题，通过教学机器或程序教材呈现，要求学生做出选择反应或回答反应，然后给予正确答案以便校对。

2. 操作程序

程序教学模式能及时、准确地对教学进行反馈，对学生学习结果及时强化，使其知识得到保持与巩固。运用程序教学模式进行教学，其教学操作程序一般分为四个阶段。

第一阶段：编程。

首先把教材分为若干个可以分离的部分，然后把它组成有逻辑的顺序。程序教材的编制一般有两种形式：直线式和分支式。

直线式程序模式是斯金纳首创的一种教学程序，是经典的程序教学模式。在这一流程里，教师把材料分成一系列由逻辑联系的连续的小部分，系列的安排由浅入深、由简到繁。一般程序化的教材通过机器来呈现，每呈现一小步，要求学生做出外显反应。学生回答后，机器呈现正确答案，然后进入下一步学习。由于步子小，又有提示，一般都能做出正确回答。分支式程序是一种可变程序模式。它根据学生可能出现的各种错误，把教材分成小组逻辑单元，每个单元的步子比直线式程序要大一些，内容也多些。学生每掌握一个单元，就要进行该单元的测验，测验按多重选择反应法进行，若选择了正确答案，就引导学生按主程序学习下一单元；反之，则进行分支程序的补充学习。

第二阶段：定步。

定步是指在课堂学习中确定教学活动的速度。在传统教学中，教学过程都是由教师控制的，而程序教学中则由学生按自己的学习情况来规定学习速度。下面三个方面的因素应加以考虑：其一，谁决定，这在程序教学中争论颇大。早期的程序教学认为，学习者必须自定步调，自己规定学习速度。以后，有些人已不把自定步调看作程序教学必须执行的规定。其二，该决定为谁而作，是为小组还是为个人。其三，根据什么做出决定。一种是常模参照，即教师按班级中一般成员所能达到的水平来规定个别学生的步调；另一种是标准参照，教师按教材最终所要求达到的掌握程度来规定学生的步调。

第三阶段：反应。

反应是刺激作用的行为后果。在教学过程中，编程和定步结束后，教师以问题的形式，通过教学机器或程序教材给学生呈现知识，使学生能够对一个个问题做出积极的反应。

第四阶段：强化。

强化是程序教学的结果，也是学生对习得知识的巩固与保持。这是因为教育的目标是学生掌握知识并使知识得到保持和巩固。学习的进程和效果在一定程度上取决于强化或对结果的获悉。因此，凡是涉及一系列行为的学习场合，需要尽早促使外部强化转变为内部强化，即时强化转化为延缓强化。

（四）情境教学模式

1. 概念界定

情境教学模式的心理学基础是人本主义心理学理论。情境教学模式是指在教学过程中，运用各种教学媒体创设以渗透教学目的、充满美感和智慧的情境，并利用暗示、移情的原理帮助学生感知具体形象，形成表象，掌握知识，并且通过具体场景的体验，激发起积极的情感。与其他教学模式不同的是，情境教学模式通过创设具体情境，将学生置于某种特定的氛围中，形成一种心理环境，使学生产生移情效应，获得在其他情况下无法得到的情感。这样，从刺激学生第一信号系统出发，由感知深入思维和情感领域，引起认知与情感的变化。

2. 操作程序

情境教学是生动、具体、形象的教学模式，运用情境教学模式时，一般分为四个阶段。

第一阶段：创设情境。创设情境要以教学目标、教材许可程度和学生已有条件为出发点，其类型大致可以分为两种：一种是实在的情景，主要通过教学媒体来创设，包括实物媒体、光学媒体、音响媒体和影视媒体；另一种是虚拟的情境，如通过角色扮演、戏剧表演、形象模拟等方法，创设一种教学情境。

第二阶段：观察想象。面对情境设置，学生需要在教师指导下有目的、多角度地观察，使头脑中积累的旧知识和观察到的表象重新组合。这一环节是情境教学的关键，是使教师的教与学生的学相互融合的基础与条件。

第三阶段：激发情感。激发情感与观察是同步进行的。教师除了要有意识地利用情境激发学生情感外，还要发展学生的积极情感，引导他们去探究问题，并且适时进行思想教育。

第四阶段：情能转化。在教学组织中，创设情境是基础，观察想象是方法，激发情感是动力，情能迁移是目标。情能转化就是让学生的学习由情境体验转化到智能发展上来，其转化方法就是应用。智能发展有三个水平层次：第一是掌握；第二是活用，学生能将所学到的知识在新的情境中灵活运用；第三是创造，学生将知识应用到新情境中并有创新。

2. 操作程序

（1）分层确定学生组别

根据学生学习的需要与教师教学的需要，教师要把一个班级的学生分成几个层次不同的小组，分别冠之以"红组""蓝组""黄组"等。在不同层次的学生中，还可以分成几种不同的类型，以基础较差的学生为例，有智力因素差的，有非智力因素差的，以便对症下药。教师可以通过访谈、座谈，也可采用面试、笔试对学生进行测试，从而全面了解学生，掌握他们的智能差别以及他们的学习态度、学习方法、生活习惯、先天因素等的差异，然后根据这些情况，建立"分类"档案和"分户"档案，作为分层的依据。

（2）分层制定教学目标

分层教学，要根据学生的组别制定教学目标。教学目标常有以下类型：以内容来说，有记忆性目标、理解性目标和应用性目标；以深浅来说，有基本目标、中等目标和较高目标。在制定教学目标时，既要重视教学中的统一目标，突出教学要求的一致性，以保证学生打下扎实的基础；又要注意学生的个体差异，突出教学目标的层次性，做到"统一性"和"层次性"相结合。一方面，依据教学大纲提出的目标及各年级具体学科的要求，面向全体学生，进行分类设计，使绝大多数学生能达到目标的要求。另一方面，要考虑目标的弹性设计，提出整体目标的层次要求及各单元教学目标。在制定目标时，要做到保"底"而不封"顶"，保证每一个学生的求知欲得到满足。同时，拟定教学目标细目表，提前向学生公布，可增强学生对全程学习目标的了解，便于学生自学、自测。

（3）分层设计教学方法

分层教学，要求面向中等生，发展后进生，提高优等生，使不同层次的学生各得其所，全面完成教学任务，大面积提高教学质量，并给学生的创新发展提供机会。

为了达到上述目标，教师必须分层设计教学方法，而不是毫无区别地采用一种方法进行教学。例如，对基础好的学生采用培养自我发现问题和自我解决问题的能力；对基础差的学生采取差生配置补偿，主要是解决旧知识为新知识搭桥的问题。在学习新知识前，教师通过事先了解，设计出配置性题目，进行诊断练习，对检查出的缺陷进行补偿，扫清讲授新课的障碍。

（4）分层设计作业练习

作业和练习一般也分为三个层次，即基础作业、提高作业和拔尖作业。学生根据自己的实际，选做不同层次的作业。在每次作业的评分上，也可进行如下改革：对中等生，做对一道"拔尖题"，半倍加分；对差生，做对一道"拔尖题"，一倍加分。

暂不打分。差生做错题，暂不打分，待他们真正搞懂订正以后，再给他们打分。

多次加分。针对差生作业中出现的问题，设计一些题目让他们练习，练一次，就加分；进一步，就加分。

这样，差生从日益增多的分数中，切身体会到自己的努力和学习成绩的提高。教师在教学中逐步缩短由于作业层次不同而形成的差距。对中差生难以做出的题目，教师要采取有效措施加以辅导，辅导后再选择一些题目让他们练习，使中差生的"赶优"经历这样一个过程：尝试—矫正—再尝试—赶优。

# 第三节 高中数学学科主要教学创新方法

## 一、中学数学主要教学方法简介

### （一）讲授教学法

所谓讲授法，是指教师通过对课程标准和教材的研究，根据教学目标和学生实际情况系统地、连贯地、生动地向学生传授知识的一种教学方法。这是我国传统的数学教学方法之一，也是高中数学教学中最常用的一种教学方法。讲授教学法的主要特点是：教师以口头语言作为传递知识的媒体，向学生单向输入信息，学生经过思维把知识储存在自己的头脑中。讲授法的优点在于：有助于充分发挥教师的主导作用；有助于在较短时间内使学生获得较多的间接知识；有助于结合知识传授进行思想品德教育。讲授法的缺点是：以教师活动为主，不易发挥学生的主动性、积极性；讲授往往面向全体学生，不宜于因材施教；教学单向输入信息，运用不当，容易造成"注入式""填鸭式""满堂灌"的结果。

运用讲授教学法的一般过程：第一，教师根据数学知识产生的背景（自身发展的需要、解决数学问题的需要或解决实际问题的需要）引出新课题；第二，根据科学的认识规律借助教学方法，建立数学概念或模型；第三，介绍数学概念的性质或解决问题的方法，明确解决问题的途径，继而解决问题；第四，通过对典型问题的分析说明新知识的应用，并通过一定的训练予以巩固；第五，通过适当的总结来完成新课题的讲授。

在高中数学教学中，教师的讲授仍然是重要的教学方法之一，但要注意的是必须关注学生的主动参与，师生互动。所以，在运用讲授法时：第一，教师必须全面了解学生已有知识和经验，找准重点和难点，确定讲授策略；第二，教师的语言必须富有启发性，以促使学生思维和行为的积极参与，力争达到语言形象，妙趣横生；唤起联想，深入意境；循循善诱，疏导巧引；启发思维，突出特征；深入浅出，举一反三；余味无穷，欲罢不能的境界；第三，教师要善于运用分析、综合、归纳、演绎和类比等科学方法，展示思维过程，给学生以良好的示范和启迪。

（二）读读—议议—讲讲—练练教学法

读读—议议—讲讲—练练教学法又称为八字教学法。所谓读，就是引导学生自学教材和参考书，写读书笔记，这是教学的基础；所谓议，就是学生之间展开讨论，主动探究问题，进行交流，这是教学的关键；所谓讲，就是教师解惑，可以教师讲解，也可以在教师的引导下由学生讲解，这是教学的重要环节；所谓练，就是让学生亲自动手练习，将所学知识运用到解决实际问题中去，这是学习、巩固知识的重要途径。

这种方法的优点在于将读、议、讲、练穿插进行，融自学辅导法、阅读法、议论法、讨论法、讲解法、练习法、讲练法结合于一体。通过"读"逐步培养学生的自学能力和主动获取数学知识的能力；通过"议"使学生的表达能力、沟通能力和创造性思维能力得到发展；通过"讲"使学生能尽快理解难点、掌握知识要点，消除疑虑；通过"练"使所有数学知识得到巩固和深化，并形成技能。运用这种方法不仅能够调动学生的学习积极性，有利于提高课堂教学效率，减轻学生课外负担，而且有利于学生综合素质的提高。这种方法的不足是：第一，在实际的数学课堂教学中，由于学生知识基础的限制以及数学的高度概括性和抽象性的特点，部分学生读不懂数学教材，所以如果运用不当就会使一些同学产生消极情绪。第二，由于时间的限制和班级的实际情况（超级大班，学生基础参差不齐），课堂的议要么开展不起来，要么成为一种形式。第三，教学过程不易被教师控制，教师需要有良好的教学组织能力，否则数学课堂就会成为少数人的舞台。

在运用这种教学方法时，第一，教师要首先为学生扫除读的障碍，教给学生读的方法，指导学生带着问题读、带着任务读；还要给学生充分的时间，特别是利用课外时间读。第二，教师要为学生的议创设良好的氛围，如建立学习小组、提出启发性的问题、营造平等民主的和谐环境，还要及时地加以引导。第三，教师的讲要切中要害，对知识的关键点和学生的疑点讲清楚、讲明白、讲透彻，还要讲出新意。第四，教师要设计典型的、有一定层次的、开放性的练习，使练习真正达到巩固知识、形成技能、启发思维、提高能力的目的。

（三）尝试教学法

尝试教学法是给学生创造一定的条件，让学生主动探索、独立思考、发现问题、分析问题和解决问题，以培养学生的探索精神和自学能力为主要目标的教学方法。它的特点是变先讲后练为先练后讲，学生在教师指导下先尝试练习，然后教师有针对性地讲解。

尝试教学法综合了讲授、自学、讨论、发现、练习等方法的优点，又避开了上述方法的缺点，融教法与学法为一体，独具一格。这种方法，有利于培养学生的探索精神和自学能力；有利于提高课堂教学效率，减轻课外作业负担；有利于中差生的提高；有利于大面积提高教学质量。

尝试教学法一般分为五个步骤：出示尝试题、自学课本、尝试练习、学习讨论和教师讲解。

1. 出示尝试题

尝试题是为了完成教学任务另编的与课本中的例题相仿的习题。尝试题的难易程度是决定尝试教学成败的关键。设计尝试题不能顺手牵羊，更不能超越例题，要使学生看后，似乎会解，但又一下子解不出来，处于跃跃欲试的求知状态，教师则因势利导，使学生沉浸于探求解题的思索之中。

2. 自学课本

学生自学课本例题是在急于解决问题的心理作用下进行的。这时，教师应抓住这一有利时机，根据不同的尝试内容，运用各种方法指导学生看书。常用的方法，一是把课本中的难点分成几个小问题提出来，让学生结合课本进行领悟；二是根据学生平时作业易出现的错误列出一些题目，让学生在自学书中内容后辨别正误；三是用画图分析作为启示，让学生通过自学课本补充图中的内容。

3. 尝试练习

尝试练习是学生在教师还没有讲解的情况下自己动手去做，这时已初步具备解析尝试题的能力。教师让学生尝试练习是给学生跳一跳的机会。学生在尝试练习中，大部分是在理解的基础上完成的；有一小部分则不太理解，是照猫画虎做出来的；还有个别同学可能做错。这时教师应进行个别启发谈话，巡视检查，认真做好课堂记录，把学生尝试练习中各种有代表性的解法板演出来，给下一步学生讨论创设情境。

4. 学习讨论

尝试练习结束后，教师要求学生把黑板上的各种解法和自己的练习作一对照，然后以一桌或前后两桌组成的自然小组为单位进行讨论，辨别正误。经过激烈争论，大部分问题已经弄清，个别问题还未得到解决，而这些问题一般多为教学难点。这时学生一边争论，一边用期待的目光望着老师，希望给他们以支持，这说明教师讲解的时机已经成熟。

5. 教师讲解

经过前面的四个环节，课堂内容已初步形成一条"龙"，教师讲解的目的在于点睛。教师讲解的内容，正是学生渴望的东西，所以他们的听讲情绪最好，心理的反馈作用最强。这里的微妙之处在于，教师的讲解必须精练、精彩、对症，使差生知其错，中等生有所得，优等生有所提高。

尝试教学法的这五个步骤是一个基本的教学程序，教师在具体运用此法时，可以根据具体的教学情况灵活运用，或增加一步，或减少一步，或几步互相调换和合并都是可以的，只要"先练后讲"的基本精神不改变。

尝试教学法就适用范围来讲，低年级可以开始逐步使用，中高年级效果较好；前后有联系的教材，在后继教材中运用此法效果较好；用于有个别难点的发展性教材效果较好，基本上没有难点的变式教材效果更好；实践性较强的教材内容、难度较大的内容以及初步概念的引入课，不适宜应用此法，因为这样容易造成概念模糊，思维混乱，一旦走了弯路，教师再加以纠正，既费时，又不易消除"负迁移"的影响。

（四）发现教学法

发现教学法，通常被称作发现学习或问题教学法，就是让学生通过独立工作，自己主动发现问题、解决问题及掌握原理的一种教学方法。

发现教学法认为，教学应让学生处于主动状态，让学生成为独立的发现者，发现不限于寻求人类尚未知晓的事物，用自己的头脑亲自获得知识的一切形式都是发现。发现教学法可以促进学生智力发展，挖掘学生的潜力，激发学生内在的学习动机，培养学生的创新精神，更好地巩固所学知识，并能学习研究方法。发现教学法一般有以下四个步骤：

1.创设问题的情境

使学生在这种情境中产生矛盾，提出要解决或必须解决的问题。思维由问题引起，疑问是发现之母。

2.提出问题的假设

促使学生利用教师所提供的某些材料和所提出的问题，提出解答假设。

3.从理论上和实践上检验自己的假设

不同的观点可以辩论，解决问题最终要靠实践的检验。创造性思维也必须靠实践来证明它确实开创了科学的新方向，开辟了科学的新天地。如何检验自己的假设也是一个创造性问题。在这一阶段，学生在领会概念、规律和解决问题的过程中，思维的机能得到锻炼和提高。

4.仔细评价，引出结论

根据实验获得的一定材料或结果，在仔细评价的基础上得出结论。

总之，教师在应用发现法进行教学时，首先要在研究教材和学生实际的基础上，对教材做出计划，把教材划分为一个一个的发现过程，制定出具体要求，让学生进行自我发现。自我发现要进行得顺利，关键在于恰当地确定学生独立探究力所能及的"最近发展区"。只要教师给学生创设的问题情境符合学生实际水平，学生的探索能力和智力才能就会得到发展。这时学生就会经过独立思考，亲自发现教材中那些隐含的东西，概括出结论，使这些新知识很快纳入自己的认识结构系统里去，把知识变成自己的智慧财富。

学习数学的唯一正确方法是实行"再创造"，也就是由学生本人把要学的东西自己去发现或创造出来，教师的任务是引导和帮助学生去进行这种再创造的工作，而不是把现成的知识灌输给学生。因为只有通过自己的再创造而获得的知识才能真正被掌握和灵活运用。不是说每节课都要用这种再创造的方法来学习，但每一位数学教师，都应该领会和掌握这种再创造的学习方法，并经常选择适当的教材尝试使用这种方法进行教学。

## 二、教学方法选取的依据与原则

古今中外积累的教学方法是十分丰富的，随着教学改革的不断深入，又将会有许多新的、有效的教学方法产生。教学方法多种多样，其性能和特点千姿百态。在实际教学时，教师能否正确选择教学方法，就成为影响教学质量的关键问题之一。实践证明，教师只有按照一定的科学依据，综合考虑教学的各种因素，选取适当的教学方法，并能合理地加以组合，才可能使教学效果达到最优化的境地；反之，如果毫无选择地使用教学方法或错误选用教学方法，都会给教学活动造成不利影响。要做到选择最优的教学方法，必须把握以下三项基本原则。

（一）总体把握原则

总体把握原则，是指在选择教学方法时，要从教学内容出发，总体把握教学的目的和任务，教学内容的性质和特点，每节课的重点、难点和关键。

1. 把握教学目的和教学任务

教学方法是实现教学目的和完成教学任务的手段，不同的教学目的和教学任务，要求运用不同的教学方法。任何教学方法都是为实现教学目的和教学任务服务的。因此，要选择与教学目的和教学任务相适应的能够实现教学目的和完成教学任务的教学方法。例如，就我国常用的七种教学方法来说，如果教学的目的和任务是传授新知识，就要选用讲授法、演示法等让学生体验知识的发生、形成、发展的过程；如果是让学生掌握技能技巧的，就要选用数学的多种变式练习，通过变式熟练掌握基本技能等；如果在一节课里，不同的教学环节有不同的教学任务，教学方法也应随之变换。为了完成一种教学任务，可以同时选用几种不同的教学方法。

2. 把握教学内容的性质和特点

教学的目的和任务是通过学生在教学过程中掌握特定的教学内容来实现的。学科不同，教学内容就有不同的性质和特点。教学方法的选择，必须把握好教学内容的性质和特点。例如，语文、外语、政治、历史等课程多采用讲授法，数学、物理、化学、生物等课程多采用讲解和演示、实验相结合的方法。不同的学科内容，教学方法上应各具特色；即使是同一学科，由于各部分教材的具体内容不同，选择的教学方法也应有所区别，如数学课中练习课与复习课选用的方法就有所区别。

3. 把握每节课的重点、难点和关键

每节课的教学内容必定都有重点部分、难点部分和关键所在。教学方法的选择就要考虑怎样选择适合突出重点、突破难点、抓住关键的方法。例如，对概念性较强的内容，可选用讲授和其他方法结合进行；对教材中的难点部分，可选用讨论的方法，大家集思广益，解决问题；而对学生容易理解的部分，可以采用读书指导法，让学生自学。

（二）师生共明原则

师生共明原则，是指在选择教学方法时，既要把握教学对象的可接受性，又要把握教师自身对各种教学方法驾驭的可能性，力求使师生双方的可接受性、利用的可能性与教学方法的高效果达到完美的结合，统一在最佳结合点。

1.把握教师自身利用各种教学方法的可能性

任何一种教学方法的选择，只有适应教师自身的素养条件，能为教师所理解和掌握，才能发挥更好的作用。有的方法虽好，但如果教师缺乏必要的素养条件，自己驾驭不了，仍然不能在教学实践中产生良好的效果。因此，教师应对自己的特长和弱点以及运用某种方法的实际可能性进行认真分析，做到心中有数，然后根据自己的特长和条件，选用教学方法，充分发挥优势，扬己之长避己之短，采用与自己条件相适应的教学方法。例如，有的教师形象思维水平高，可以用生动形象的语言把问题的现象和事实描绘得生动具体，然后从所讲事实出发，由浅入深地讲清道理，依据这一特长，可多选择以语言传递信息为主的方法；而有的教师不善于口头语言表达或表达能力较差，但善于制作教具和运用直观教具，在直观教具的配合下能有效地讲清理论，就可多选择以直接感知为主的方法进行教学；有的老师善于板书、板绘，可利用板书纲要、图表、绘画来引起学生兴趣，启迪学生思维。

2.把握教学对象——学生的可接受性

教学方法的选择，必须与学生的发展水平相适应。教师的教是为了学生的学，教学只有符合学生掌握知识的规律才能获得较好的教学效果。因此，选择教学方法时，要考虑学生的年龄特征，了解学生已有的知识基础和心理准备情况以及学习态度、智力发展水平等。例如，数学概念开始阶段的教学应侧重选用描述、描绘等直观的教学方法或利用教具，而不宜进行较长时间的讲解和讲演，否则，学生会感到疲劳，注意力分散，将影响教学效果。在数学应用阶段的教学可以多选用启发、探究式的教学方法，甚至采用教师引导下的自学方法，以引导他们独立地研究问题，获得知识，发展智力。一般地，中学低年级学生数学抽象思维能力较弱，可选用直观、演示的方法配合讲授进行教学；高年级学生数学抽象思维能力增强，可多选用讲授、讨论的方法等。还要注意，考虑学生的可接受性，并不意味着要求教师只是消极地适应学生的现实水平，而是应当注意从学生实际出发，选择那些能促进和发展学生学习独立性的方法。

（三）"双效"统一原则

"双效"统一原则，是指在选择教学方法时，一要考虑能否取得最佳效果，二要考虑能否取得最高效率，力求使效果与效率达到完美的统一。

教学方法的选择，必须追求方法与效果的统一。有的教学方法虽然很好，但教师运用未必能取得最佳效果。教师在选择教学方法时，要充分估计运用这种方法所取得的效能、效益和结果。教学方法与教学效果统一了，说明选择的教学方法是行之有效的，否则是不切实际的。教学方法多种多样，而使用时又往往是以一两种为主，这就要求教师在选用教学方法时，一定要选择能取得最佳效果的方法，使方法与效果二者高度统一。

但是，仅看教学效果还是不够的，教学效果仅仅是评价选用教学方法好坏的一个重要方面。在看教学效果的同时，还要看教学效率。有时，虽然教学效果不错，但它是以教师和学生双方花费了很多时间和精力以及较高的物质消耗为代价的，这种教学效率是不高的。好的教学方法，教学效率也应高，即做到投入较少的时间、精力、物力、人力，而获得较好的教学效果和较高的教学效率。"双效"达到了统一，也就做到了教学方法的最优化选择。

除以上三项基本原则之外，教学方法的选择，还要考虑学校的教学条件。相同的教学内容，相同的教学对象，由于各学校的具体环境和设备条件的不同，教学方法的选择也要有所区别。

然而，万变不离其宗，各种教学方法的本质是一致的，即在数学教学过程中，在传授数学知识的同时要关注学生能力的培养、智力的开发和综合素质的提高；注重教师主导作用的发挥和学生主体地位的体现，充分调动学生学习数学的积极性和主动性，促使其思维和行为的积极参与；注重学生创新精神和实践能力的培养，引导学生自学，让学生在做数学中学习数学、理解数学，领会数学的思想和方法，逐步掌握科学的认识方法。所以，在具体教学时，要注意各种方法之间的内在联系，灵活地、综合地选择和运用各种教学方法，有机地整合各种教学方法，创设高效的教学方法组合体，最大限度地调动学生的学习积极性和创造性，提高课堂效率，提高教学质量。

# 第九章 高中数学课程与信息技术的整合促进教师专业化发展

## 第一节 教师专业化发展的基础知识

信息技术突飞猛进，其应用更是迅速渗透到社会的各个领域。如何提高信息技术的应用能力、促进教师专业成长？通过"拓展培训渠道，借助博客、网站等网络平台，构建和谐高效，思维对话型课堂"等实践活动，可以使每位教师的信息技术能力有很大的提升。如何在浩如烟海、漫无边际的信息中获取所需的有用信息，如何对有用信息进行有效的加工、处理，如何利用现代信息技术进行高效率、高质量的学习，成为对教师、学生发展至关重要的问题。毋庸置疑，信息技术已成为公民必须具备的基本素质之一。

随着科学技术的发展、课程改革的实施，信息技术已逐步深入到课堂教学中；但是，欲把信息技术融入课堂教学，为课堂教学带来质的变化，就离不开教师专业化发展。教师必须实现角色转换，提升自身素养；不断提高和完善自我专业精神、专业知识、专业能力、专业理论及自我专业意识等各方面的专业发展。学校针对教师自身的特点，以教师全员读书工程为基点，外派教师学习，多方面、多角度、多层次地进行教师素质和能力的培养，并要求教师认真地学习和反思，熟练地掌握信息技术的运用，能在信息技术环境下提升教师的素质和能力，适应新形势下专业发展的要求，促进教师专业化发展。

### 一、数学教师专业化发展含义

教师和教师教育历来是人们关注的话题，教师专业发展日趋成为世界各国关注的焦点。如何实现数学教师的专业化发展，应该结合中学数学基础教育改革对数学教师的要求，以及教师专业化发展的内在需求来进行分析。

首先，中学数学基础教育改革以以下四个教育理念为根本：一是以学生发展为本的中心观念；二是体现有价值的数学、现实生活中的数学；三是改革数学教师教学方式与学生学习方式；四是建立多元化的评价体系。从教育理念来看，数学教师的角色将发生很大的改变，即由过去的传授者变为引导者，变为学生数学学习的帮助者，而不是高高在上的知识掌握者、知识学习过程的统治者、权威者。数学教师的作用，是把数学科学转移为基础教育的数学学科或课程，即把学术形态的知识转换为教育形态的知识，再把基础教育的数学学科或课程转换为学生的数学科学知识，即把教育形态的数学知识转换为学生自身建构而成的数学知识。因此，从这个角度来看，数学教师要具有足够的数学学科的知识，要理解数学知识的本质，并且要具有相应的教育学、心理学知识，才能实现这两者之间的转换。教师要站在学生学习的角度，要了解教师眼中的数学知识与学生眼中的数学知识、学生自身固有的数学知识之间的差异，要努力搭建这几者之间的桥梁。这些需要通过学习数学知识、数学哲学、学生学习心理学等方面的知识才能完成。

其次，中学数学课改提供了"精英数学"向"大众数学"教育目标的转换，既然不是以学科知识传授为主，那么就要求教师具有更深层次的教与学的知识，要求数学教师是一个现实数学教育中的研究者。地方课程、校本课程要求数学教师是一个教材编制者与设计者，是生活中的数学发现者、研究者，而综合课程、探索性问题学习同样要求数学教师是一个综合素质者，是一个发现教育问题、解决教育问题的研究者。

数学教师专业化发展，则要求数学教师内在专业结构不断更新、演进和丰富，要求具有自我专业发展意识，关注自己的教师专业发展，对自己的专业发展负责，进行反思性教学，实现数学教师的自我成长。

## 二、教师专业化发展模式

新课程改革的浪潮逐渐推进，在新课程改革下，高中数学教学专业发展需要与时俱进，不断提升教师自身专业素养，为更好地培养数学人才奠定基础。为促进高中数学教师专业更好地发展，我们主要分析了教师专业发展的几种模式。

（一）自我学习，丰富和更新知识

高中数学教师需要不断完善自身知识结构，为专业发展提供源头动力。数学教师的理论学习是获得专业发展的关键途径，通过对数学专业、教育学、心理学等学科的不断深入研究，实现对教育价值观、知识结构、知识层次的自我更新，不断提升教师的教学技能和素质，成长为专家型的教学人才。理论自我学习分为数学专业知识与教育理论知识学习两个部分。其一是更新与丰富数学专业知识，完善数学专业知识结构。关注数学科学前沿知识与发展动态，了解科技新发现和新成果，关注科技前沿中的应用现状，吸收新知识、新理念、新规律，如航天航空的发展应用到哪些数学、物理、化学知识，最新天气预报方法对物理、数学知识的运用等。其二是主动学习教育理论知识，提升教学理论素养，除了专业知识以外，教学理论也需要更新，新数学课程在教学结构、教学内容、教学评价、教学展开等很多方面发生了很大变化，为了适应新时期的教学需要，教师需要丰富自身教育理论，完善教学行为，提升教学质量，仔细阅读教育学、心理学等相关知识，查阅重要的教育学书籍，以获取数学教学改革前沿信息，研究新理论，不断提升自身理论素养。

（二）课堂教学，专业发展实践智慧

教学课堂是数学专业知识和教学理论知识应用和实践的场所。在实施教学过程中，教师需要努力践行新课改教学理念，以学生为本、因材施教，认真分析课堂教学内容、教学目标、教学方案，做好备课、教授与评价。重视第二课堂的教学引导过程，不断地在实践教学过程中提升自身教学技能、积累教学经验，总结新方法。高中数学教学实践需要重视教学中与其他学科知识的融会贯通，注意数学与物理、化学、信息技术等知识的融合。如物理课程中物体在做匀速运动时距离和时间之间可以建立一次函数关系，匀加速运动与数学中的二次函数图像相关联。数学教师要具有学科融合的思想，引导学生融会贯通，开阔学生视野。为了获得高质量的教学效果，教师需要重视教学的实践过程，并且需要重视这几个方面：对高中数学知识准确理解；对高中数学教学目标准确把握；合理设计与运用教学策略；对高中数学教学活动进行科学规划与实施；正确反馈、评价与分析教学效果等。在课堂中让自己的专业不断得到发展，在实践中获得真知灼见，增加智慧。

（三）校本研修，提高教学研究水平

校本研修是学校组织与规划，以学校教师发展为目标，围绕教学实际问题，以提升教师的教研能力、教学能力，促进教师专业发展为目标的教学研究形式，为数学教师专业发展提供了重要保障。校本研修是良好的活动平台，活动形式有课例研究、教育叙事研究、课题研究、教研活动等。

1.完善和丰富教材内容，编写校本教材或校本教案

教研组是具有数学专业特点的学习型组织，结合了"教学"与"研究"，结合本校学生的特点，展开校本教材或校本教案的编写，探寻适合本校学生水平与特点的学习内容。

2.数学教学行动研究

为提升教师的教学技能，促进教师专业化发展，展开以诊断、计划、行动、观察、反思为流程的教学行动研究，得出研究结论并记录研究报告。如在"空间几何"中点线面之间的关系、判定以及证明中，由线面平行延伸推出面面平行。通过阶梯式的证明方式，以提升学生空间想象能力、推理能力为目标，结合教学行动研究，展开研究课题。

3.数学教育叙事研究

通过对教学事件与行为进行描述分析，研究、反思与评价教学意外、冲突等。如对"数列"知识的讲述，关于等差数列、等比数列以及数列在九连环、购房中的实际应用等展开叙事研究，对教学中学生行为、学习效果、领悟成果展开研究与反思，作好科学评价。由校本研究展开组织教学研究活动，促进教师在专业上有规划的发展。

（四）内外交流，发展专业水平

专业引领是教师专业发展的重要途径之一，需要专家的理论和实践指导与帮助。这里的专家指数学科研院所或高等专业提供代写和发表论文的服务的教师，师范院校专家，或者是校内外的一线专家教师。专业引领其实就是专家学者与一线教师关于教学理论与教学实践的对话，其主要形式有学术报告、教学现场指导、理论辅导、合作研究等。教学现场指导专家与教师一起备课、听课与评课，并进行反思与总结，通过对教学中存在的问题进行分析、反思，制订出优化的解决方案。加强高中学校与高校、科研机构的交流与合作，通过建立实验基地、科研场所等，加强对实际教学问题的分析、指

导和研究。同时还需要发挥高中本校骨干教师的带头作用，组织对青年数学教师的培养，促进高中数学教师向着专业化进程迈步，逐渐培养高中数学教师成为专家型教师。

总之，在高中数学教师的专业发展模式中，教师要从自身实际出发，重视对自身数学素养的提升，不断丰富自身理论基础知识，强化教学实践，重视理论学习与教学实践的融合与统一，通过理论学习来完善教学思想、指导教学行为，通过教学实践反思理论与实际的出入，有效探讨出适合现阶段高中数学的教学模式。

### 三、信息技术促进教师专业化发展的理论基础

（一）社会建构主义理论

针对数学学习的认知过程，强调用建构主义思想指导高中数学教学。建构主义教学模式强调以学生为中心，视学生为认知的主体。学生是知识的主动建构者，教师只对学生的意义建构起帮助和促进作用。让学生在知识的合理建构中充分享受好的数学教育及其好的数学教育具有的生动内涵。建构主义的教学观正是要求教师充分发挥高中学生的特点，让学生组织、让学生自己做数学、让学生体会其中的兴趣。

整个数学学习过程经历了由新的数学学习内容到原有数学认知结构的输入阶段，由原有数学认知结构到产生新的数学认知结构雏形的相互作用阶段，由产生新的数学认知结构雏形到初步形成新的数学认知结构的操作阶段，由初步形成新的数学认知结构到形成新的数学认知结构，达到预期目标的输出阶段，而这四个阶段中的任一阶段的学习出了问题，都会影响数学学习的质量。由上述数学学习一般过程的认知理论可见，数学学习并非一个被动的接受过程，而是一个主动的建构过程。任何数学知识的获得都必须经历"建构"这样一个由"外"到"内"的转化过程。因此，提高教师教育教学理念，用建构主义的思想指导高中数学教学势在必行。

1.建构主义的数学观

数学不是静态的，而是动态的。数学学习活动应由学生独立进行，教师的指导应体现在为学生创设情境、启迪思维、引导方向上。引导学生自己去做，就必然出现学生经常不用讲的或课本上现成的方法去解答问题的现象，一解对了，当然好，说明学生对基本原理真的懂了。建构主义认为数学

学习并不是简单的信息积累，它包含由于新旧经验的冲突而引发的观念转变和结构重组，学习过程是新旧经验反复的、双向的相互作用过程。由此可以推断出，学习是一个主动建构的过程，学习者不是被动地吸收信息，而是主动地建构信息。这里的建构一方面是对新信息意义的建构，另一方面也包含对原有经验的改造或重组。学习者以自己的方式建构对事物的理解。因而世界上不存在唯一标准的理解，教师应允许学生在思考的过程中产生歧义，每个学习者并不是空着脑袋走进教室的。在日常生活和学习过程中，已经形成了相当的经验，每个人都以自己的方式看待事物，因此，教学不能无视学生的这些经验，而是要把学生现有的知识经验作为新知识的增长点，引导学生从原有的知识经验中"生长"出新的知识经验。进而在知识的建构中不断提取正确的信息，使理解更加丰富和全面。例如，平面几何的角平分线性质定理的证明除了三角形相似、对应线段成比例证明以外，还可以应用等积法证明，这完全取决于新旧知识点的建构。

2. 建构主义的学习观

在实际数学教学中，我们常常会发现这样的现象，教师总是一个劲地抱怨：学生连课堂上讲过的一模一样的习题都做不出来。这里可以依据建构主义观点做如下的分析：建构主义认为学生学习活动的本质是，学习不应看成对于教师所授予的知识的被动接受，而是一个以学生已有的知识和经验为基础的、社会的建构过程。我们对学生"理解"或"消化"数学知识的真正含义获得了新的解释，"理解"并不是指学生弄清教师的本意，而是指学习者已有的知识和经验对教师所讲的内容重新加以解释、重新建构其意义，它只是表明学生认为自己"我通过了"。因此，我们不难理解学生所学到的往往并非教师所教的这一"残酷"事实。例如在数学教学中最常见的表现是，教师尽管在课堂上讲解得头头是道，学生对此却充耳不闻；教师在课堂上详细分析过的数学习题，学生在作业或测验中仍然可能是错误百出；教师尽管如何强调数学的意义，学生却仍然认为数学是毫无意义的符号游戏等。学生真正获得对知识的"消化"，是把新的学习内容正确地纳入已有的认知结构，从而使其成为整个结构的有机组成部分。教师把知识，抛得越快，学生忘得越快。教得多并不意味着学得也多，有时教得少反而学得多。究其原因，是学生缺乏对数学知识主动的建构过程。

建构主义认为：高中数学课堂应强调以学生为中心，认为学生是认知的主体，是知识意义的主动建构者，学生的主体地位是任何人，包括教师都不能代替。教师只对学生的意义建构起帮助和促进作用，在课堂上教师应将问题情境还给学生，让学生在知识的合理建构中充分享受好的数学教育及其好的数学教育具有的生动内涵，不应让学生感到厌恶，而应让学生思维活跃，发现有趣的推导。

（1）强调以学生为中心

要在学习过程中充分发挥学生的主动性，要能体现出学生的首创精神，使学生体会知识建构的乐趣。要让学生有多次机会在不同的情境下去应用他们所学的知识；要让学生能根据自身行动的反馈信息来形成对客观事物的认识和解决实际问题的方案。

（2）强调"情境"对建构的重要作用

建构主义认为，学习总是与一定的社会文化背景即"情境"相联系的，在实际情境下进行学习，可以使学习者利用自己原有认知结构中的有关经验去同化和索引当前学习到的新知识，从而赋予新知识以某种意义。如果原有经验不能同化新知识，则要引起"顺应"过程，即对原有认知结构进行改造与重组。总之，通过"同化"与"顺应"才能达到对新知识意义的建构。在传统的课堂讲授中，由于不能提供实际情境所具有的生动性、丰富性，同化与顺应过程较难发生。因而将使学习者对知识的意义建构发生困难。

（3）强调"协作学习"对建构的关键作用

建构主义认为，学习者与周围环境的交互作用，对于学习内容的理解（对知识意义的建构）起着关键性的作用，这是建构主义的核心概念之一。学生们在教师的组织和引导下一起讨论和交流，共同建立起学习群体并成为其中的一员。在这样的群体中，进行协商和辩论，通过这样的协作学习环境，学习者群体（包括教师和每位学生）的思维与智慧就可以被整个群体所共享，即整个学习群体共同完成对所学知识的建构。

3.建构主义的教学观

真正决定数学课堂的不是写在书上的观念与规定，而是天天和学生接触的教师。尽管专家们花了大量的精力认真准备了课程标准和教材，但是一到学校，数学教师一个人便决定了一切。

建构主义的数学教学观同我国数学教育家积极倡导的"让学生通过自己思维来学习数学"内在本质是一致的，在一定意义上说，我们认为没有一个教师能够教数学，好的教师不是在教数学而是能激发学生自己去学数学。好的教学也并非把数学内容解释清楚，阐述明白。事实上，我们往往会发现在教室里除了自己以外，学生并未学懂数学。教师必须让学生自己研究数学，或者和学生们一起"做数学"。教师应鼓励学生们独立思考，并接受每个学生"做数学"的不同想法；教师应积极为学生创设问题解决的情景，让学生通过观察、试验、归纳、做出猜想、发现模式、得出结论并证明、推广等。只有当学生通过自己的思考建构起自己的数学理解力时，才能真正学好数学。例如教师在讲授勾股定理时，让学生通过对图形的割、补、拼、凑，发现直角三角形三边之间的数量关系。这样不仅使学生认识了勾股定理，熟悉了用面积割补法证明勾股定理的思想，而且更重要的是培养了学生的数学思维能力和自我探究的习惯，激发了学生学习数学的兴趣。作为教师要始终让学生参与并时刻自己调控，教师要站到学生的立场考虑问题。

在数学问题解决的学习中，教师要尽量通过问题的选择、提法和安排来激发学生，唤起他们的好胜心与创造力。问题的选择要在学生能力的"最近发展区"内，并设法使得提法新颖，让学生坐不住，欲解决问题。例如"$25^2$是几位数？用对数计算"问题提出后，学生不怎么感兴趣，教师可以换一种说法："某人听到一则谣言后一小时内传给两人，这两人在一小时内每人又分别传给两人，如此下去，一昼夜能传变一千万人口的大城市吗？"这样一发问，学生有了解决此问题的兴趣和积极性，效果就大不一样。起先，谁都认为这是办不到的事。经过认真计算，发现的确能传遍。结论出人意料，但又在情理之中，这样发问最能引起学生跃跃欲试，又能使学生通过解决问题受到思想教育。建构主义的教学观正是要求教师充分发挥高中学生的特点，让学生组织，让学生自己做数学，让学生体会其中兴趣，让学生感悟数学美。

4.建构主义思想对数学学习的指导意义

（1）建构主义强调主体的感知

既然数学学习是一个主动的建构过程，因此就必须突出学习者的主体作用。一切数学知识、技能和思想的获得都必须经过学习者主体感知、消化、改造，使之适合自己的数学认知结构，才能被理解与掌握。对学习者来说，应该充分利用教师指导的有利条件，但又不能以此为唯一的依靠。发挥自己的主观能动性，按照自己的实际，用"跳一跳"的方式去学习，才能获得最佳的效果。

（2）建构主义强调外部环境的制约和影响

要使数学学习学有所得，真正形成优良的认知结构，就必须有一个反思、交流、批判、检验、改进、发展的过程。因此，数学学习在一定程度上总要重复历史的主要过程，即重视人类对数学的建构过程。对学习者来说，不应满足自己的一己之见，而应重视与教师及其他同学的交流，通过交流实现再提高。

（3）建构主义强调学习是发展，是改变观念

按照建构主义的看法，知识就是某种观念。因此，知识是无法传授的，传递的只是信息。学习者应该对这些信息作观念的分析与综合，进行有选择的加工与处理。认识与发展是一个不断发展与深化的过程。因此，学习者的认知结构也就有一个不断发展、不断建构的过程。这种在发展中学习、在学习中改变观念的观点，对指导数学学习是十分有利的。

（二）合作学习理论

合作学习不仅是一种个体的学习行为，同时还是一种群体活动行为。合作学习理论本身就是起源于20世纪现代社会心理学的研究，从社会心理学角度，有针对性地认识合作学习中的几种典型的个体行为很有现实理论指导意义，它有利于对合作学习中小组成员的行为与思想的变化形成更清晰的认识，以便采取更有利的措施。

1. 社会惰化效应

社会心理学把一个人在群体中工作不如单独一个人工作时更努力的倾向称为社会惰化效应。按课前预想，合作学习是"三个臭皮匠顶个诸葛亮"，即整体效果大于部分之和的效果；但在合作学习中，往往能发现小组成员你推我让，抱怨所分配的任务太多或不喜欢，习惯把困难推给其他成员，最终不能完成任务，造成整体小于部分效果的社会惰化效应。

（1）不公平感

人们常常习惯把自己付出的努力和所得的奖励与别人（或过去的自己）付出的努力和所得的奖励进行比较，如果比较证明是公平的、合理的，那么

就会心情舒畅地继续努力工作，如果比较得出相反的结果，就会产生不公平感，影响其积极性的发挥。

（2）责任分散

所谓责任分散是指在与他人共同工作时，个人责任感下降，将工作推给别人去做的倾向。产生责任分散的原因是指向群体的责任压力在群体中分散开来，落到每一个人身上的责任就很少了。因此，个人没有什么责任压力，反而互相依赖，所以产生推诿。我们看到，人越多，责任分散得越厉害，个人的责任感越低，而减少人数会增强责任感。

2. 去个性化

去个性化是指个体在群体中可能失去自我认同感和责任感，失去自我控制，行为放肆，表现出单独时不会做出的行为。这种自我控制能力的下降，往往使得个别学生违规行为增加，责任感普遍淡化，干出平时不会做出的事情。许多研究报告，有些学生（特别是低年级学生）一旦合作学习时就会表现出不同程度的平时并不多出现的异常兴奋现象，比如肆意高谈阔论、争论声音过大，随便走动，随便提问等"吵吵闹闹""乱哄哄"的去个性化现象。导致去个性化的关键因素是匿名作用和责任分散。由于匿名作用和责任分散，让有些学生养成说话不负责任、行为较平时张扬的情况。

合作学习情景中的去个性化确实能导致消极作用。比如，课堂小组合作活动中，乱哄哄的讨论看似激烈，但对解决问题却没有真正的意义，学生们高谈阔论，可能会干扰其他小组的正常讨论。但同时应看到去个性化有时也可发挥比较积极的意义，因为从某种程度上理解，去个性化是学生比较自由、比较投入地参与合作的表现，在这种状态中学生敢于自由想象、标新立异和创新，使个性获得发展。

3. "搭便车效应"和"马太效应"

所谓"搭便车效应"，是指在利益群体内，某个成员为了本利益集团的利益所做的努力，集团内所有的人都有可能得益，但其成本则由这个人承担，这就是"搭便车效应"。在合作学习中，虽然全体小组成员客观上存在着共同的利益，但是从社会心理学的角度看，却容易形成"搭便车"的心理预期。个别学生活动时缺乏主动性或干脆袖手旁观，坐享其成；也有的学生表面上看参与了活动，实际上却不动脑筋，不集中精力，活动中没有发挥应有的作用等"搭便车"现象。

产生"搭便车效应"的原因很多。首先是异质分组客观上使学生的动机、态度和个性有差异，其次许多学生没有完成合作技巧的培训，对于合作学习的评价的"平均主义"，即只看集体成绩不考虑个人成绩的做法等。

"搭便车效应"的危害非常大，在合作学习过程中，如果更多地强调"合作规则"而忽视小组成员的个人需求，可能会使每个人都希望由别人承担风险，自己坐享其成，这会抑制小组成员为小组的利益而努力的动力，而且"搭便车"心理可能会削弱整个合作小组的创新能力、凝聚力、积极性等。

"马太效应"是指学习能力强的学生，发言机会就多，而发言机会愈多能力愈强，学习能力弱者反之，造成优者越优，差者越差，两极分化。在小组合作学习中，常常碰到这样的情况，能力较高的成员受到尊重，并取得领导地位，甚至抢尽风头或牺牲其他组员的利益来自我获益；而能力较低的成员则完全丧失了合作学习的兴趣。

消除合作学习中"马太效应"的消极作用，要求我们努力实现评价的社会公平感。"马太效应"导致学生参与度不均衡的主要原因是学生的个人职责不明确，以及教师只关注小组的学习结果，不注重学习过程和个人的学习进步。所以，在合作学习的评价中，教师不仅要关注学习结果，更要关注学习过程，教师还需要讲究评价策略，做到指导与激励相结合，对不同发展水平的学生有不同的要求，应关注每一位学生，特别是对小组中能力较差的学生更应关注他们的点滴进步。

4. 从众效应

从众效应是指在群体活动中，当个人与多数人的意见和行为不一致时，个人放弃自己的意见和行为，表现出与群体中多数人相一致的意见和行为方式的现象。从众也就是我们日常俗语中所说的"随大流"。

学生需要的是具有积极意义的从众效应，反对的是消极的、盲目的从众效应。首先，合理组建合作学习小组；其次，必须坚持民主集中制，解除小组群体的压力，建立鼓励所有成员自由发挥自己的不同意见的规则；最后，教师一定要注重培养学生独立思考的习惯，为学生创设思考问题的情境，注意答案的多样化，扩大学生的思维空间，提高学生的批判力。

# 第二节 学校与教师专业化成长

为回应教育发展对一批研究型、学者型教师的呼唤，我校大力开展教科研工作。通过完善三项机制，积极建设人本化的研究环境；通过搭建三个平台，实施特色化的校本教研；通过坚持三个"贴近"，开展实用化的课题研究，推动学校教研水平和教学效益不断提高。

## 一、完善三项机制，建设人本化的研究环境

教师是教育科研的生命，是教育科研的中心，是教育科研的主体，教育科研工作必须以教师为本。教师只有不断创新、主动进行教育研究，才能真正实现教育梦想。对此，我们通过完善三项机制，积极为教师营造健康的科研环境，促进教学研究，提升教育质量，促进学生的全面、健康发展。

（一）完善培训机制，使教师"会研究"

制度是实践的保证和依据，学校培训制度的建设和完善最终是为了提升教师的素质，是达到无意识境界而采取的一种有意识手段，俗话说："不依规矩，无以成方圆，"我校通过完善培训制度，促使教师向"会研究"转变。

一方面，针对部分教师理论基础薄弱的实际情况，积极实施教师全员读书工程，在此基础上开展优秀读书笔记展评、学习教育理论演讲比赛等活动，帮助教师提升理论水平，奠定研究基础。另一方面，加大教师培训力度，每年自主选派教师外出学习至少150人次，近至潍坊、临沂、青岛，远到广州、北京、上海，2009年达到200多人次，引导教师开阔教育视野，避免闭门造车。

（二）完善激励机制，使教师"想研究"

激励机制是提高管理效能的一种有效手段，能在很大程度上调动教师的积极性，激发教师工作与学习的行为。为营造浓厚的教科研氛围，加大对教师的"充电"力度，鼓励全体教师参与教育科研，加强自修意识，我校从三个方面强化激励和引导。

首先，领导带头参与。学校领导对课题研究给予了全方位支持，联系市农业农村局和有关村镇，为综合实践课题组收集新农村建设方面的研究信息提供了极大方便。其次，激励全员参与。把教科研工作纳入教师综合考核，

从课程开发、继续教育、发展成果三个方面对教师的专业发展进行评价，有效激发了教师参与教科研的积极性。最后，典型带动参与。对教科研成绩突出的教师和学科组，除了兑现考评政策，还给予物质奖励，在宣传栏中张贴光荣榜，以实实在在的荣誉激励教师主动参与教科研工作。

（三）完善保障机制，使教师"能研究"

保障机制的原意是指保证机器各部分能够正常运作的有效作用方式和运行关系。教育学领域下的保障机制属于教育的功能机制范畴，一般有物质保障（基础）、精神保障（导向）、制度保障（核心）三个方面，在教育的运行过程中，这三种方式一般同时被采用并发挥其最大作用。我校从这三方面做起，建立完善的保障制度，促使教师"能研究"。

首先，在经费保障方面，不抠门、不吝惜，备课组或课题组自发组织外出考察学习、邀请教研员来校指导的经费都及时足额报销。2009年，学校选派了7名教师到广州、上海参加有效教学培训。其次，精神保障方面，每周为每个备课组预留出两个半天的集体备课时间、每天预留出2课时的日研讨时间、每周五下午留出2课时的时间进行周总结剖析，为教师提供充足的时间，减轻教师的精神压力。最后，在制度上，建立严格的奖惩制度，奖惩分明，以此来激励教师自主参与教研。

**二、搭建三个平台，实施特色化的校本教研**

以校为本的教育研究，就是将教研的重心转移到学校，要求校本教研必须从学校实际出发，遵循教育发展规律，开创符合学校实际的特色化教育科研之路。开展有效教学研究，不仅提高教师教学及科研水平，促进教师专业发展，还减负增效，提高学校教学质量，提升学校办学水平。我校紧紧围绕有效教学研究这个核心，积极创建三个平台，扎实开展校本教研活动，形成自己的特色。

（一）创新平台

即"163"高效课堂研究。创新平台以学生为主体，把培养学生的学习兴趣，训练学生的思维能力，训练学生的语言表达能力，训练学生的问题意识、合作意识，训练学生的动手能力作为高效课堂目标，创新课堂方式、方法，把提高课堂效率作为高效课堂的最终目的。教师要在已有课堂平台的基础上优化、创新，使课堂45分钟真正做到减时增效。

围绕"减时增效"主题，我校经过深入调研、自主探索，创造性地提出"163"高效课堂。"163"高效课堂的概念有两层含义：课堂结构上，围绕"教学目标"一个中心，落实"明确目标、自主学习、合作探究、展示交流、点评拓展、总结检测"六个环节，建构"自我感知、合作深化、点拨提高"三个课段；课堂时间下，按 1∶6∶3 的比例分配，自我感知阶段占 10%（5 分钟），合作深化阶段占 60%（27 ~ 30 分钟），点拨提高阶段占 30%（10 ~ 13 分钟）。

（二）制度平台

即日研讨和周公开课两项制度。作为最常见和最典型的教研活动，研讨课、公开课是学校教研活动的主要形式和重要载体。为了进一步提高学校的教科研水平，壮大师资力量，提高师资综合水平，学校强化研讨和公开课制度，为高效课堂的创建提供师资制度保障。

日研讨制度：课前，组内教师轮流说课，讨论和明确当天授课的重难点、关键点、突破口、可能出现的问题以及解决方法。课后，组内教师互相交流课堂上遇到的难点和困惑，重点针对生成性问题和突发事件，讨论最佳解决方案，提高课堂效率。

周公开课制度：各备课组每周安排一名教师执讲公开课并提前一周确定相关事宜，教务处汇总后通过校园网发布公告。讲课之后立即组织评课，每人提出的正反面意见均不得少于两条，确保问题找得准、原因分析得透。如果因走班课程较多无法调课，则安排人员录像，然后组织观摩评课。

（三）活动平台

即高效课堂模式探究达标和高效课堂展示两项活动在教育改革大潮中。

以改善乃至改革课堂教学方式、提高课堂教学效率为突破口，从而突围应试教育，深化素质教育，从而进一步提高教科研水平。在此基础上，鼓励教师借助高效课堂模式达标、高效课堂展示两项活动，提高教科研水平，夯实教科研能力。

我校高效课堂模式探究达标活动按新授课、复习课、讲评课三个课型分别组织实施，每次活动分试讲、磨课、立标、达标四个阶段，通过全组备课、推选代表参加全校公开课、反复讲研讨课、市县教研员指导确定模式、学校组织验收等环节，使教师能够熟练掌握。高效课堂展示课不限学科、不限人数，教师自主申报校级公开课，其他教师分文理两个系列跨学科听课。

### 三、坚持三个"贴近"，开展实用化的课题研究

新教育呼唤新教师。新的教育需要的不再是"教书匠"，而是要探讨育人规律、反思自身的教育实践而成为教育"研究型"教师。而课题研究使教师教育科研成为"研究型"教师的主要形式，必须符合新时期的教育课程改革要求，符合学校的教育、教学实际，能够促进学校教学质量的提升和学生的全面发展。在课题研究中，我校主要坚持"三贴近"原则，努力实现研究效益的最大化。

（一）贴近新课程理念

教育改革要求教师的课题研究要贴近新课程理念，贴近教育教学实际情况，发展教师教学艺术，引导学生体验学习的乐趣，鼓励学生寻求一种适合自己发展的方式参与学习，鼓励教师借助新课程平台，推行小组合作学习模式，从而不断提高学生自主探究能力。

（二）贴近教学实践

素质教育应该针对人的基本品质和发展潜能进行，应该尊重人的本身素质，提高人的智力品质和非智力品质。素质教育要面向全体学生，为每一个学生的全面发展创造适宜的条件，按照学生身心发展特点和教育规律，使学生生动、活泼、主动地得到发展。这就要求教师在教育教学以及课题研究过程中要贴近实践，在实践中让师生共同展现自我、提高自我、完善自我。

（三）贴近专业引领

一所学校能否发挥其特色效能，一所学校的学生能否得到优质教育，关键是看这所学校中教师的专业是否得到发展，个性是否得到张扬；学校各项制度是否点燃教师的发展激情，如果满足以上条件，那么这所学校的教师是幸福的，这所学校的学生是幸福的，这所学校的发展也就是长久的。因此，坚持专业引领是加强教师教科研能力、促进学校全面发展的重要手段。

为激发教师研修内驱力，开发教师专业发展潜能，学校立足教师心理需求，盘点过程绩效，剖析过程疏漏，改革管理模式，通过"请进来"与"靠上去"相结合的专业引领方法，结合相关专家的大力支持，推进课题研究的专业化发展。"请进来"即各课题组每次召开课题研究例会、举行研讨课和观摩会，聘请教研员参加，虚心听取意见建议，有效解决生成性问题。"靠

上去"即依靠高校等科研机构，寻求高层次的专业引领。

# 第三节 信息技术与高中数学教师专业化发展

信息技术的运用改变了传统的教学方式和学习方式，已成为教育发展必不可少的因素，给教育的发展带来了生机和活力。信息技术对教育教学的发展起到了重要的作用。这就要求教师必须不断学习新的知识和技能，不断转变职业角色和职能，提高自身的专业素养，使教师面临着新的机遇和挑战，对教师专业化发展和信息素养提出新的要求。

在信息技术的环境下，教师是素质教育的实施者，作为教师必须具备与专业发展相适应的知识结构，要熟练掌握信息技术在课堂教学中的运用方法，教师必须不断更新和改造角色转换，专业技能和专业素养，要求教师掌握信息技术设备和信息资源，学会在网上熟练地查找教育信息，能够设计开发先进的教学资源，并将优秀的资源融入课堂教学中，为教育教学建构必要的、最佳的学习环境。

## 一、在信息技术支持下确立专业化发展理念

近年来，教师专业发展成为教师专业化的主题，大家越来越清楚地认识到，提高教师专业化地位的有效途径是不断促进教师的专业发展。学校开设信息技术必修课和实施"校校通"工程的目标及任务，并强调信息技术与学科教学的融合。因此，信息技术得到了更快速的发展和运用，特别是教师在授导课程教学时所需的各种信息资源，离不开多媒体、网络信息技术的发展。这就要求教师必须有丰富的教师专业化内涵，相应的信息技术技能，运用的方法、手段和能力。要求教师必须不断加强自身业务学习，不断提高职业道德修养，不断丰富专业知识，不断增长专业能力，提高专业水平的生命历程。

在信息技术的不断更新和发展下，教师在课程改革的发展过程中要特别关注四个方面：一是关注环境。将外在因素转化为自身的专业发展过程，提高自己的专业发展意识。二是关注自我。正确认识自己的专业程度，分析自己不同时期专业发展的主题，不断超越自我。三是关注生活。将自己的日常生活、专业生活和专业发展融合、统一。四是关注进步。在专业发展中释

放自己生命的活力,享受专业发展的成功体验,巩固自己的专业热情。信息技术迅猛发展的时代,知识更新的速度成倍加快,面对这样的现实,教师必须不断更新和深造自己的知识和技术,这就要求教师成为一名终身学习者,并以这种姿态影响学生。教师不仅要关注所教学科方面的知识,还要关注其他领域的最新成果和动态。关注信息技术资源的更新和运用,关注信息技术对课堂教学的影响,对学生学习成果的影响。

## 二、在信息技术环境下提升教师自身素养

教育的迅猛发展要靠教师的专业化发展支撑。作为一名数学教师,对数学知识的容纳,要有永不满足、永不自满的精神,及时主动地接纳和吸收新的各种知识,丰富自己的学识和情感。认真研究教学方法,及时总结教学经验,不断更新知识,改进教学方法和手段,使自己渊博的知识和全新的教育理念伴随着时代的步伐,在自己的课堂教学过程中得到更好发挥。

大力推进信息技术在教学过程中的普遍应用,促进信息技术与学科课程的整合。逐步实现教学内容的呈现方式、学生的学习方式、教师的教学方式和师生互动方式的变革。教师可以深切地感受到,信息技术是提升教师专业能力和素养的一个重要方面。从推进新课改和信息时代的要求出发,研究教师专业素养的结构,积极开展信息技术环境下教师学科专业素养提升的研究,是提高教师专业能力、提升学校办学品位的有效途径口大力提倡和发展教育信息化,强调在信息技术环境下提升教师学科专业素养,教师在课堂教学过程中,不仅要充分利用自己的知识和技能,还要注意追踪信息技术资源的最新成果,注意了解信息社会和网络环境下师生在信息技术运用的变化,以提高教学效果,教师自身专业素养的重要性显得更加重要。

在信息技术的环境下,教师充分应用信息技术,通过校本学习培训和实践探索,进一步开发和优化信息技术功能,实现学校教育、教学手段、模式的革命性变革,拓宽学校教育、教学的空间,促使广大教师转变教育理念,提高他们应用信息技术的能力与水平,更新他们的学习观念与教学模式,提高教育效率与质量,从而提升教师专业素养和能力,推动了教师实现专业化发展的过程,进一步明确信息技术对教师能力发展的要求。整体提高学校教师专业素养,打造一支名师队伍,进一步提高学校管理能力和办学品位,逐步培养一支运用信息技术进行教育教学、多媒体软件创意、创作及应用的骨

干教师队伍。

因此，教师要有正确使用信息技术的意识和态度，能认识到信息时代有效获取及利用信息的重要性，确立有效利用信息进行终身学习的新观念，具有利用信息为个人和社会发展服务的愿望。教师要有一定的信息知识的技能，掌握信息技术基本知识，掌握常用软件工具的基本操作，掌握信息技术检索的主要策略与技巧，能够合法地检索并获取信息。教师还要能够进行信息技术的应用与创新，能够自觉开展信息技术与课程整合的实践活动。

### 三、高中数学教师应注重信息技术在课堂教学实践的运用，从而实现专业化发展

信息技术的发展给教育本身带来了巨大的冲击，新的信息教育媒体的出现，引起了教育模式和教学方法的飞跃。教师利用信息技术与课程领域进行有效的整合，必须突破传统的教学模式、教学方法，熟练地掌握教师专业技能中的教学技巧和教学能力。在课堂教学过程中，教师利用信息技术授课时要熟练掌握好导入技巧、讲解技巧、教学媒体的运用技巧、变化技巧、强化技巧、结束技巧，这是信息技术在课堂教学中提高教学效率的重要保证。一名优秀的教师必须具有良好的教学能力，增强教师专业发展的意识，提高教师运用信息技术在课堂教学的教学能力。随着教学理念和学习理论的发展，教师的教学能力有了新的内涵。

在课堂教学时运用信息技术进行辅助教学能使教学变得直观、生动，能提高学习效率，特别是在课堂授课时，利用多媒体技术集文字、图形、图像、声音、动画等功能于一身，不受时空限制，直观、形象、生动，有较强的感染力。这就要求教师必须勤于耕耘，不断探索，不断创新，力所能及地利用信息技术为教学手段，营造一种积极愉快而又富有智慧的教学情境，更好地将学生的情感与认知、感受与理解、动手与动脑、学习的主体与教师的主导有机地结合起来；对提高学生的学习兴趣，培养学生能力具有很强的优越性，促进了学生的发展。

教育发展的关键在教师，不断提高教师的业务素质，不断创造条件提高教师信息素养，加强教师有效利用信息技术进行教学的终身学习。数学教学是一门专业，数学教师作为教育教学专业人员，要经历一个由不成熟到相对成熟的发展历程，而成熟是相对的，发展则是绝对的。数学教师必须沿着

专业化的方向进行发展，可以把教师专业发展理解为教师不断成长、不断接受新知识、提高专业能力的过程，通过不断学习、反思和探究来拓宽专业内涵、提高专业水平，从而达到专业成熟的境界。特别是教师专业发展在信息技术环境下，通过改革创新使教育发展更加符合时代发展的潮流，注重在信息技术环境下提升教师专业发展，实现现代信息技术与学科课程整合，利用信息技术手段，搭建符合教师个性发展规律的多样化平台。

## 第四节 信息技术推进数学教师专业化发展

备课是教师一项必不可少的工作。当教师走上三尺讲台就必然与备课结下不解之缘。因为教师要想把课堂教学组织好，要想提高课堂教学效益，就要做好课前的充分准备，要做到不备课不上课。过去，教师的备课是传统的手抄备课。随着社会的进步、人类的发展，现代化的办公手段逐步进入了教师们的生活和工作中，网络的发展也使人类进入了一个快速获取资源的时代，也把学校带入一个新的历史时期。这样的时代在一定程度上促进了当前我国基础教育新课程的改革，为这一改革的推行和实施提供了前提条件，目前全国大多数校园已经建立了自己的专用网络并与 Internet 网络进行连接，大多数学校都已建立了多媒体大教室、计算机机房，并逐步建立班班多媒体教室，多媒体教学已成为现实。

随着计算机技术及知识的不断普及，教师计算机水平的不断提高，为中学数学教师的专业化发展提供了广阔的天地。其中电子备课取代传统的纸质备课完全成为可能，成为教育教学改革新时期的前沿内容。学校应当与时俱进，把现代化的办公手段——电子备课纳入学校的教学中来，将电子备课作为教育信息技术推进高中数学教师专业化发展的重要内容。

传统的备课方式主要是通过教师手写在纸质的备课本上，这一备课方式有很多的不足。教案的形成速度慢，形成后大幅修改耗时、收藏整理占用空间大、后期查阅不好找、不能大范围查阅等，尤其是高中数学教师备课的劳动量大，任务繁重。一个教学案例内容繁多、公式杂乱、立体图形、空间图形手绘工程量大，导致高中数学教师在传统备课中与其他学科的教师相比要花费大量的时间和精力，运用电子备课就能很好地克服这一系列缺点，极大地缩短高中数学教师的备课时间，既避免重复备课又继承了以往的经验成果，又有利于教案创新，还方便了数学教师之间的相互交流。具体来说，电子备课在高中数学教育教学中的作用有如下几个方面。

**一、电子备课提高了备课的效率，解决了教学资源不足的问题**

以前，教师备课时都是拘泥于教材、受限于教参，总感觉资料太少、教学资源不足，总是收集老备课本加以复制，费时费力，稍有出错，就得用笔修改，很不美观，严重时只能重新抄写，从而增加了教师的工作量，减少了教师真正用来备课上课的实践。这种传统的备课方式离不开纸笔，备课速度缓慢，沉重、烦琐的抄写令教师劳力伤神，已成为教学中极不受欢迎的一项机械、呆板的工作，对于高中数学教师的专业化发展愈来愈起到抑制、阻碍的消极作用。电子设备可以随意修改，直到你满意为止，并且可以设置你想要的字体、颜色等，电子备课和上课的课件配套使用，还能让学生看到生动的画面，听到悦耳的声音，给学生以感官的认知，让他们留下深刻印象等。

教师在轻松的氛围中很容易突出重点、难点，较为彻底地摆脱手工书写教案的种种苦恼，节省出来的大量时间可用于对专业的学习和研究，可用于课堂教学设计和情境的创设。此外利用电子设备，中学数学教师还可以从浩如烟海的网络中撷取有利的教学资源，加以整合，汲取精华，因地制宜地制作各种教学课件，丰富教学内容，再加上通过网络和网上邻居进行资源共享，教师能很容易地得到其他教师的教学方案，这必然会开阔教师的备课思路，帮助教师更加准确地理解和把握教材，解决了教师备课中资源不足的问题，从而不断补充和完善教案，既方便又快捷，而且页面仍旧清晰美观，从而大大提高了备课的效率和质量。

**二、电子化备课拓宽了教师信息来源的渠道**

数学教师可以利用计算机技术与网络技术很方便地找到自己所需要的资料和课件，使教师有更多的时间去钻研教材、教参的编排意图，思考课堂教学设计，辅导班级里的学生和准备其他的教学工作，为落实、提高教学质量提供了保证，这无形中促进了高中数学教师的专业化发展。

**三、电子教案形成后，便于整理收藏和查阅，提高了备课的效率**

传统的手写备课笔记，一本本保存起来很占用空间，翻阅时又显得麻烦。

教师可以通过计算机将备好的课归类整理，今后如要查看，只需要轻敲键盘，资料便立刻显现于眼前，很是方便。通过电子备课，教师可以把平时接收到的教学资源、课件和信息，通过快捷的下载、复制和输入功能，及时收藏到原来的教学设计中，教师可以通过计算机将备好的课归类整理、长期保存。复习时将保存的资料拿出修改、补充和完善，再次利用时会非常方便。另外，资源存放不受时间、空间限制，也使学校及教师建立自己的资料库、试题库成为可能，从而充实了备课资源，并为今后的检索和再现提供了条件。这些无疑成为高中数学教师专业化发展的必经之路。

### 四、电子备课，能大范围传阅、交流

教师与教师之间的备课内容无法直接共享，导致信息孤立封闭，教案交流极不方便，尤其是年轻教师，他们在教学中存在的许多问题都源自备课时的不充分，这种"单枪匹马"的备课方式，需要改革，纳入合作交流、沟通分享的备课平台。电子教案除能在校园网内和校园网外，能在教师博客、全国教师论坛等网络上与各地的教师交流、探讨以外，在本校，教师还可以进入同事的备课室，取人之长，补己之短，相互提高。电子备课由于能充分发挥教师的创造力和想象力，加之图文并茂，生趣盎然，因而更具有大范围传阅、交流的潜力：这无疑又促进了数学教师的专业化发展。

### 五、电子备课能提高教师的备课热情，促进教师的专业化发展

电子备课，教师因高效而高兴，学生因利用网上资源在多媒体教室上课而兴奋，高中数学教师在网上筛选优质的教学案例、影像、课堂练习等教学资源，通过相应的程序，制作成生动形象的多媒体课件，以及适合自己教学风格的教案。在教学时，不但能使学生明白公式的原理，还能增加教学内容的深度和广度，从而提高了教学效率和教学效果，教师和学生因此都提高了对教和学的兴趣，而兴趣是最好的老师，高中数学教师由于使用电子备课带来的教学上的兴趣，反过来又促进了自身的专业化发展。

### 六、有利于教研组的成长和发展

数学教师集体网上备课，操作简便易学。因此数学教师可以投入更多的精力深入钻研，精心设计课堂教学，这既提高了教研效率，又引领了全员参与。这样的备课是开放式的、论坛式的、互动式的，更是共享式的，方便

了教师相互探讨学习，切磋借鉴，是一种无形的交流，浓郁了教研氛围，促进了组内研究的深入开展在提升备课质量的同时，也相应促进了高中数学教师的专业化发展。

### 七、电子备课规范了学校的常规化管理

备课管理无疑是学校教学常规管理的重要组成部分。教导处每月的教师检查，纸质教案量大、笨重，查阅甚为不便，费时耗力，效果不佳，也没有促进教师去备好教案，一些教师的所为只是为了应付检查，而电子备课，检查者只需要打开计算机，全体教师的电子教案便一目了然，检查省时、轻松、出成效，教导处也能腾出更多的精力去督促教师做好电子教案，从而整体上提高全体教师的教学效率。因此也推进了高中数学教师的专业化发展。

目前，现代教育科学技术的成果不断地深入教育领域，已使教师教育思想、教育内容、工作形式、方法和手段都发生了很大的变化。在网络技术高速发展的背景下，充分利用教育信息技术和网络资源，加强教学信息技术与数学学科的整合，使高中数学教学工作走向高效，让高中数学教师的专业化得到长足发展。

# 参考文献

[1] 彭家麒. 高中数学 60 问 [M]. 上海：上海教育出版社，2018.

[2] 李正兴. 高中数学思想方法 [M]. 上海：上海科学普及出版社，2018.

[3] 师前. 高中数学教学"三思" [M]. 上海：上海交通大学出版社，2018.

[4] 陈美葱. 九旬高中数学名师的解题笔记 [M]. 杭州：浙江大学出版社，2018.

[5] 刘柱和，周玉珠. 用初等数学探索哥德巴赫猜想 [M]. 天津：天津科学技术出版社，2018.

[6] 李秋明. 王国江. 高中数学课堂有效教学方略 2018 版 [M]. 上海：同济大学出版社，2018.

[7] 单风美. 高中数学教学方法研究与实践 [M]. 天津：天津科学技术出版社，2018.

[8] 杨维海. 高中数学课程与信息技术的整合 [M]. 北京：光明日报出版社，2018.

[9] 马金岭. 高中数学智慧教辅 必修一 [M]. 青岛：中国海洋大学出版社，2018.

[10] 冯斌. 微课实录丛书 高中数学卷 [M]. 宁波：宁波出版社，2018.

[11] 李文臣. 高中数学思想方法 [M]. 青岛：中国海洋大学出版社，2019.

[12] 杨丽婷. 高中数学专题学习 [M]. 上海：上海教育出版社，2019.

[13] 王丙风. 高中数学系统解析 [M]. 南京：东南大学出版社，2019.

[14] 张俊忠. 数学史融入高中数学教育研究 [M]. 贵阳：贵州科技出版社，2019.

[15] 叶美雄，贺功保 . 高中数学竞赛培训教程 初等代数 [M]. 哈尔滨：哈尔滨工业大学出版社，2019.

[16] 于健，赵新，黄辉 . 大数据下高中数学教学研究 [M]. 长春：吉林人民出版社，2019.

[17] 杨贵武 . 初高中数学衔接教学研究 [M]. 长沙：湖南师范大学出版社，2019.

[18] 钱铭，李杨，孙磊 . 高中数学图形计算器实验教材 [M]. 苏州：苏州大学出版社，2019.

[19] 李世明 . 高中数学思想渗透策略的探讨 [M]. 长春：吉林人民出版社，2019.

[20] 刘志红 . 高中数学教与学的实践与研究 [M]. 北京：光明日报出版社，2019.

[21] 王国江 . 高中数学核心素养 [M]. 上海：上海社会科学院出版社，2020.

[22] 张倬霖，王国江，王东，杨柏村，张建国 . 高中数学实验 [M]. 上海：上海社会科学院出版社，2020.

[23] 常发友 . 数学建模与高中数学教学 [M]. 长春：吉林人民出版社，2020.

[24] 钱铭，高劲松，刘峰 . 高中数学竞赛选讲 [M]. 苏州：苏州大学出版社，2020.

[25] 李秋明，王国江 . 走进核心素养的高中数学 [M]. 上海：同济大学出版社，2020.

[26] 贺功保丛书 . 贺功保本册 . 阳志长本册 . 高中数学培优教程 综合分册 [M]. 杭州：浙江大学出版社，2020.

[27] 张峰 . 新课标辅导与训练 高中数学 必修 1[M]. 上海：上海科学技术出版社，2020.

[28] 魏平义，潘静，杨永东 . 高中数学基本理念思考与实践教学 [M]. 长春：吉林人民出版社，2020.

[29] 李秉福 . 高中数学教学中数学文化的渗透研究 [M]. 长春：吉林人民出版社，2020.

[30]李正兴.李正兴高中数学微专题 思想方法篇 [M].上海：上海社会科学院出版社，2020.